LA MÉMOIRE OUBLIÉE

Guy Tiberghien

La mémoire oubliée

MARDAGA

© 1997, Pierre Mardaga, éditeur
Hayen 11 - B-4140 Sprimont
D. 1997-0024-5

> *Le savoir, en fin de compte,
> est basé sur la reconnaissance.*

Ludwig Wittgenstein, *De la certitude.*

Préface

J'ai envisagé la rédaction de ce livre au mois d'avril 1992. Cette année là, des circonstances inattendues m'offrirent, si l'on peut dire, l'occasion de réfléchir à une synthèse de l'état actuel des connaissances sur la mémoire humaine. Depuis de nombreuses années, j'avais en effet consacré toute mon activité de recherche et d'enseignement à l'étude de ce domaine : d'abord à l'Université de Paris, puis à l'Université de Grenoble et, aussi, à l'Université de Genève.

Mon objectif, en rédigeant ce livre, a d'abord été de présenter, de façon la plus didactique et la plus complète possible, le résultat des recherches fondamentales en la matière. Le faire de façon exhaustive est sans doute aujourd'hui impossible. En 1996, personne ne peut exposer, au même niveau de profondeur, les contributions respectives de la psychologie, des neurosciences et de l'intelligence artificielle à l'étude de la mémoire humaine. Mais on peut, éventuellement, et pour les questions essentielles, montrer l'importance décisive des relations croisées entre ces différentes approches. C'est précisément le but du programme des sciences de la cognition dont je tente, par ailleurs, de promouvoir les objectifs depuis plus de dix ans. C'est donc dans ce contexte, et avec ce style, que cet ouvrage a été écrit. Bien sûr, on reconnaîtra aisément mon point de vue, celui de la psychologie cognitive. Mais, si ce point de vue est dominant, j'ai aussi voulu qu'il ne soit pas exclusif.

Cet ouvrage s'adresse d'abord aux étudiants en psychologie, en neuropsychologie, en neurosciences et, plus généralement, en sciences cognitives. Mais il devrait aussi intéresser tous ceux qui souhaitent mieux comprendre les propriétés et les lois de la mémoire humaine et, en particulier, dans plusieurs secteurs d'application (ergonomie, neuropsychologie clinique, psychologie légale, psychologie scolaire, psychométrie, psychophysique appliquée, analyse de produits, communication, etc.). J'ai accordé la plus grande importance aux données empiriques. Cependant, comme Pirandello le fait dire à un de ses six personnages en quête d'auteur, « les faits sont comme des sacs, s'ils sont vides ils ne tiennent pas debout » (1950, p. 10). C'est pourquoi j'ai essayé de toujours situer les faits observés dans leur contexte épistémologique, théorique et historique. Une approche authentiquement scientifique, à cent lieues du scientisme, du mécanisme ou d'un empirisme sans rivage, reconnaît l'existence d'un tel contexte et son importance dans l'étude des phénomènes cognitifs. Ainsi, par exemple, la métaphore « spatiale » de la mémoire (cette dernière étant assimilée à un espace dans lequel sont « rangés » les souvenirs) a été culturellement déterminée par la nature technique des moyens sociaux d'archivage ; cette métaphore a exercé pendant des siècles une très forte contrainte sur les conceptions de la mémoire humaine. On pourrait parler en des termes similaires de la métaphore « informatique » de la mémoire et même — puisque le cerveau est aussi, en un certain sens, un objet métaphorique — de la métaphore « neuronale » de la mémoire.

Le but essentiel de ce livre est de convaincre le lecteur du rôle décisif du concept de mémoire pour la définition même de la cognition. Il est divisé en cinq chapitres. Le premier chapitre présente les principales méthodes d'étude de la mémoire : méthodes directes de la psychologie comportementale, méthodes indirectes et chronométriques de la psychologie cognitive, méthodes d'imagerie cérébrale des neurosciences et, enfin, méthodes de modélisation et de simulation computationnelles de l'informatique fondamentale et de l'intelligence artificielle. Les progrès actuels résultent, en grande partie, de l'association de ces différentes méthodes dans le programme des sciences cognitives.

Le second chapitre établit un bilan des lois de fonctionnement des mémoires transitoires. Il propose une étude historique de l'évolution des théories dualistes de la mémoire qui ont opposé le stockage à court terme et le stockage à long terme. Il tente de montrer comment les difficultés théoriques et empiriques de cette dichotomie ont conduit à une conception beaucoup plus dynamique de la maintenance temporaire de l'information en mémoire. La théorie de la « mémoire de travail » qui en a résulté joue actuellement un rôle moteur dans l'explication des activités cognitives les plus complexes, comme la lecture et la compréhension par exemple.

Le troisième chapitre examine les propriétés du codage et du stockage de l'information dans la mémoire à long terme. Il analyse plusieurs distinctions qui ont exercé une très forte influence sur le cours de nos connaissances : mémoire verbale vs mémoire imagée, mémoire épisodique vs mémoire sémantique, mémoire déclarative vs mémoire procédurale. Il permet aussi d'aborder les questions posées par la nature de l'organisation de la mémoire symbolique permanente.

Le quatrième chapitre décrit les propriétés des systèmes d'accès à la mémoire : activation des traces mnésiques, sensibilité contextuelle et états de conscience associés. Il étudie, de façon détaillée, les différences entre le processus d'évocation et le processus de reconnaissance. Cette question théorique a joué un rôle central dans l'élaboration des théories les plus récentes de la mémoire. Elle a été à l'origine, en particulier, de la distinction entre mémoire implicite et mémoire explicite et des premières recherches systématiques sur les différentes formes de conscience mnémonique.

Enfin le dernier chapitre aborde les problèmes posés par la modélisation formelle des phénomènes mnésiques et leur simulation sur des artefacts informatiques. Des algorithmes de calcul de plus en plus complexes ont en effet été mis en œuvre afin de simuler, de façon réaliste, les propriétés fonctionnelles et structurelles des mémoires naturelles.

Toutes les analyses et points de vue exprimés dans ce livre n'engagent évidemment que leur auteur. Ce travail a cependant été considérablement enrichi par les contributions, directes ou indirectes, de nombreuses personnes dont plusieurs sont devenues des amis. Je voudrais toutes les remercier ici.

Mes remerciements vont plus particulièrement à Marc Jeannerod pour notre amicale collaboration dans la défense et l'illustration des sciences cognitives. Ce livre doit beaucoup aux nombreuses rencontres et discussions que nous avons eues dans le cadre du Pôle Rhône-Alpes de Sciences Cognitives (Programme «Cognisciences» du CNRS) et de l'Institut de Sciences Cognitives (EP 100-CNRS, Lyon). Il reconnaîtra d'ailleurs lui-même, dans les pages qui suivent, les thèmes partagés, témoins de la convergence possible, et nécessaire, entre psychologie et neurosciences.

J'exprime aussi mon amicale gratitude à ceux qui, par leur collaboration scientifique, à des moments variés et sous des formes diverses, ont contribué à mes recherches et permis à ce livre de prendre forme : Hervé Abdi, Bernard Amy, André Bisseret, Vicki Bruce, Raymond Bruyer, Evelyne Cauzinille, Graham Davies, Guy Denhière, Scania de Schonen, Hadyn Ellis, Marie Izaute, Serge Larochelle, Jean-Pierre Luauté, Wendy Ann McKenzie, Jacques Mathieu, Alice O'Toole, Jean-Luc Péris, Bernard Renault, Vincent Rialle, Don Thomson, Endel Tulving et Rémi Versace.

Ce livre doit également beaucoup à un groupe d'étudiants de troisième cycle, en neuropsychologie, en psychologie cognitive et en sciences cognitives dont j'ai dirigé les recherches au cours de ces dernières années dans le cadre du groupe « Cognition et Mémoire ». Il s'agit de Jean-Yves Baudouin, Marie-Agnès Cathiard, Christian Coin, Emmanuel Duriez, Marie Izaute, Timothée Montoute, Radah Narayana, Yves Pierrot, Luc Rodet, Aicha Rouibah et Stéphane Sansone. Leur enthousiasme, leur motivation intellectuelle et leurs qualités personnelles ont rendu possible une fructueuse interaction. Je leur suis particulièrement reconnaissant pour les discussions amicales que nous avons eues sur plusieurs problèmes abordés dans ce livre. Au fond, ce livre a été écrit pour eux, pour des étudiants qui leur ressemblent et dont j'aimerais qu'ils ne soient jamais « scientifiquement corrects ».

La réalisation matérielle de ce livre n'aurait pas été possible sans l'aide financière qui m'a été accordée, pour poursuivre mes recherches, par le CNRS (Programme « Cognisciences ») et par la Région Rhône-Alpes (Convention Recherche & Technologie n° H09977 : « Cognition et Mémoire »). Que les responsables de ces programmes de recherche et leurs comités scientifiques soient ici remerciés.

La rédaction de ce livre doit enfin beaucoup plus que je ne puis l'exprimer ici à des personnes qui me sont très chères, qui ont été là quand il le fallait et, surtout, à Jocelyne. Ce livre est aussi le sien.

G.T.
Grenoble, Juin 1996.

Introduction

La psychologie cognitive accorde aujourd'hui une très grande signification théorique au concept de mémoire. Toutefois, l'intérêt de la psychologie scientifique pour la mémoire n'a pas toujours été aussi manifeste. Avant d'être récemment retrouvée, la mémoire fut oubliée pendant de longues années (pour une étude historique détaillée : Tiberghien & Lecocq, 1983, p. 5-23). A cet égard, on peut distinguer trois périodes principales : 1) à la fin du XIXe siècle, la mémoire est un objet d'étude au moins aussi important que l'intelligence et, sans aucun doute, plus que l'apprentissage (pour ne citer qu'un exemple : 9 % des entrées de l'index du manuel d'initiation à la psychologie de Titchener, paru en 1899 et très influent en son temps, renvoient à la mémoire et aucune à l'apprentissage); 2) avec le développement et le triomphe hégémonique du behaviorisme, l'étude de la mémoire se confond presque entièrement avec celle des phénomènes d'apprentissage (Watson, 1925, p. 165; voir aussi : Skinner, 1968, p. 240); 3) il faut attendre une décennie, après la fin de la seconde guerre mondiale, pour que se développe de nouveau, et de façon très rapide à partir de 1960, l'intérêt pour la mémoire (Forrester, 1984). Cette augmentation du nombre de recherches sur la mémoire humaine est inséparable du paradigme cognitiviste, de l'essor de l'informatique et du développement de l'intelligence artificielle — en un mot, de l'émergence des sciences cognitives (Tableau 1).

Tableau 1. — Evolution du pourcentage annuel d'articles sur la mémoire et sur l'apprentissage parus, de 1962 à 1982, dans le «Journal of Verbal Learning and Verbal Behavior». Cette revue réputée a été créée en 1962 et a pour titre aujourd'hui «Journal of Memory and Language» (Adapté de Forrester, 1984).

Thèmes	Années									
	1962 1963	1964 1965	1966 1967	1968 1969	1970 1971	1972 1973	1974 1975	1976 1977	1978 1979	1980 1981
Apprentissage	34	36	25	24	15	13	10	08	06	01
Mémoire	20	12	25	32	41	42	43	42	30	38

Cet ouvrage a pour but de présenter, de façon synthétique, l'état actuel de nos connaissances psychologiques, théoriques et empiriques, sur la mémoire humaine. Il convient toutefois d'en délimiter brièvement les contours et, tout d'abord, de préciser la signification de ce concept de mémoire. La mémoire humaine est habituellement définie comme la capacité cognitive à réactiver, partiellement ou totalement, de façon véridique ou erronée, les événements du passé. Vue sous cet angle, la mémoire est donc une forme particulière de connaissance : c'est la connaissance des événements du passé. Cette définition, qui est également celle du sens commun, est bien sûr exacte mais elle est aussi partielle. Cette description est aujourd'hui beaucoup trop étroite pour rendre compte de l'ensemble des faits observés. La mémoire ne concerne pas seulement le passé, elle détermine largement notre présent perceptif. La mémoire génère en outre, de façon permanente, des schémas, des cadres d'interprétation qui façonnent nos anticipations. Sa fonction n'est pas seulement de réactiver le passé, elle est aussi de détecter la nouveauté et de permettre de nouvelles acquisitions.

La taxonomie proposée par Piaget et Inhelder (1968) illustre bien la complexité du concept de mémoire et elle peut servir de point de départ. Ces auteurs distinguent la mémoire «au sens du biologiste» de la mémoire «au sens large» et de la mémoire «au sens strict». La première est, à proprement parler, la mémoire phylogénétique et elle désigne les processus de conservation de toute réaction acquise, y compris les faits d'immunité biologique. La mémoire «au sens large» renvoie aux processus de conservation des schèmes d'action et de connaissance et de tous les processus susceptibles de répétition (habitude) — c'est donc une mémoire de généralisation. La mémoire « au sens strict » regroupe l'ensemble des évocations et des reconnaissances (« récognitions ») se référant explicitement au passé (souvenirs singuliers).

Ces différentes mémoires ne doivent pas être conçues comme des entités séparées mais plutôt comme des ensembles de processus emboîtés. Trois observations sont ici d'importance : 1) on constate, tout d'abord, que la définition du sens commun a tendance à n'envisager que la mémoire « au sens strict ». Ce livre présentera une étude cognitive de la mémoire humaine, qu'il faut entendre dans ses deux acceptions, « au sens large » et « au sens strict » (c'est la définition psychologique de la mémoire). La mémoire « au sens du biologiste » est en dehors des limites de cet ouvrage et ne sera abordée que d'une façon incidente ; 2) on se rend compte, ensuite, que la mémoire humaine doit être dotée de propriétés abstractives (mémoire « au sens large ») mais aussi de propriétés « spécifiantes » (mémoire « au sens strict »). Comment un système de traitement de l'information peut-il assurer, avec la même efficience, ces deux fonctions en apparence contradictoires ? Les réponses apportées à cette simple question vont être au centre de presque tous les débats théoriques contemporains relatifs au fonctionnement de la mémoire ; 3) enfin, les conceptions, vulgaires ou savantes, de la mémoire ont longtemps admis qu'elle impliquait nécessairement un espace physique où des traces discrètes sont stockées à des adresses précises et ne peuvent être évoquées qu'à l'issue d'un processus de recherche mentale. Cette « métaphore spatiale » a déterminé pendant près d'un siècle nos représentations de la mémoire mais elle est soumise aujourd'hui à une vigoureuse réévaluation théorique (pour une revue : Roediger, 1980).

En définitive, ce livre ne présentera pas la mémoire comme une simple forme de cognition, celle du passé, mais il tentera de montrer qu'elle est sans doute la forme même de la cognition. Nous voulons dire par là, qu'il est impossible d'étudier le fonctionnement cognitif sans émettre des hypothèses sur la structure et les fonctions de la mémoire sous-jacente. En d'autres termes, le concept de mémoire est plus fondamental que celui de cognition, celle-ci pouvant être définie comme une propriété émergente d'un système à mémoire.

Chapitre 1
Les méthodes d'étude de la mémoire

On ne peut étudier la mémoire humaine sans définir les « instruments » qui permettent d'y accéder. Etudier le contenu sémantique d'un souvenir d'enfance ou enregistrer les variations du débit sanguin cérébral ne peuvent donner accès aux mêmes connaissances sur la mémoire. Une approche historique de ces connaissances démontre d'ailleurs qu'elles sont inséparables des méthodes d'investigation qui furent utilisées. Cette variété des clés d'accès à la mémoire humaine est une source de difficultés car il n'est pas sûr qu'elles révèlent toutes les mêmes processus. L'opposition entre de nombreuses conceptions théoriques résulte, en partie, de l'hétérogénéité des méthodes d'investigation et des indicateurs de la performance mnésique. Mais cette diversité est également un gage de progrès car elle permet, en combinant divers indicateurs, de reconstruire une image théorique cohérente de la mémoire.

1. LES ORIGINES DE LA PSYCHOLOGIE SCIENTIFIQUE DE LA MÉMOIRE

La première étude expérimentale systématique de la mémoire humaine peut être, sans conteste, attribuée à Ebbinghaus (1885). Se prenant lui-même comme sujet, il mémorisait des listes sans signification de syllabes sans liens sémantiques, à une cadence élevée, jusqu'à un critère de réussite parfait. Après un intervalle de rétention variable, il étudiait de nouveau les mêmes listes et mesurait la différence entre le nombre d'essais nécessaires à l'apprentissage et au réapprentissage pour atteindre le critère de réussite. Si cette valeur était positive cela signifiait que le réapprentissage était plus rapide que l'apprentissage et indiquait donc une certaine forme de rétention. Cette façon de mesurer la rétention est connue sous le nom de méthode d'économie au réapprentissage (E_r) :

$$E_r\% = [(n_a - n_r) / n_a] \times 100$$

Dans cet indice, $E_r\%$ représente le pourcentage d'économie au réapprentissage (savings), n_a = nombre d'essais nécessaires pour atteindre le critère lors de l'apprentissage et n_r = nombre d'essais nécessaires pour atteindre le critère de réapprentissage.

L'évolution de cet indice, en fonction de la variation de l'intervalle de rétention, a permis à Ebbinghaus de mettre expérimentalement en évidence la loi de l'oubli. Selon cette loi, la rétention est une fonction décroissante, négativement accélérée, de l'intervalle de rétention. Cette loi de l'oubli fait d'Ebbinghaus un pionnier de la psychologie de la mémoire. Mais ce fut également un précurseur car la méthode qu'il mit au point constitue une mesure indirecte de la mémoire : en effet, la rétention des listes n'est pas mesurée directement mais de façon détournée en comparant deux apprentissages successifs de la même liste sans que cela entraîne la prise de conscience d'être engagé dans une activité de remémoration. Comme nous le verrons ultérieurement, l'importance théorique de ces mesures indirectes et du rôle de la conscience dans la mémoire ne sera vraiment appréciée que près d'un siècle plus tard quand sera systématisée la distinction entre mémoire implicite et mémoire explicite[1].

Deux autres pionniers de l'étude scientifique de la mémoire doivent être également mentionnés. Il s'agit tout d'abord de Semon, psychologue allemand qui publia deux ouvrages importants en 1904 et 1921. Il fut le premier à introduire le concept « d'engramme » pour désigner un changement permanent de l'organisme lorsqu'il est exposé à un stimulus et sa réactivation par des stimuli similaires. Il inventa également le concept « d'ecphorie » pour désigner l'état mnésique résultant de l'interaction entre l'engramme et les indices de récupération présents dans l'environnement. De telles analyses conceptuelles devaient être reprises de façon plus opérationnelle dans les années 70, par E. Tulving, et permettre le développement d'une théorie rigoureuse de la mémoire épisodique. On trouvera une excellente présentation de l'œuvre de Semon dans l'article de Schacter, J.E. Eich & Tulving (1978).

Enfin on ne peut omettre, dans cette galerie des « pères fondateurs », le nom de F.C. Bartlett (1932). Il étudia la rétention de textes par des étudiants et montra que le souvenir qui en résulte n'est pas une représentation statique, mais continue d'être élaboré, déformé et complété avec le temps («effort after meaning»). Toutes ces modifications sont largement déterminées par les expectations cognitives et affectives du sujet, son système de croyances et ses valeurs. Bartlett suggéra donc que la mémorisation était une activité hautement schématique et il fut le premier à introduire, dans ce domaine le concept de «schéma» ou de «schemata». Ces idées allaient trouver d'importants prolongements théoriques et expérimentaux avec le développement de l'informatique. En effet les schémas, frames ou scripts sont des langages de description des connaissances qui ont connu un vif succès à partir de 1970 pour l'étude de la mémorisation de matériels complexes, en particulier de nature textuelle (Schank & Abelson, 1977; Schank, 1982). Une sélection d'articles, représentatifs de ce courant de recherches, a été traduite par Denhière (1984).

2. LE PARADIGME D'ÉTUDE DE LA MÉMOIRE

Mais comment étudier les mécanismes psychologiques de la mémoire humaine? Le paradigme général de cette étude peut être divisé schématiquement en trois phases : a) une phase d'encodage et de stockage pendant laquelle une information d'origine perceptive (ou mentale) est transformée en une représentation mentale plus ou moins stable et plus ou moins fortement associée à d'autres représentations; b) une phase de réactivation de ces représentations mentales; c) une phase de rétention qui sépare les deux phases précédentes.

Ce cadre d'étude est d'une grande simplicité apparente mais il permet des variations à l'infini des conditions d'encodage (modalités perceptives, nature du matériel, contraintes temporelles, état cognitif et motivationnel), des conditions de rétention (interférence, transfert) et de récupération (variabilité des clés d'accès à la mémoire, compatibilité avec les conditions d'encodage). Ce paradigme général a engendré trois classes de méthodes d'étude de la mémoire en psychologie cognitive : les méthodes directes, les méthodes indirectes et la simulation.

3. LES MÉTHODES DIRECTES D'ÉTUDE DE LA MÉMOIRE

Les méthodes directes placent le sujet étudié dans une situation expérimentale où il doit se souvenir intentionnellement d'un épisode antérieur de son existence. Cet épisode est toujours parfaitement localisé dans le temps et l'espace, même s'il a été produit en laboratoire. Ce sont les méthodes d'étude les plus anciennes et l'essentiel de nos connaissances sur la mémoire humaine résulte de leur mise en œuvre (pour une revue : Florès, 1964, 1972 ; J. Brown, 1976 ; Lecocq et Tiberghien, 1981 ; Tiberghien et Lecocq, 1983).

3.1. Le rappel indicé

Les méthodes directes diffèrent essentiellement par la quantité et la qualité des indices perceptifs qui servent de clés d'accès à la mémoire. La plus classique de ces méthodes est le rappel indicé dans lequel on étudie la capacité d'évocation d'une cible, précédemment mémorisée, à l'aide d'un ou de plusieurs indices perceptifs. Le nombre de ces indices peut varier, mais c'est de façon impropre que l'on parle parfois de rappel libre pour désigner une situation où la quantité d'indices de récupération est réduite au minimum ; il est clair que l'un de ceux-ci, au moins, doit toujours être présent. La nature de ces indices de récupération n'est pas, bien sûr, homogène. Certains ont été encodés en même temps que l'épisode cible, par exemple une «liste» mémorisée en laboratoire (indices intra-liste), et ils testent donc précisément la mémoire épisodique ; d'autres ne sont pas contemporains de cet épisode cible mais entretiennent avec lui des relations de forme ou de signification du fait même du contenu ou de l'organisation de la mémoire permanente (indices extra-liste) ; ils testent donc la mémoire épisodique mais en utilisant, au moins en partie, les propriétés de la mémoire sémantique pour accéder au souvenir.

Il existe une très grande variété de paradigmes de rappel indicé : rappel sériel de liste (chaque item rappelé devient un indice pour le rappel de l'item suivant) ; rappel par sondage ou «probe test» (un des items de la liste est présenté au sujet et celui-ci doit tenter de se rappeler l'item suivant) ; rappel de paires d'éléments associés (l'un des termes de la paire est présenté et le sujet doit rappeler son associé) ; rédintégration (rappel d'un item à partir de la présentation d'un fragment de cet item), etc.

3.2. La reconnaissance d'occurrence

La reconnaissance est une autre méthode qui a souvent été utilisée pour l'étude directe de la mémoire. Le rappel est une situation nécessitant l'évocation mentale d'une information à laquelle l'individu a été perceptivement confronté dans le passé mais qui n'est plus perceptivement disponible. La reconnaissance est très différente puisque cette information

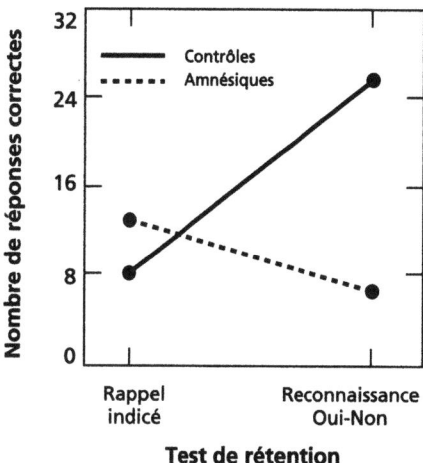

Figure 1. — Performance de patients amnésiques et de sujets normaux dans deux tests directs de la mémoire : rappel indicé (se rappeler les mots appris à partir de leurs 3 premières lettres) et reconnaissance de type oui-non (décider pour chaque mot présenté, ancien ou nouveau, s'il a été mémorisé antérieurement). Les résultats mettent en évidence une interaction de premier ordre (« dissociation expérimentale simple ») qui démontre que ces deux tests directs de rétention ne sont pas interchangeables. On notera, en particulier, que les patients amnésiques diffèrent peu des sujets contrôles en rappel indicé mais que leur performance est très perturbée en reconnaissance (Adapté de Warrington & Weiskrantz, 1974).

est perceptivement disponible et que la décision de mémoire porte donc sur autre chose que sur l'évocation mentale de cette information. Qu'est-ce qui doit donc être retrouvé en mémoire dans une situation de reconnaissance ? De façon très générale on pourrait répondre que ce qui doit être retrouvé est un contexte d'association spatio-temporel : où et dans quelles conditions précises une information est-elle apparue antérieurement ? Si l'on préfère, dans le rappel un contexte particulier constitue une clé d'accès à une cible, alors que c'est l'inverse dans la reconnaissance, une cible sert de clé d'accès à un contexte spécifique.

On peut distinguer plusieurs classes de reconnaissance : a) la reconnaissance catégorielle consiste à reconnaître qu'un objet particulier appartient à une catégorie définie (ex. : ceci est un visage). Il s'agit donc de reconnaître qu'un objet partage un ensemble de propriétés minimales avec tous les autres objets de la classe (contexte minimal); b) la reconnaissance d'occurrence est la prise de conscience spécifique qu'un objet a donné lieu à une expérience perceptive singulière dans le passé, éventuellement dans un contexte spatial et/ou temporel défini (ex. : j'ai déjà vu ce visage; j'ai vu ce visage hier à l'Université); c) la reconnaissance d'identité consiste à reconnaître qu'un objet possède un ensemble de propriétés qui le différencie de tous les objets de sa catégorie (ex. : ce visage est celui de Monsieur Bodamer). En fait, seule la reconnaissance d'occurrence est clairement un test direct de mémoire, l'individu ayant conscience d'être engagé dans une activité de remémoration d'un épisode précis de son passé. Les autres situations de reconnaissance sont plutôt, dans les conditions écologiques habituelles, des tests indirects de mémoire. Quelle que soit la classe de reconnaissance étudiée, trois techniques principales ont été utilisées pour son investigation : la reconnaissance de type «oui-non», la reconnaissance par choix forcé parmi deux éventualités, et la reconnaissance par choix multiple entre n éventualités.

Le choix du rappel ou de la reconnaissance pour l'étude de la mémoire n'est pas théoriquement neutre. Les performances observées sont en effet très différentes : toutes choses égales par ailleurs, la reconnaissance est supérieure au rappel et la fréquence des intrusions au rappel est toujours nettement inférieure à la fréquence des fausses reconnaissances. De plus, plusieurs facteurs expérimentaux n'exercent pas le même effet sur le rappel et la reconnaissance. Par exemple, comme le montre la Figure 1, des patients amnésiques sont très inférieurs aux sujets normaux en reconnaissance d'occurrence mais ne s'en différencient pas, ou beaucoup moins, en rappel indicé (Warrington et Weiskrantz, 1974). Rien ne garantit donc que les mêmes processus cognitifs soient à l'œuvre dans le rappel et la reconnaissance. Cette question oppose depuis près d'un siècle les psychologues partisans d'une conception unitaire de la mémoire à ceux qui défendent l'hypothèse d'une pluralité de sous-systèmes de mémoire. Avec le développement des conceptions modulaires des processus cognitifs, la seconde conception est la plus en vogue aujourd'hui, mais l'issue du débat n'est pas encore jouée. Au moins, pour ce qui concerne le rappel et la reconnaissance, on peut considérer que les processus mnésiques sont de même nature et que les différences de performance s'expliquent entièrement par les propriétés des indices de récupération. Les processus «ecphoriques» d'interaction entre ces indices et la trace mnésique ne seraient pas fondamentalement différents, seuls varieraient les processus de conversion en réponse de familiarité, pour la reconnaissance, et de production verbale pour le rappel (pour une revue de cette question : J. Brown, 1976; Lecocq & Tiberghien, 1981; Tiberghien & Lecocq, 1983; Tulving, 1983, p. 300-325)[2].

4. LES MÉTHODES INDIRECTES D'ÉTUDE DE LA MÉMOIRE

Les méthodes indirectes d'étude de la mémoire diffèrent des précédentes car elles n'interrogent pas explicitement la mémoire du sujet, mais le contraignent à effectuer une tâche cognitive ou cognitivo-motrice particulière. Cette activité peut être facilitée, éventuellement, si elle a déjà été réalisée antérieurement. La mesure de cette facilitation constitue une mesure indirecte d'un effet mnémonique sur la tâche en question (Richardson-Klavehn et Bjork, 1988 ; Schacter, 1987). On constate que ces méthodes indirectes n'impliquent pas nécessairement une remémoration consciente d'un épisode antérieur, ce qui est normalement le cas lorsque la mémoire est étudiée à l'aide de méthodes directes.

Ces mesures indirectes portent habituellement sur des connaissances déclaratives de nature sémantique ou conceptuelle (ex. : générer les membres d'une catégorie taxonomique, les associés sémantiques d'un mot, vérifier l'appartenance catégorielle de mots, catégoriser des mots, reconnaissance catégorielle, etc.), sur des informations de nature lexicale (dénomination, prononciation, complément de fragments de mots, interprétation d'homophones, etc.) et, enfin, sur des informations de nature perceptive (identification de mots, reconnaissance de visages, reconnaissance d'identité, identification d'images complètes ou fragmentées, etc.). Ces mesures indirectes peuvent également être recueillies dans des situations de type perceptivo-moteur mettant en jeu des connaissances procédurales (correction typographique, dessin au miroir, textes transformés, puzzles, etc.).

Quatre techniques d'étude indirecte de la mémoire ont surtout été utilisées : l'économie au réapprentissage (savings), déjà évoquée à propos de l'œuvre d'Ebbinghaus, l'apprentissage et le conditionnement et, enfin, les effets d'amorçage (priming).

4.1. Apprentissage et économie au réapprentissage

L'économie au réapprentissage, inaugurée par Ebbinghaus, est un des plus anciens tests indirects de mémoire. Il s'avère plus sensible que les tests directs traditionnels : des informations qui ne peuvent ni être rappelées ni être reconnues peuvent toutefois être retrouvées dans une situation de réapprentissage (T.O. Nelson, 1978). De façon plus générale, on peut considérer que les situations d'apprentissage et de conditionnement, classique ou instrumental, constituent des tests indirects de la mémoire. Si l'on y ajoute les tests d'habituation et de conditionnement sensoriel, ce sont les paradigmes de base qui sont utilisés pour étudier la mémoire chez l'animal. En d'autres termes on ne peut étudier la mémoire animale que de façon indirecte, sans jamais atteindre l'équivalent du « souvenir » (remembering) explicité verbalement par le sujet humain.

La situation n'est d'ailleurs pas fondamentalement différente pour les psychologues qui étudient la mémoire du bébé aux tous premiers moments de sa vie[3]. On comprend que l'on puisse s'interroger sur l'existence de tels souvenirs chez l'animal et même chez le jeune enfant. On n'observe d'ailleurs pas chez l'adulte humain, ou alors de façon rarissime, des souvenirs personnels antérieurs à l'âge de 2 ans (K. Nelson, 1994; Tulving, 1983, p. 51). Cette « amnésie infantile » et le développement de la mémoire autobiographique de l'enfant sont d'ailleurs étroitement associés à la prise de conscience de son identité (entre 3 et 5 ans). De ce point de vue, l'ontogenèse humaine semble bien récapituler la phylogenèse de l'apprentissage : apprentissage par habituation (tous les animaux), apprentissage associatif par conditionnement classique et instrumental (tous les vertébrés et quelques invertébrés), apprentissage intégratif par conditionnement sensoriel (vertébrés supérieurs) et apprentissage linguistique par acquisition de symboles structurés par une syntaxe (les humains). L'acquisition d'un langage hautement développé chez l'homme est sans doute une des conditions critiques de la formation d'une mémoire explicite permettant la réactivation contrôlée de souvenirs personnels intégrés à un historique spatio-temporel défini. Le développement de la mémoire explicite est donc tardif et semble lié chez les humains au développement du langage et de la conscience.

Dans un cadre théorique proche, les apprentissages subliminaux (sans prise de conscience de la relation entre le renforçateur et la réponse) ont également suscité beaucoup d'intérêt. Les premières recherches réalisées par Ericksen (1962) obtiennent des résultats qui vont à l'encontre de la possibilité d'apprentissage sans prise de conscience de la liaison entre le caractère agréable ou désagréable du renforçateur et les indices discriminatifs. Cependant plus récemment on a obtenu des données démontrant la possibilité d'une influence de stimuli subliminaires sur des traitements perceptifs de haut niveau sans que l'on parvienne à en établir clairement la réalité en raison de nombreuses difficultés méthodologiques liées, en particulier, à la variation des critères de décision et des critères de définition de la conscience (Holender, 1986). Les recherches sur l'acquisition de grammaires artificielles montrent toutefois que la possibilité d'un apprentissage « non conscient » doit être prise au sérieux mais que sa mise en évidence empirique est toutefois délicate : 1) quels tests de rétention (explicites, implicites) doit-on utiliser pour mettre en évidence un ap-

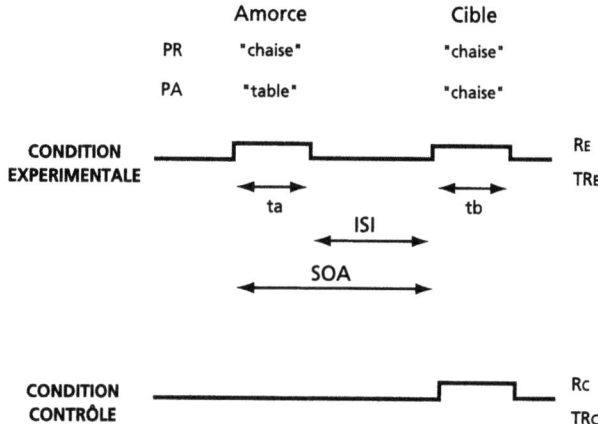

Figure 2. — Le paradigme de base pour l'étude des effets d'amorçage (priming) en identification lexicale : PR (priming de répétition), PA (priming associatif), t_a (temps d'exposition de l'amorce), t_b (temps d'exposition de la cible), ISI (intervalle entre stimuli), SOA (intervalle temporel entre le début de présentation de l'amorce et le début de présentation de la cible : « stimulus onset asynchrony »), R_E (réponse d'identification de la cible pour la condition expérimentale), R_C (réponse d'identification de la cible pour la condition contrôle), TR_E (latence de R_E), TR_C (latence de R_C). Il y a effet d'amorçage si Probabilité R_E > Probabilité R_C et TR_E < TR_C. En pratique, on peut utiliser un plan intra-individuel contrebalancé : chaque sujet est exposé, de façon supra ou infra-liminaire, à une liste de mots amorces ; après un intervalle de rétention défini, il est soumis à une épreuve d'identification de mots présentés à grande vitesse (à la limite du seuil de perception) dans laquelle sont mélangés au hasard les mots amorcés et des mots contrôles non amorcés. De nombreuses variantes du paradigme de base sont possibles. L'amorçage peut éventuellement être sub-liminaire, l'amorce n'étant pas alors identifiée consciemment.

prentissage non conscient ? 2) quels types d'apprentissage (actif, passif) doit-on mettre en œuvre ? (Berry, 1994). Une meilleure définition opérationnelle des « niveaux d'éveil » lors de l'apprentissage et lors de son évaluation ultérieure doit encore faire l'objet de recherches approfondies.

4.2. Les effets d'amorçage

C'est, sans aucun doute, la méthode de l'amorçage qui est actuellement la plus utilisée pour l'étude indirecte de la mémoire. Cette méthode consiste à faire précéder un traitement spécifique (cible) par la perception, consciente ou subliminaire, d'une information préalable (amorce). Le traitement en question peut-être de nature perceptive, lexicale ou sémantique. Trois types de traitements sont classiquement utilisés : une décision lexicale (le sujet doit décider si ce qui lui est présenté est un mot

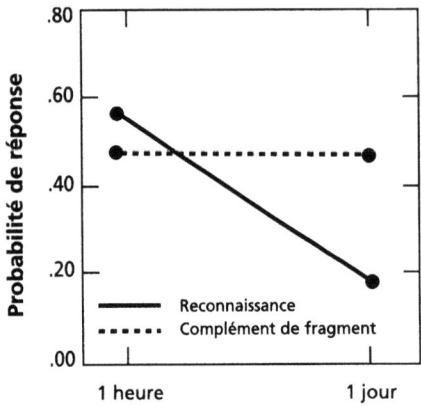

Figure 3. — Influence de l'intervalle de rétention sur un test direct de la mémoire (reconnaissance d'occurrence) et sur un test indirect (complément de fragments de mots). Tulving, Schacter et Stark (1982) présentent une liste de mots à mémoriser; les sujets reçoivent ensuite deux tests dont l'ordre de présentation est contrebalancé et qui interviennent 1 heure et 7 jours après l'étude. Le premier test est une épreuve de rétention dans laquelle les sujets doivent essayer de reconnaître les anciens mots mémorisés, mélangés à de nouveaux mots. Le second test est une tâche de complément portant sur des fragments de mots anciens ou nouveaux (ex : A-S-SS-N pour ASSASSIN). Dans ces conditions on observe une diminution sensible de la reconnaissance en fonction de l'intervalle de rétention, alors que celui-ci n'affecte pas la probabilité de complément des mots mémorisés et qu'il n'y a pas de corrélation entre les deux tâches (Adapté de Tulving, Schacter & Stark, 1982).

ou un assemblage de lettres sans signification, un non-mot), une identification de mot ou d'objet (le dessin présenté est-il une «table», par exemple), un complément de mot (ex. : TAB--) ou un complément de fragment de mot (ex. : T-BL-).

On dit qu'il y a amorçage quand l'exposition préalable à l'amorce entraîne une augmentation de la précision de la performance et une diminution de sa latence dans le traitement spécifique de la cible (Figure 2). On distingue deux classes principales d'amorçage : a) l'amorçage de répétition (ou perceptif) dans lequel la présentation d'une information facilite le traitement ultérieur de cette même information; b) l'amorçage sémantique (ou conceptuel) dans lequel la présentation d'une information facilite le traitement ultérieur d'un associé sémantique ou conceptuel. Ces deux types d'amorçage ne renvoient probablement pas exactement aux mêmes processus : l'amorçage de répétition est plutôt un indicateur de phénomènes procéduraux (mesure procédurale de la familiarité, de la facilité du traitement perceptif ou «fluence perceptive»); l'amorçage associatif renvoie plutôt à l'organisation permanente de la mémoire sémantique (Tulving & Schacter, 1990).

Des différences importantes de performance ont été constatées quand la mémoire est évaluée à l'aide de tests directs et de tests indirects. De plus, de nombreux facteurs expérimentaux (types d'encodage, effets de contexte, intervalle de rétention, interférence, etc.) n'ont pas les mêmes effets sur ces deux classes d'indicateurs de la mémoire (Tulving, Schacter & Stark, 1982; Roediger & Craik, 1989; Van der Linden & Bruyer, 1991) (Figure 3).

Ces dissociations expérimentales ont conduit à supposer que les tests directs et indirects ne donnent pas accès aux mêmes mémoires. Il en résulte évidemment un débat théorique, encore largement ouvert, qui démontre l'importance d'une étude méthodologique précise des similitudes et des différences entre tous ces tests de mémoire.

5. LA MODÉLISATION ET LA SIMULATION DE LA MÉMOIRE

L'objet de la modélisation est de coordonner les lois empiriques mises à jour par la recherche expérimentale au moyen des paradigmes d'étude précédemment définis. Les modèles de mémoire, actuellement en compétition, seront présentés ultérieurement, mais il est utile de rappeler ici qu'un modèle de mémoire ne diffère pas, en principe, des autres modèles psychologiques (pour une revue : Tiberghien, 1988, 1991). Il s'agit toujours de présenter une description formalisée (définie par une syntaxe, c'est-à-dire un langage formel, logique ou mathématique, et une démonstration formalisée) qui s'applique à un ensemble, plus ou moins vaste, d'observations auxquelles on peut appliquer une table de valeurs de vérité (sémantique).

5.1. Les modèles d'estimation

Les modèles les plus anciens, dans ce domaine, sont des modèles d'estimation de fonctions ou de paramètres : les premiers recherchent la nature de la fonction mathématique qui relie entre elles diverses entités observables (comportements, variations de l'environnement); les seconds tentent d'estimer les valeurs de certains paramètres intervenant dans des équations fonctionnelles ou de préciser les facteurs susceptibles de les affecter. Par exemple, une fonction exponentielle qui s'ajuste parfaitement aux courbes empiriques d'oubli, mises en évidence par Ebbinghaus, est tout à fait représentative des modèles d'estimation de fonction. Le modèle probabiliste de la reconnaissance à long terme (Atkinson et Juola, 1974) est un bon exemple des modèles d'estimation de paramètres.

5.2. Les modèles de simulation

Les modèles d'estimation sont essentiellement descriptifs et ne disent rien de la nature cognitive des processus calculatoires qui produisent les relations observées et la variation de leurs paramètres. Pour aller plus loin, il est nécessaire de simuler les processus en jeu, cet objectif définissant une seconde classe de modèles que l'on peut qualifier de modèles de simulation et, plus précisément de modèles de simulation computationnelle (modèles cognitifs). La simulation n'engendre pas un système physique qui serait isomorphe au système cérébral de référence, mais un système de « calcul » dont les propriétés seraient isomorphes à celles du système cérébral de référence. Les phénomènes cognitifs sont simulés sur un système de traitement de l'information (ordinateur) dont les propriétés computationnelles peuvent être explicitées (pour des développements plus approfondis : Massaro, 1986).

Selon le niveau de description où se situent ces modèles computationnels, on peut distinguer des modèles symboliques et des modèles sub-symboliques : les premiers décrivent des processus mnémoniques opérant sur des entités abstraites de nature symbolique (mots, images, concepts), les seconds modélisent des mécanismes et des états beaucoup plus élémentaires qui ne peuvent pas être décrits par des symboles mais par de simples états d'activation ou de désactivation momentanés. Ces modèles sub-symboliques sont surtout connus sous le nom de modèles connexionnistes (McClelland & Rumelhart, 1986) : « neuromimétiques », s'ils visent un degré de réalisme neurologique élevé, ou « psychomimétiques » s'ils ne cherchent à atteindre qu'un strict réalisme fonctionnel de nature psychologique.

6. LES INDICATEURS DE LA MÉMOIRE

L'ensemble de ces techniques a permis une exploration intensive des lois structurelles et fonctionnelles de la mémoire humaine. De nombreux indicateurs objectifs ont été définis afin de décrire les actes de mémoire. Le plus connu est, bien sûr, la qualité de la performance mais la latence du comportement a été très fréquemment mesurée et, occasionnellement, la certitude subjective du souvenir et divers paramètres neurobiologiques contemporains de l'activité mnémonique (réaction électrodermale ou RED, potentiel relié aux événements ou ERP, imagerie cérébrale).

6.1. Le postulat chronométrique

La latence des comportements mérite une attention particulière. En effet il s'agit là d'une propriété cachée, élémentaire et non spécifique, de tous les comportements. Il existe une corrélation négative élevée et stable entre la latence d'une réponse mnésique et sa précision et une corrélation positive entre la latence moyenne des réponses mnésiques correctes et le taux d'erreur (« trade-off effect »). Mais la latence d'une réponse correcte et d'une réponse erronée ne mesurent pas les mêmes phénomènes. Classiquement, la latence d'une réponse correcte est considérée comme un indicateur de la quantité d'information en mémoire alors que la latence d'une erreur renseigne plutôt sur le critère de décision déterminant le coût de la recherche et son critère d'arrêt (ou sur le sentiment de savoir).

Cet indicateur a joué un rôle décisif dans la genèse et le développement de la psychologie cognitive. On peut affirmer que le projet scientifique de la psychologie cognitive repose sur un postulat fondamental : le « postulat chronométrique ». Selon ce postulat, l'analyse des latences comportementales et leur décomposition doit permettre une reconstruction des processus cognitifs sous-jacents (Donders, 1868; Sternberg, 1969b, 1975). Il n'est cependant pas certain que la latence soit un indicateur plus sensible que la fréquence de réponses correctes (tout au moins en l'absence d'effet plafond sur cette proportion). Enfin il n'est pas évident que la latence des réponses correctes et leur fréquence donnent accès aux mêmes processus ou entités mnésiques : la latence peut renseigner, par exemple, sur la complexité du processus d'accès à l'information et la fréquence de réponses correctes sur les propriétés de l'encodage et les caractéristiques de la trace mnésique (MacLeod & T.O. Nelson, 1984).

Cette pierre angulaire de la psychologie cognitive ne va donc pas de soi[4]. Les problèmes méthodologiques posés par l'analyse rigoureuse des latences sont d'une très grande complexité et leur interprétation cognitive est une entreprise à haut risque (Luce, 1986). Ainsi la méthode des facteurs additifs[5] ne permet d'analyser, de façon non ambiguë, les relations entre facteurs expérimentaux que si l'on postule une architecture séquentielle stricte des processus cognitifs sous-jacents et un mode discret de transmission de l'information. Or, d'autres architectures, maintenant psychologiquement plus plausibles, admettent une organisation non séquentielle des processus cognitifs (parallélisme, rétroaction, cascade) et un mode de transmission continu de l'information (McClelland, 1979; McClelland et Rumelhart, 1986).

La méthode classique des facteurs additifs ne permet ainsi en aucun cas de départager clairement ces différentes architectures et d'autres méthodes doivent être utilisées : analyse de la forme et des paramètres de la distribution des latences, fonction précision-rapidité (étude dynamique des conditions temporelles de production de la réponse, avec ou sans signal péremptoire) ou, enfin, étude dynamique simultanée de la latence et d'autres indicateurs, de nature neurophysiologique, potentiels évoqués par exemple (Meyer, Irwin, Osman & Kounios, 1988).

6.2. Mémoire et imagerie cérébrale : la tomographie par émission de positons

Les méthodes scanographiques permettent maintenant de disposer d'images du cerveau d'une très grande précision (scanner, étude des variations du débit sanguin par résonance magnétique ou IRM). Mais l'étude fonctionnelle du cerveau et l'obtention d'images de son activité étroitement corrélées avec le comportement exige d'autres méthodes. Celles-ci peuvent visualiser l'activité métabolique ou biochimique du cerveau (tomographie par émission de positons ou TEP, tomographie par émission photonique ou TEM) ou l'activité électrique ou magnétique du cerveau (électroencéphalographie ou EEG, magnétoencéphalographie ou MEG).

Les premières méthodes se caractérisent par une grande précision de la localisation spatiale des structures activées (de l'ordre du millimètre), mais par une grande imprécision temporelle (de l'ordre d'une minute). La dernière classe de méthodes est, symétriquement, caractérisée par une impossibilité de localisation spatiale des structures cérébrales actives (tout au moins sans modèle préalable) mais une très grande précision de l'analyse du décours temporel de l'activité cérébrale (de l'ordre de la milliseconde).

La TEP, par exemple, consiste à localiser les régions cérébrales actives en mesurant la consommation locale de glucose ou d'oxygène. Cette consommation est reliée de façon monotone au métabolisme régional. Pratiquement la TEP mesure la concentration d'un traceur radioactif dans le cerveau à un moment donné. La méthode générale consiste à déterminer une image « moyenne » à partir d'un ensemble d'images obtenues par

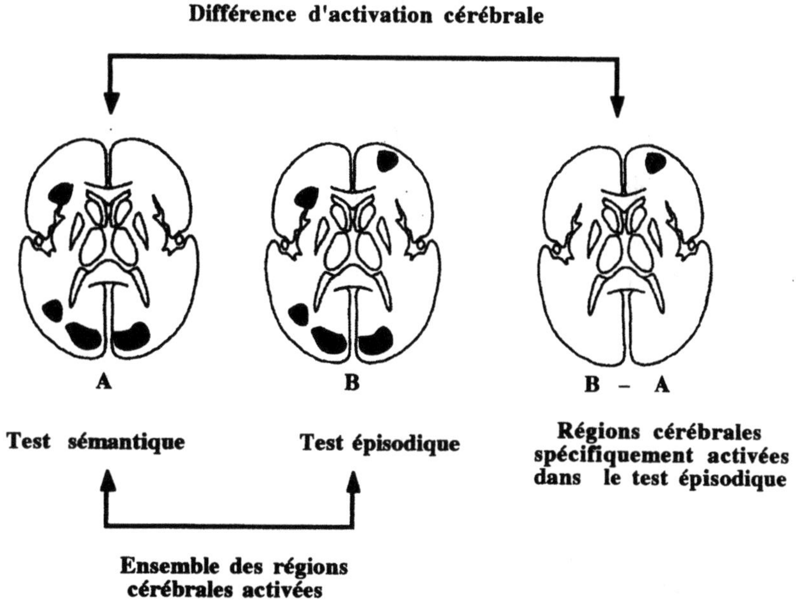

Différence d'activation cérébrale

A — Test sémantique
B — Test épisodique
B - A — Régions cérébrales spécifiquement activées dans le test épisodique

Ensemble des régions cérébrales activées

Figure 4. — Localisation des maxima d'activation cérébrale dans deux tests de mémoire : a) une récupération sémantique (retrouver des mots à partir de la présentation de leurs trois premières lettres; il s'agit d'une tâche d'association); b) une récupération épisodique (rappeler des mots précédemment mémorisés à partir de la présentation d'un indice constitué de leurs trois premières lettres; un tel rappel indicé implique la récollection d'un événement spécifique et de son contexte d'étude). On observe que certaines régions sont activées dans les deux cas (en particulier, le cortex préfrontal inférieur gauche). Toutefois, une région spécifique n'est activée que dans la mémoire épisodique (le cortex préfrontal antérieur droit) (adapté de Buckner, 1996).

une caméra TEP. Sans entrer dans les détails techniques, on détermine la région active par une méthode «soustractive», entre l'image «moyenne» obtenue dans une condition contrôle et celle obtenue dans une condition expérimentale (pour une revue : Renault & Macar, 1992; Roland, Kawashima, Gulyás, & O'Sullivan, 1995).

L'utilisation de cette méthode permet d'identifier les régions qui sont le plus activées dans certaines conditions expérimentales. Par exemple, l'écoute d'une histoire dans une langue étrangère non comprise montre une activation cérébrale bilatérale limitée à l'aire pariétale supérieure; au contraire l'écoute d'une histoire dans une langue comprise du sujet montre une large activation de l'hémisphère gauche (aires préfrontale, frontale inférieure, temporale) et une activation beaucoup plus limitée de l'aire temporale (Mazoyer & al., 1993).

En utilisant cette technique de la TEP, Tulving (1989, 1995) a obtenu des données expérimentales montrant que l'évocation mnésique d'épisodes autobiographiques s'accompagne d'une forte activation des aires frontales et temporales antérieures, tandis que l'évocation mnésique de connaissances sémantiques s'accompagne d'un maximum d'activation dans les aires pariétales et occipitales postérieures. Il est de plus en plus probable que certaines régions frontales (en particulier l'aire 10 de Broadmann) soient fortement impliquées dans l'encodage et la récupération des épisodes autobiographiques (Figure 4).

6.3. Mémoire et imagerie cérébrale : l'électroencéphalographie et les potentiels évoqués liés à des événements

Le cerveau manifeste une activité micro-électrique globale permanente et spontanée. Elle peut être enregistrée, amplifiée et présentée graphiquement sous la forme d'enregistrements électro-encéphalographiques (EEG). Une partie de cette activité cérébrale est temporellement corrélée aux événements qui se produisent dans notre environnement et qui induisent des variations de l'attention et des traitements cognitifs. Des méthodes statistiques permettent d'extraire, par moyennage sur un vaste ensemble de données EEG, cette activité micro-électrique corrélée aux événements; ce sont des potentiels évoqués associés aux événements (ERP pour «Event Related Potential») (pour une revue : Rugg, 1995).

Les ERP peuvent être analysés en plusieurs composantes, les plus importantes étant la P300 et la N400. La première est une onde tardive positive dont l'amplitude est maximale au centre des régions pariétales et dont la latence de l'apogée est comprise entre 300 et 600 ms. La N400

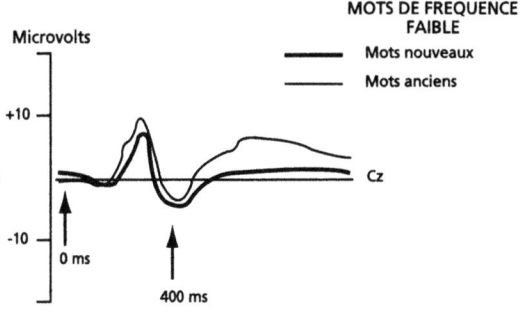

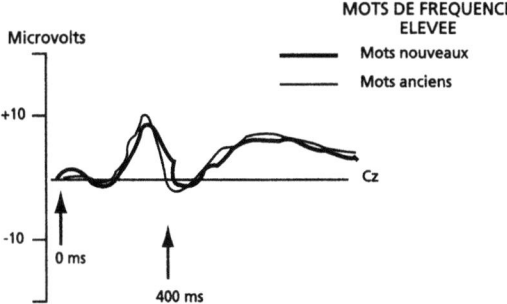

Figure 5. — Potentiels évoqués (ERP) dans une situation de reconnaissance de mots de fréquence d'occurrence élevée ou faible. On observe des effets tardifs (> 400 ms) qui différencient les mots anciens des mots nouveaux en fonction de leur fréquence d'occurrence. Cette interaction reflète un effet de fréquence qui démontre une sensibillité différentielle de la composante tardive à la familiarité relative des mots (Adapté de Rugg & Doyle, 1992).

est une onde négative qui se manifeste, en moyenne, 400 ms après l'apparition d'un stimulus.

Alors que les techniques d'imagerie cérébrale nous informent sur la topographie fonctionnelle du cerveau en relation avec divers événements, la méthode des potentiels évoqués nous offre des données sur la dynamique temporelle des traitements associés à un événement. L'association de cette dernière méthode à une analyse chronométrique rigoureuse peut s'avérer particulièrement heuristique pour l'étude des processus cognitifs et, plus particulièrement, de la mémoire.

Ainsi, les potentiels évoqués ont été utilisés pour l'étude de la relation entre les stratégies d'encodage et la récupération en mémoire. La composante positive des ERP, lors de l'encodage, est en moyenne plus élevée pour les informations ultérieurement récupérées en mémoire que pour celles qui ne le sont pas. C'est la période comprise entre 250 et 300 ms qui semble la plus affectée par les variations des stratégies d'encodage (mémorisation sérielle, élaboration, etc.).

Le processus de reconnaissance mnésique a été étudié à l'aide de la méthode des potentiels évoqués. Renault Signoret, Debruille, Breton & Bolgert (1989) ont, par exemple, montré que la latence et l'amplitude du pic de la P300 étaient affectées à la fois par la familiarité du visage et par sa fréquence relative de présentation. De nombreuses données expérimentales montrent que la P300 et la N400 sont impliquées à des degrés divers dans la reconnaissance. Ainsi, par exemple, la N400 dans un test de reconnaissance est affectée par la fréquence des mots mémorisés : il y a une différence d'amplitude de la N400 entre les distracteurs et les items anciens quand la fréquence de ces derniers est faible, mais une absence d'effet quand leur fréquence est élevée (Figure 5) — une telle interaction pouvant être interprétée en termes de familiarité différentielle (Rugg & Doyle, 1992).

Bien que les données expérimentales obtenues ne soient pas encore consensuelles, la méthode des ERP est un «scalpel» intéressant pour tenter de départager les différentes théories interprétatives de la reconnaissance ou pour vérifier si les tests indirects de mémoire sont ou non accompagnés d'une reconnaissance consciente (Rugg, 1995). L'association de cette technique à l'analyse chronométrique et aux méthodes d'imagerie cérébrale soulèvent des problèmes techniques et méthodologiques considérables. Cette association d'indicateurs comportementaux et neurophysiologiques est sans doute un des lieux où s'élabore progressivement la «nouvelle» neuroscience cognitive.

7. CONCLUSION

En une vingtaine d'années des progrès considérables ont été réalisés dans la connaissance des lois empiriques de la mémoire et dans leur intégration théorique. Ces progrès s'expliquent en partie par le développement de nouvelles méthodologies d'étude indirecte de la mémoire. La complexité croissante des paramètres associés à la réponse mnésique et les instruments formels d'analyse expliquent aussi, en partie, l'élaboration de théories cognitives de plus en plus sophistiquées de la mémoire. Toutefois les contraintes temporelles qui s'exercent sur l'encodage et sur les conditions d'utilisation de l'information mnésique sont suffisamment critiques pour justifier une opposition relative entre les fonctions transitoires et permanentes de la mémoire.

NOTES

[1] La contribution de l'œuvre d'Ebbinghaus et son retentissement, méthodologique et théorique, ont donné lieu à de nombreux commentaires et discussions lors du centenaire de la publication de son ouvrage majeur («La mémoire : une contribution à la psychologie expérimentale», 1885). Un numéro du Journal of Experimental Psychology : Learning, Memory, and Cognition (1985, 11) lui a été consacré (voir en particulier : Tulving, 1985a). On peut également consulter certaines des communications rassemblées dans les Actes de la Conférence pour le centenaire d'Ebbinghaus qui s'est tenue à l'Université d'Adelphi (USA) en 1985 (Gorfein & Hoffman, 1987).

[2] Le rappel a été très longtemps conçu comme psychologiquement plus complexe que la reconnaissance par les dualistes. Paradoxalement, on peut maintenant considérer que les processus de reconnaissance sont probablement plus fondamentaux et plus complexes que les processus d'évocation qui caractérisent le rappel. Les premiers se simulent d'ailleurs plus difficilement que les seconds et leur explication suppose une mise en relation des processus mnésiques avec les processus perceptifs. Ce qui diffère également c'est la nature du contexte qui doit être activé en mémoire ou, si l'on préfère, la nature de l'interaction entre la question posée par l'environnement et l'histoire contextuelle des engrammations successives.

[3] Par exemple, De Schonen & al. (1994) utilisent une technique d'habituation, classique en psychologie animale, pour mettre en évidence une attention visuelle spécifique du nouveau-né pour le visage humain en général et pour celui de sa mère en particulier.

[4] La question suivante a été posée à plusieurs informaticiens : peut-on envisager de reconstruire la structure d'un logiciel à partir de l'analyse des temps de réponse de ce logiciel (au degré de précision requis) dans des situations de problème rigoureusement contrôlées ? La réponse a été presque unanimement négative puisqu'un seul a donné une réponse très modérément optimiste : «C'est possible, à un octet près, ... à condition de connaître le processeur.» Tout le problème de la cognition naturelle est là!

[5] Cette méthode d'analyse postule que la latence d'un comportement est une combinaison additive des durées partielles de tous les traitements nécessaires à la production de ce comportement.

Chapitre 2
Les mémoires transitoires

Les mémoires transitoires sont des sous-processus de la mémoire dont la fonction est d'empêcher la dissipation de l'information sensorielle avant son traitement par des processus de niveau plus élevé (pour une étude de cette interface entre processus sensoriels et processus mnémoniques : Bruce & Green, 1985; G.W. Humphreys & Bruce, 1989). La distinction entre registres, transitoire et permanent, de la mémoire est une des plus anciennes problématiques de la psychologie scientifique (James, 1890; Hebb, 1949; pour une revue : Florès, 1970; Tiberghien, 1994b). Les faits expérimentaux, qui ont contribué à établir historiquement les distinctions entre Registres Sensoriels (RS) et Mémoire à Court Terme (MCT), d'une part, et Mémoire à Long Terme (MLT) d'autre part, ont été largement précisés et amendés au cours des deux dernières décennies du développement de la psychologie cognitive.

1. LA MÉMOIRE SENSORIELLE

1.1. Mise en évidence expérimentale

Sperling (1960) a étudié systématiquement une mémoire très volatile qui permet de maintenir disponible une information sensorielle, pendant un laps de temps de l'ordre de 250-300 ms. Dans son expérience princeps, il présente au tachistoscope pendant une durée de 50 ms un pattern composé de 3 lignes de 4 lettres disposées dans un ordre aléatoire. Dans une condition expérimentale dite de «report complet», les sujets doivent

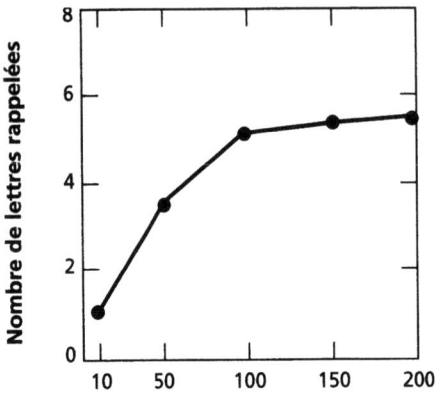

Figure 6. — Influence du SOA (stimulus onset asynchrony) entre le pattern et le masque sur le nombre de lettres rappelées dans une situation de report total (Adapté de Sperling, 1963).

essayer, immédiatement après la présentation du pattern, de rappeler le plus grand nombre possible de lettres. Dans ce cas, ils rappellent, en moyenne, 4 à 5 lettres, soit 33 % à 42 % de l'ensemble des lettres présentées. Cette performance est relativement constante quel que soit le nombre de lignes composant le pattern exposé.

Dans une autre condition expérimentale, dite de «report partiel», un signal sonore de fréquence différente est affecté à chaque ligne de lettres. Immédiatement après la présentation du pattern, ce signal sonore retentit et indique au sujet quelle est la ligne qu'il doit rappeler. Dans ce cas, les sujets rappellent, en moyenne, 3 lettres sur 4. Comme ils ne peuvent pas anticiper la ligne qu'ils auront à rappeler, cela signifie qu'ils maintiennent donc en mémoire 3 lettres x 3 lignes = 9 lettres, soit 75 % de l'ensemble des lettres présentées. On constate donc que le pourcentage d'informations rappelées est proportionnellement plus élevé dans la condition de «report partiel» que dans la condition de «report total». Sperling a émis l'hypothèse que la mesure observée en «report partiel» est une estimation de la quantité d'informations disponible dans une mémoire visuelle transitoire.

1.2. La théorie de la mémoire sensorielle visuelle

Neisser (1967) a proposé d'appeler «mémoire iconique» cette mémoire visuelle transitoire, rapide et non structurée, étudiée par Sperling. Sper-

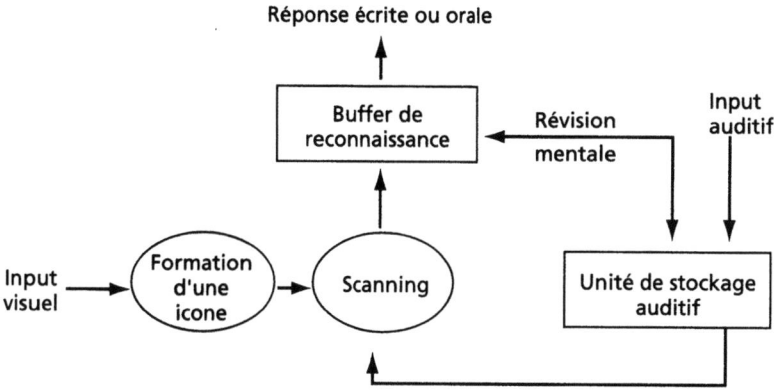

Figure 7. — Le modèle de la mémoire iconique de Sperling (1967).

ling suppose que l'information sensorielle est transformée en une représentation mnésique de nature visuelle (icone). Cette icone peut être explorée mentalement (« scanning ») avant qu'elle ne se dissipe. Si, dans le report partiel, le signal sonore est différé on constate que la performance diminue pour être égale à celle obtenue en report total vers 250 ms (Sperling, 1960), ce qui constitue une estimation de la durée de vie de cette icone (ou de sa vitesse d'exploration).

La dynamique du phénomène a pu être précisée par Sperling (1963) à l'aide d'une technique de masquage rétrograde[1]. Après la présentation du pattern, un masque composé d'un mélange illisible de lettres (masque structuré) peut être présenté — l'intervalle entre le pattern et le masque étant le facteur critique. Dans une situation de report total, le nombre moyen de lettres rappelées augmente en fonction de la durée du SOA, pour atteindre une limite asymptotique de 4 à 5 lettres vers un SOA de 100 ms (Figure 6). Cela signifie que le gain de performance est de l'ordre d'une lettre pour chaque accroissement du SOA de 20 ms, ce qui donne une vitesse d'exploration de l'icone de 50 lettres par seconde. Comme cette vitesse est beaucoup trop élevée pour une exploration et une révision mentale, Sperling a postulé l'existence d'une mémoire de maintenance (« buffer ») permettant de conserver l'information jusqu'à sa transformation en une réponse motrice ou orale (Figure 7)[2].

D'autres expériences de masquage ont aussi montré que : a) les masques structurés affectent plus l'icone que les masques non figuraux; b) avec des masques de composition variable, la familiarité du masque a un effet sur son efficacité; c) les effets d'un masque peuvent être supprimés par la présentation immédiate d'un autre masque; d) les effets de masquage sont sensibles à l'orientation de l'attention vers la cible ou le masque; e) enfin le masque peut affecter le processus d'extraction de l'information de l'icone (ISI < 50 ms), affecter des processus de codage de l'information (50 ms < ISI < 150) et, enfin, pour des ISI de l'ordre de 200-300 ms ce sont les processus d'intégration cognitifs de haut niveau, sémantique et conceptuel, qui sont alors affectés (Loftus, Hanna & L. Lester, 1988; Turvey, 1973).

1.3. Mémoire iconique et persistance rétinienne

Le phénomène étudié par Sperling est-il bien un phénomène de mémoire ou peut-il être réduit à une simple persistance rétinienne? Le fait que la mémoire iconique puisse être affectée par des variations de brillance relative entre le fond et les lettres (ou entre celle des champs pré- et post-expérimentaux, ou entre celle du pattern et des masques : masquage de brillance) favoriserait une interprétation en termes périphériques d'origine rétinienne (Sakitt, 1975).

Cependant de nombreux faits montrent que l'on ne peut assimiler, purement et simplement, la représentation iconique à une persistance rétinienne : a) la persistance rétinienne est monochromatique alors que la persistance iconique permet de percevoir des contrastes chromatiques; b) la persistance rétinienne augmente avec l'intensité lumineuse et la durée du stimulus alors que c'est l'inverse pour la persistance iconique; c) enfin le décours temporel de ces deux phénomènes est très différent (la persistance rétinienne se manifeste une seconde après la présentation du stimulus, sa durée est de l'ordre de 1 seconde et disparaît donc lentement; l'icone est, en revanche, immédiatement disponible, dure une centaine de millisecondes et disparaît donc très rapidement) (Di Lollo, Clark & Hogden, 1988).

Turvey (1973) a dissocié les effets périphériques des effets centraux en présentant le pattern de lettres et le masque au même œil (vision monoptique) ou le pattern à un œil et le masque à l'autre (vision dichoptique). Si le masque est constitué par des points disposés aléatoirement (masque non structuré), le masquage de brillance n'est observé qu'en vision monoptique; en revanche, si le masque est constitué de fragments de lettres disposés au hasard (masque structuré), le masquage se produit aussi en vision dichoptique. L'interprétation de Turvey admet qu'un masque non figural en vision monoptique affecte la représentation iconique tandis qu'un masque structuré perturbe le buffer de reconnaissance post-catégoriel.

1.4. Critique expérimentale du concept de mémoire iconique

La mémoire iconique est purement sensorielle et n'implique aucune catégorisation alphabétique, numérique ou lexicale. Par hypothèse, c'est une mémoire «pré-catégorielle». Or cette hypothèse a été invalidée et l'on a montré que le sujet pouvait, dans une condition de «report partiel», rappeler des informations sur la base de critères catégoriels au lieu de critères physiques ou spatiaux (rappeler les lettres dans un pattern comprenant des chiffres et des lettres, par exemple) (Massaro, 1976; Merikle, 1980).

Une autre critique porte sur la nature de l'oubli dans la mémoire iconique. Selon la théorie standard de la mémoire iconique, l'oubli résulterait d'une perte de disponibilité visuelle de l'icone. Cependant, dans la situation de report partiel, on observe fréquemment des erreurs de rappel provenant des lignes du pattern qui n'ont pas été indicées (erreurs de position). Mewhort et Leppmann (1985) ont d'ailleurs montré que ces erreurs de position augmentent en fonction de l'ISI entre la présentation séquentielle d'un pattern de lettres (pendant 50 ms) et le rappel de la position d'une lettre test (ISI : -150 ms, 0, +50 ms, +100 ms, +200 ms); en revanche la reconnaissance de la présence d'une lettre test dans ce pattern n'est pas affectée par le SOA.

1.5. La théorie «new look» de la mémoire sensorielle

Les difficultés précédentes ont été à l'origine de théories alternatives de la mémoire sensorielle. La plus connue est celle du «double buffer» (Mewhort, Marchetti, Gurnsey & Campbell, 1984; Coltheart, 1984). Cette théorie admet un processus de traitement visuel assurant l'extraction de dimensions physiques élémentaires (courbes, segments de droite verticaux, horizontaux, obliques, etc.). Ces traits sont stockés dans une mémoire pré-catégorielle (buffer de traits) sur laquelle opère un mécanisme de reconnaissance des stimulus. Les représentations abstraites (et non iconiques) qui en résultent (lettres, chiffres, etc.) sont alors stockées dans un second buffer (buffer des caractères). L'oubli dans ce second buffer post-catégoriel ne porte pas sur les caractères mais sur l'information spatiale.

L'hypothèse stricte de Sperling selon laquelle il y aurait une unité visuelle de stockage de nature pré-catégorielle est maintenant abandonnée. En fait, la mémoire iconique, telle que Sperling l'a décrite, est un mixte de plusieurs systèmes hétérogènes de maintenance de l'information (Coltheart, 1980, 1983). Certains de ces systèmes sont très périphériques (voire rétiniens) et l'information qui en résulte est affectée par des variations relatives de brillance modulées par des paramètres temporels ; d'autres systèmes (scanning, buffer) sont facilités ou perturbés par des variations plus structurelles (nature du matériel à mémoriser, caractéristiques du masque, etc.).

Les modèles qui émergent aujourd'hui font donc intervenir différents sous-processus, en cascade, qui permettent même une persistance de l'information, au-delà des limites temporelles mises en évidence par Sperling : a) une persistance visuelle, dès le début du stimulus, dont la durée est fonction de l'intensité lumineuse du stimulus ; b) une persistance «informationnelle», active dès la fin de la présentation du stimulus, non affectée par la durée et l'intensité du stimulus et véhiculant des informations spatiales et configurales sur le stimulus. Elle serait un mixte de deux composantes : une représentation analogue visuelle (durée 150-300 ms), contenant des informations sur la localisation, la forme et les propriétés du stimulus. L'extinction de cette représentation obéirait à une fonction exponentielle et elle serait sensible aux effets de masquage ; une représentation d'identité non visuelle (durée, de l'ordre de 300 ms), contenant essentiellement des informations permettant la catégorisation du stimulus (codage) et insensible au masquage (Irwin & Yeomans, 1986)[3].

2. LA MÉMOIRE À COURT TERME ET LA MÉMOIRE À LONG TERME

2.1. De la mémoire iconique à la mémoire à court terme

En 1969, Posner et ses collaborateurs ont mis en évidence une mémoire transitoire qui ne se confond pas avec la mémoire iconique. Ils présentent successivement deux lettres de l'alphabet qui peuvent être identiques ou différentes, en bas-de-casse ou en capitales typographiques (AA, Aa, AB, Ab). L'intervalle entre les deux lettres peut être de 0 s, 1 s ou 2 s. Le sujet doit décider, le plus vite possible, si les deux lettres sont nominalement identiques, quelle que soit leur forme typographique.

Les résultats montrent que la différence de temps de réaction entre la condition de type Aa et la condition AA passe de 80 ms à 25 ms quand l'intervalle entre les deux lettres augmente (Figure 8). Il en découle que l'effet de la différence de forme visuelle est important quand l'intervalle entre les deux lettres est nul, mais diminue fortement quand cet intervalle augmente jusqu'à 2 s. On peut considérer qu'en 2 s, le sujet a réalisé un codage verbal de la lettre et n'est plus influencé par les différences de

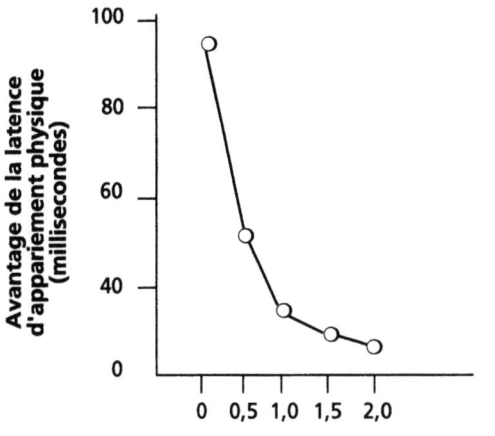

Figure 8. — Influence de l'intervalle entre deux lettres à comparer sur l'avantage de la latence de l'appariement physique (exemple : AA ou aa) par rapport à la latence de l'appariement catégoriel (Aa ou aA) (Adapté de Posner & *al.*, 1969).

forme visuelle entre les deux lettres. Cette maintenance à court terme ne peut être confondue avec la mémoire iconique car, contrairement à cette dernière, elle est insensible à un masque introduit entre les deux lettres.

C'est à peu près à la même époque que Waugh & Norman (1965) vont opposer la « mémoire primaire » à la « mémoire secondaire ». La première serait une mémoire transitoire à capacité limitée permettant de conserver quelques informations pendant une durée limitée à quelques secondes, tandis que la seconde serait à capacité illimitée.

2.2. Les effets de primauté et de récence

Les effets de position sérielle vont également apporter une base empirique séduisante à cette dichotomie entre la mémoire à court terme (MCT) et la mémoire à long terme (MLT). Si l'on donne à mémoriser une séquence d'items (mots, nombres, syllabes sans signification par exemple), en nombre limité mais en succession rapide, suivie immédiatement d'un rappel libre sans contrainte sur l'ordre des évocations, on constate que la performance mnésique présente des caractéristiques singulières : les premiers items et les derniers de la liste sont les mieux mémorisés, les items du milieu de la liste étant rappelés de façon médiocre. Ces résultats, connus sous le nom de courbe de position sérielle, ont

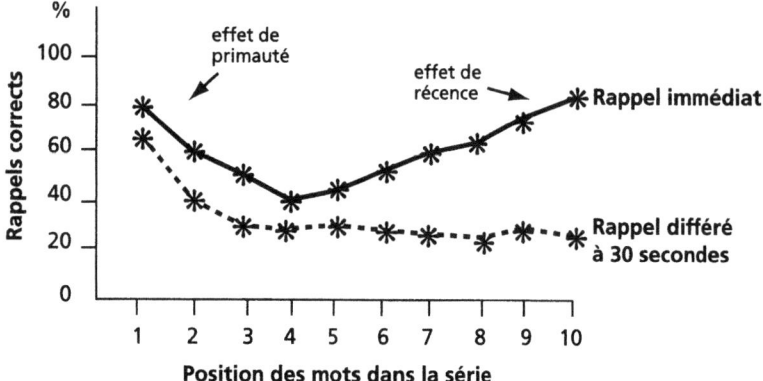

Figure 9. — Influence de la position d'un mot, dans une série, sur sa probabilité d'évocation en fonction de l'intervalle entre la fin de l'étude et le test de rappel libre (Adapté de Postman & Phillips, 1965).

attiré l'attention des psychologues dès le début de ce siècle (Foucault, 1928) mais c'est à partir du début des années 60 que ce phénomène a été intensément étudié (Murdock, 1962). La première partie de la courbe est appelée effet de primauté (ou de pré-récence), la seconde est dénommée effet de récence (Figure 9).

Diverses interprétations de ce phénomène ont été avancées (pour une revue : McGeoch & Irion, 1952; Florès, 1970) mais elles ont été supplantées assez rapidement par la théorie dualiste de la mémoire. Dans ce type de situation, le sujet réviserait mentalement les items dans une mémoire à court terme et à capacité limitée : les premiers items resteraient plus longtemps en mémoire à court terme et une quantité plus grande d'information relative à ces items serait alors transférée en mémoire permanente (ce qui expliquerait l'effet de primauté); les derniers items, en revanche, auraient une probabilité plus élevée de se trouver en mémoire à court terme au moment du test de rétention (ce qui expliquerait l'effet de récence). En d'autres termes l'effet de primauté serait un indicateur de l'état de la mémoire à long terme et l'effet de récence serait un indicateur de l'état de la mémoire à court terme.

Cette interprétation, directement dérivée de la conception de Waugh & Norman, a suscité des recherches en vue de préciser les facteurs contrôlant le phénomène. On constate, tout d'abord, que l'augmentation de la longueur de la liste n'a aucun effet sur l'effet de récence et limite les effets positifs de la pré-récence et de la récence à un nombre relatif

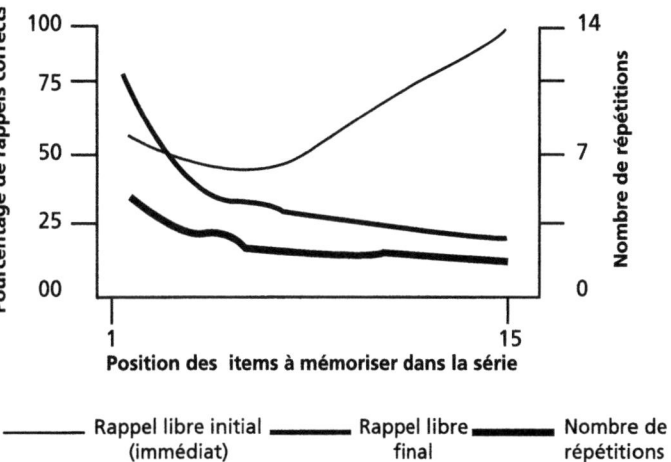

Figure 10. — Mise en évidence de l'effet de récence négatif : nombre de réponses correctes en rappel libre initial et en rappel libre final en fonction de la position des items mémorisés (Adapté de Craik, 1970). Nombre de répétitions des items, au moment de l'étude, en fonction de leur position dans la série (Adapté de Rundus, 1971).

d'items de plus en plus petit (M.O. Lewis-Smith, 1975; Murdock, 1962; Postman & Phillips, 1965); ce résultat s'explique facilement par la capacité limitée de la mémoire à court terme. De plus l'effet de récence s'atténue quand l'intervalle de rétention, occupé par une tâche interférente, augmente; on peut aussi invoquer ici l'augmentation de la probabilité d'oubli en mémoire à court terme (Glanzer & Cunitz, 1966; Postman & Philips, 1965). L'effet de primauté est plus important pour les mots fréquents que pour les mots rares, alors que la fréquence des mots de la liste à mémoriser est sans effet sur l'effet de récence (Glanzer, 1972; Greene, 1986). Enfin l'effet de primauté est détérioré quand le matériel est présenté à vitesse élevée (Glanzer & Cunitz, 1966; Murdock, 1962; Raymond, 1969) ce qui s'explique, dans le cadre dualiste, par un temps de stockage à court terme plus réduit et une probabilité plus faible de transfert d'information en mémoire à long terme (Figure 9).

Ces données expérimentales favorables à la conception dualiste de la mémoire à court terme on été très joliment confirmées par les travaux de Craik (1970). Il a fait mémoriser plusieurs listes successivement. Immédiatement après la présentation de chaque liste intervient un rappel libre des items de cette liste (rappel libre initial); une fois toutes les listes présentées et testées, le sujet est invité à essayer de se rappeler librement le plus grand nombre d'items appartenant à toutes ces listes (rappel libre final). Les résultats montrent un effet de position classique pour chaque rappel libre initial et une disparition de l'effet de récence lors du rappel libre final (Figure 10).

Cet «effet de récence négatif» s'explique aisément dans le cadre de la théorie de Waugh et Norman. En effet, lors du rappel libre initial les derniers items de chaque liste sont en mémoire à court terme et peuvent donc être rappelés facilement; en revanche, lors du rappel libre final, la probabilité d'évocation dépend de la quantité d'information transférée en mémoire à long terme, celle-ci dépendant elle-même de la durée de stockage en mémoire à court terme qui a été réduite pour les derniers items de chaque liste. Rundus (1971) a utilisé le même paradigme expérimental mais en demandant aux sujets d'étudier les listes à haute voix, ce qui lui a permis de mesurer la fréquence de répétitions de chaque item au moment de l'étude. Il montre que le nombre de répétitions de chaque item diminue régulièrement du début à la fin de la liste. De plus, la corrélation est élevée entre la fréquence de répétition des items et la courbe de performance mnésique en rappel final (Figure 10)[4].

2.3. Les bases neuropsychologiques de la mémoire à court terme

La neuropsychologie apporta également des données favorables à cette interprétation. Par exemple, le célèbre patient HM, étudié par Milner (1966) à la suite d'une opération bilatérale du lobe médio-temporal avait perdu les 2/3 antérieurs de l'hippocampe, du gyrus de l'hippocampe, de l'uncus et de l'amygdale. L'empan de ce patient demeurait normal et, dans une tâche de rappel libre immédiat, il présentait un effet de récence normal mais pas d'effet de primauté. L'amnésie de HM ne portait donc pas sur sa mémoire à court terme mais sur sa mémoire à long terme. Cette différence comportementale, entre HM et les sujets normaux, à l'égard de la courbe de position sérielle fut évidemment invoquée pour étayer l'hypothèse d'une distinction fonctionnelle entre MLT et MCT.

En 1969 Warrington et Shallice étudièrent également le patient KF qui présentait un trouble symétrique de celui de HM caractérisé par un déficit de la MCT sans trouble de la MLT. Baddeley et Warrington (1970) montrèrent que l'effet de récence était affecté chez de tels patients mais non l'effet de primauté. Toutefois ce déficit semblait limité à la mémorisation à court terme d'informations verbales, l'effet de récence étant rétabli en présentation visuelle (Vallar & Papagno, 1986) Cette neuropathologie de la mémoire a ensuite été fréquemment observée et dénommée «syndrome de la mémoire à court terme»; elle est fortement associée à un trouble de la mémoire à court terme de nature phonologique. Ce syndrome est associé à des lésions localisées dans les lobes pariétal inférieur gauche (surtout postérieur) ou temporal supérieur gauche (pour une revue : Shallice, 1988; Van der Linden, 1994).

2.4. Les lois fonctionnelles de la mémoire à court terme

Les recherches princeps postulaient que la mémoire à court terme était caractérisée par deux propriétés essentielles : a) il s'agissait d'une mémoire sérielle, insensible à l'organisation et à capacité limitée; b) enfin, en l'absence de compétition entre items au stockage et en l'absence de révision mentale, l'oubli en mémoire à court terme résulterait d'un simple déclin passif de la force des traces mnésiques. Mais quelle est la capacité exacte de cette mémoire à court terme?

La capacité de la mémoire à court terme a été déterminée à l'aide de diverses méthodes qui ont donné des valeurs variables et aucun consensus ne s'est dégagé de ces pratiques qui reposent souvent sur des postulats controversés. On peut, par exemple, estimer la capacité de la MCT en postulant que la probabilité (R_i) de rappeler un item à la position i est fonction de la probabilité que possède cet item d'être en MCT (P_{mct}) ou/et en MLT (P_{mlt}) (Waugh & Norman, 1965) :

$$R_i = P_{mct} + P_{mlt}(1 - P_{mct})$$

Le problème est alors de choisir de bons estimateurs de ces différents paramètres. On peut, par exemple, utiliser la probabilité de rappel des items du centre de la série comme estimateur de P_{mlt} et la probabilité de rappeler les derniers items de la liste pour estimer P_{mct}. Dans ce cas les estimations obtenues sont proches de 3 items (pour une revue : Watkins, 1974). On peut aussi mesurer la capacité de la mémoire immédiate dans des situations plus spécifiques. Par exemple, on peut déterminer quelle est la plus longue séquence d'items (des chiffres par exemple) qui peut être rappelée dans l'ordre après une seule présentation, cette mesure estime l'empan mnémonique (ou « span » en anglais). Cet empan est relativement invariable chez une même personne et sa valeur moyenne est de 7 à, plus ou moins, un item près. En fait, la limitation de l'empan n'est pas de 7 unités élémentaires mais de 7 structures éventuellement réunitarisées (« chunks » en anglais). Par exemple, la séquence « 1,4,0,7,1,7,8,9 » est composée de 8 unités si je la mémorise chiffre par chiffre, mais de seulement trois unités, ou « chunks », si je la mémorise sous la forme d'une date célèbre 14/07/1789 (G.A. Miller, 1956). L'empan a tout d'abord été classiquement expliqué par les possibilités réduites de révision mentale en MCT. On a montré, par exemple, que la dimension d'un empan verbal diminue quand la longueur des mots augmente. Mais la longueur des mots n'est pas le facteur critique car elle est corrélée avec leur durée d'articulation; c'est cette variable d'articulation qui contrôle, en réalité, la dimension de l'empan (Baddeley, N. Thomson & Buchanan, 1975)

Enfin, la question de la nature de l'oubli en mémoire à court terme a suscité des recherches approfondies. Deux hypothèses se sont trouvées rapidement en compétition. Jusqu'aux années soixante, la conception dominante en psychologie postulait que l'oubli en mémoire à long terme dépendait des relations interférentes et de la similitude des traces mnésiques. Il était assez naturel, dans un premier temps, de supposer qu'il en était de même en mémoire à court terme. Cette hypothèse fut invalidée par les travaux de J. Brown (1958) et ceux de Peterson L.R. et Peterson M.J. (1959). Ils mirent en œuvre un paradigme d'étude simple, connu sous le nom de paradigme «Brown-Peterson» : présentation de 3 consonnes en succession rapide, suivies par un intervalle de rétention occupé par un comptage à rebours à partir d'un nombre et, enfin, par un test de rappel des 3 consonnes. Les résultats montrent que la performance mnésique est parfaite quand le test est immédiat, mais qu'elle décroît rapidement selon une fonction négativement accélérée pour atteindre une performance nulle pour un intervalle de rétention de l'ordre de 18 s. Cet oubli ne pouvant s'expliquer par l'interférence entre deux matériels différents (consonnes mémorisées, nombres pendant l'intervalle de rétention), ces auteurs en concluaient que la force de la trace en mémoire à court terme décline passivement en fonction du temps.

2.5. L'apogée de la conception dualiste de la mémoire

Vers le milieu des années soixante, une image apparemment cohérente semblait émerger de cet ensemble de recherches. La mémoire humaine est composée de trois classes de systèmes fonctionnels de stockage de l'information ayant leurs propres propriétés et processus de contrôle : la mémoire sensorielle, la mémoire à court terme et la mémoire à long terme. Les psychologues Atkinson et Shiffrin (1968) ont présenté la formulation théorique la plus claire de cette conception dualiste (Figure 11).

La mémoire à court terme est à capacité limitée et l'information stockée, après codage de nature acoustique, a une durée de vie inférieure à 20-30 secondes. L'oubli obéit ici à une loi de déclin passif de la force des traces. L'information peut toutefois y être maintenue par un processus de révision mentale dans une mémoire tampon («buffer»). Le transfert de l'information en mémoire à long terme dépend de la durée de stockage

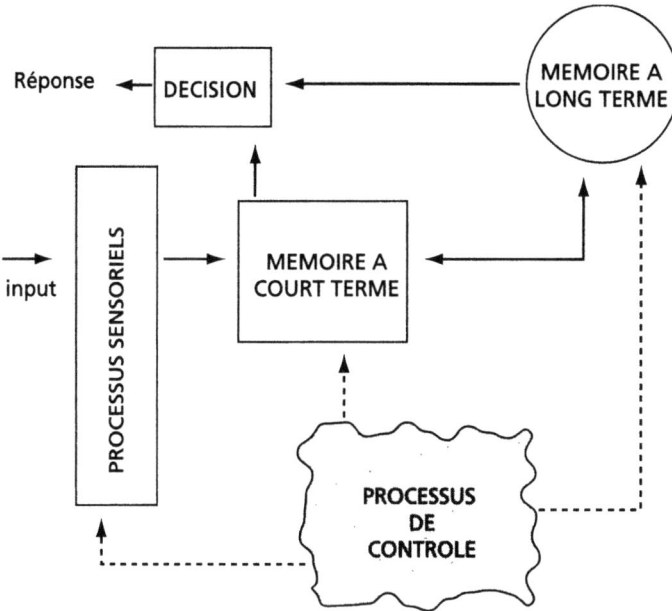

Figure 11. — Représentation schématique d'un modèle dualiste de la mémoire (Adapté d'Atkinson & Shiffrin, 1968).

en mémoire à court terme et de la durée de révision mentale. Les inputs sont stockés dans cette mémoire de façon sérielle et l'organisation du matériel n'a pas d'effet sur le fonctionnement de la mémoire à court terme.

Ces caractéristiques de la mémoire à court terme contrastent singulièrement avec celles de la mémoire à long terme : capacité en principe illimitée, oubli relatif par interférence entre traces similaires et absence de disparition des traces même si l'information peut être, momentanément ou durablement, impossible à récupérer (opposition entre « disponibilité » et « accessibilité »), organisation de l'information sémantique et épisodique, processus complexe de récupération (recherche mnésique).

2.6. Le déclin du modèle modal de la mémoire

Dès les années soixante-dix des limitations sérieuses à la théorie dualiste de la mémoire vont toutefois apparaître (Postman, 1975). Les recherches sur l'empan mnémonique avaient mis en évidence le caractère

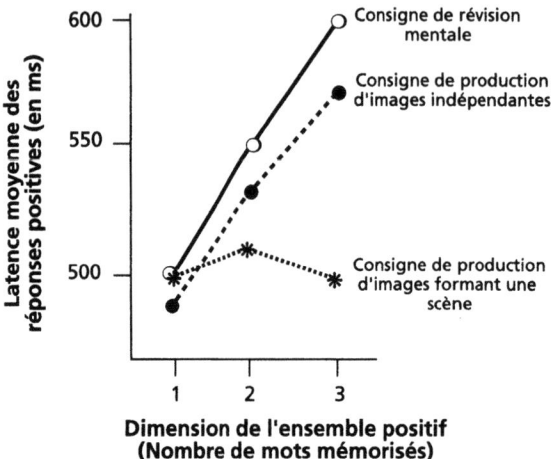

Figure 12. — Influence du type de codage sur le temps de reconnaissance à court terme en fonction de la dimension de l'ensemble positif mémorisé. Le codage est modifié par des consignes différentielles d'étude, ce qui démontre une possibilité d'organisation en mémoire à court terme. Cette organisation est révélée par la latence de la récupération en mémoire à court terme (Adapté de Seamon, 1972).

critique du codage acoustique en mémoire a court terme, le codage sémantique étant plutôt une caractéristique de la mémoire à long terme et ne semblait pas affecter la mémoire à court terme (Baddeley, 1966). Or Watkins (1975) montre qu'il existe une corrélation entre l'empan et la fréquence d'usage des mots, cette variable étant un descripteur traditionnel de l'organisation sémantique en MLT, on ne saurait donc écarter une influence de ce type de variables sur la MCT. Par ailleurs, si l'existence d'un codage articulatoire est un pré-requis de la MCT, il joue également un rôle en MLT : une reconnaissance différée 20 minutes après l'étude montre que le taux de fausses reconnaissances augmente en fonction de la similarité acoustique entre les mots pertinents et les mots distracteurs (Gruneberg & Sykes, 1969) et la MLT peut aussi contenir des informations relatives aux caractéristiques acoustiques du message (timbre de la voix par exemple).

Le processus de révision mentale est également une source de difficultés. La probabilité de transfert de l'information en MLT n'est pas reliée de façon simple à la durée de révision mentale en MCT (Craik et Watkins, 1973). D'autres types de traitement peuvent d'ailleurs intervenir en MCT : recodage, transformation, imagerie, ou stratégies d'étude. L'expérience de Seamon (1972) illustre cette possibilité de modulation intentionnelle des stratégies d'encodage en MCT : il présente, à trois groupes de sujets, trois mots anglais en succession rapide suivis, après un intervalle de rétention de 2,5 s, par un test de reconnaissance de type «oui-non»; les groupes de sujets diffèrent par la consigne reçue au moment de l'étude : révision mentale, production d'une image indépendante pour chaque mot présenté, production d'images intégrées dans une scène. Les résultats montrent que le temps de reconnaissance moyen des réponses positives varie en fonction des consignes d'encodage et démontrent, par conséquent, une possibilité d'organisation en mémoire à court terme (Figure 12). La révision mentale peut donc être de simple «maintenance» ou «constructive» et transformer la structure même du matériel (transformation, recodage, imagerie, organisation).

D'autres critiques sont adressées au concept de mémoire à capacité limitée : la limitation provient-elle du nombre d'unités qui peuvent être stockées en MCT ou plutôt de la vitesse à laquelle ces diverses unités sont traitées ? En conséquence l'oubli en mémoire à court terme peut être expliqué en termes de déplacement des items sous l'effet des contraintes temporelles du flux de traitement et non en termes de déclin passif de la trace. De plus, un examen attentif des données recueillies dans le paradigme de Brown-Peterson montre que la fonction classique d'oubli à court terme ne s'observe qu'en fin d'expérience et non au début (chaque sujet était soumis à l'apprentissage de plusieurs listes). Il était dès lors possible de soupçonner une contamination des résultats obtenus par l'interférence provoquée lors de l'apprentissage de séries composées d'éléments identiques (interférence proactive). Wickens (1972) devait confirmer cette interprétation en montrant une atténuation de l'interférence proactive si, après l'apprentissage de plusieurs séries composées d'un matériel de même nature (des consonnes, par exemple), le sujet devait soudain mémoriser une série composée d'un matériel d'une autre nature (des chiffres, par exemple).

Waugh et Norman (1965) ont également clairement infirmé l'hypothèse d'un déclin passif de la trace mnésique en MCT. Ils ont en effet élaboré un protocole expérimental d'exploration des mécanismes d'oubli en mémoire à court terme devenu classique sous le nom de technique de l'item sonde («probe digit procedure»). Ces auteurs présentent à leurs sujets une séquence de 16 chiffres dans un ordre aléatoire; certains chiffres peuvent apparaître plusieurs fois dans la liste mais d'autres n'apparaissent qu'une fois; le dernier chiffre de la séquence est suivi par la présentation d'un des chiffres de la liste accompagné d'un signal sonore (sonde); le sujet doit alors essayer de se rappeler le chiffre qui suivait immédiatement cette sonde dans la liste (cible). Selon les conditions expérimentales, la vitesse de présentation des items de la séquence était de 1 chiffre par seconde ou de 4 chiffres par seconde. Deux hypothèses étaient ici clairement en compétition : 1) l'oubli en mémoire à court terme dépend uniquement de l'intervalle temporel entre la présentation de l'item cible et la présentation de la sonde (hypothèse du déclin passif de la force de la trace); 2) l'oubli en mémoire en court terme dépend de sa limite de capacité : le stockage des traces correspondant aux nouveaux items élimine les traces des items anciens (hypothèse de la compétition entre traces). Les résultats ont montré que la vitesse de présentation n'avait pas d'effet sur la performance mais, qu'en revanche, celle-ci se dégradait rapidement en fonction du nombre d'items de même nature intercalés entre l'item cible et la sonde. Ces données permettaient donc de rejeter l'hypothèse d'un simple déclin passif de la force de la trace en MCT.

Toutes ces difficultés devaient nécessairement conduire à une réévaluation de la conception dualiste de la mémoire. D'ailleurs, vers le milieu des années soixante-dix, Atkinson, tout en restant attaché à son modèle initial accepte l'idée que les systèmes fonctionnels de stockage ne correspondent pas à des systèmes neurologiques distincts mais plutôt à des phases d'activation différentes d'un seul système neurologique (Atkinson & Juola, 1974). En 1975, Shiffrin, coauteur avec Atkinson du modèle dualiste le plus élaboré, adopte une position clairement unitaire en admettant que la MCT doit plutôt être conçue comme une portion momentanément active de la MLT.

L'interprétation des effets de position sérielle est elle-même contestée sous la pression des données expérimentales. Bjork et Whitten (1974) font mémoriser des listes dans laquelle la présentation de chaque mot, y compris le dernier mot de la liste, est suivie par une période d'interférence. Dans de telles conditions on observe un effet de récence positif, ce qui est contraire aux données obtenues quand la période d'interférence suit uniquement le dernier mot présenté. Ce phénomène, très stable, est désigné sous le nom d'effet de récence « à long terme » parce qu'il a été obtenu avec des durées d'interférence de quelques secondes à plusieurs minutes. Cet effet de récence à long terme, opposé à l'effet de récence à court terme, met en difficulté la théorie modale. Il a été confirmé dans d'autres paradigmes, y compris dans des situations plus écologiques : rappel des stations d'une ligne de métro que l'on emprunte habituellement ou rappel du résultat des matches d'une saison sportive (Baddeley & Hitch, 1977).

Enfin, les données neuropsychologiques, tout en confirmant l'importance d'un processus de stockage temporaire, n'en font pas une condition nécessaire au stockage permanent. Contrairement aux présupposés du modèle «modal» une information n'a pas à être traitée par la MCT pour engendrer une trace durable en mémoire permanente. La neuropsychologie a également montré l'étroite dépendance entre les troubles de la MCT et les propriétés phonologiques de l'information. Ces limitations théoriques du concept de MCT allaient donc créer des bases favorables à l'émergence d'une nouvelle conception de la mémoire transitoire plus dynamique et faisant intervenir plusieurs sous-processus fonctionnels, sous le nom de mémoire de travail.

2.7. Les processus d'accès à la mémoire à court terme

Nous avons analysé, jusqu'ici, les problèmes soulevés par l'organisation et l'évolution de l'information en mémoire à court terme. Mais avant de présenter les propositions théoriques alternatives au concept de mémoire à court terme, il est nécessaire de faire état d'une autre polémique relative aux processus d'accès à l'information dans cette mémoire transitoire.

La MCT était classiquement décrite comme un système de représentations transitoires et organisées de façon séquentielle, permettant un accès direct sans recherche mnésique. C'est le cas, par exemple, des théories du seuil qui postulent que c'est uniquement la force de la trace qui détermine la reconnaissance. Mais la mémoire à court terme permet-elle la mise en œuvre d'une activité de recherche mentale, même si cette dernière n'a pas nécessairement le caractère intentionnel qu'on lui connaît en mémoire à long terme?

Même si l'on postule que l'information en mémoire à court terme est organisée de façon strictement séquentielle, la question de l'accès à cette information reste ouverte. L'étude des processus de récupération en mémoire à court terme s'est développée à partir d'un paradigme de reconnaissance à court terme mis au point par Sternberg (1966, 1969a, 1975) et d'une analyse théorique fondée sur le postulat chronométrique. Le paradigme consiste à présenter, à vitesse élevée, des séries de chiffres de longueur variable (de 1 à 6); l'ordre des chiffres dans une série est aléatoire; après la présentation de chaque série, un chiffre test est présenté qui peut appartenir ou non à la liste; la tâche du sujet est de décider, le plus vite possible, si le chiffre test était ou non dans la liste, la latence de la réponse étant enregistrée.

Selon le postulat chronométrique, le temps qui s'écoule entre la présentation du chiffre test et la réponse du sujet (TR) peut être considéré comme un indicateur de processus de traitement hypothétiques et non directement observables : encodage du stimulus test (c'est-à-dire sa transformation en une représentation mentale), comparaison entre la représentation mentale du stimulus test et les traces mnésiques des chiffres de l'ensemble mémorisé à court terme, enfin décision de la réponse. Si ces processus sont organisés séquentiellement (sans aucune rétroaction) et si un processus n'intervient qu'une fois le traitement précédent achevé, il est possible de décomposer la latence globale (TR pour temps de réaction) en latences partielles (t1, t2, ..., tn). Cette décomposition repose sur deux postulats essentiels : l'indépendance entre tous les processus et la caractère additif de leurs latences. Si ces contraintes sont satisfaites (et ce n'est pas rien!), on peut écrire :

$$TR = t_1 + t_2 + t_3... + t_n$$

C'est Donders (1868) qui a eu le premier l'intuition de ce type de modèle connu sous le nom de modèle additif (linéaire). Il fut très prisé de la psychologie cognitive car une telle analyse de la latence ouvrait une voie d'accès, méthodologiquement défendable, à l'étude des processus inobservables intercalés entre le stimulus et la réponse.

Sternberg a montré que la latence TR de la reconnaissance d'un chiffre test appartenant à la liste augmente, de façon linéaire, en fonction de la longueur L de la liste mémorisée à court terme. On peut interpréter les deux paramètres de l'équation correspondant à cette droite (TR = aL + b). Le paramètre « a » mesure la pente de la droite d'ajustement et Sternberg le considère comme un indicateur du temps moyen nécessaire pour effectuer une comparaison entre la représentation du chiffre test et la représentation mnésique de l'un des chiffres de l'ensemble stocké. Cette pente constante pour une droite d'ajustement donnée, signifie, selon ce modèle, que ce temps de comparaison mentale n'est pas modifié par la dimension de l'ensemble mémorisé. Plus la valeur de a est élevée, plus le temps nécessaire pour effectuer une comparaison mentale élémentaire est important. Dans son expérience princeps, Sternberg avait trouvé une valeur de 38 millisecondes pour réaliser une telle comparaison. Le paramètre « b » (ordonnée à l'origine de la droite d'ajustement) peut être considéré comme un indicateur du temps nécessaire pour encoder le stimulus test avant de commencer la comparaison mentale avec les chiffres de l'ensemble mémorisé. La valeur obtenue par Sternberg, en 1969, était de 400 millisecondes (Figure 13).

La pente de la droite d'ajustement pourrait être nulle (TR = b). Si tel était le cas, cela signifierait que le temps de décision est indépendant de la longueur de l'ensemble mémorisé. Il n'y aurait donc pas de mécanisme

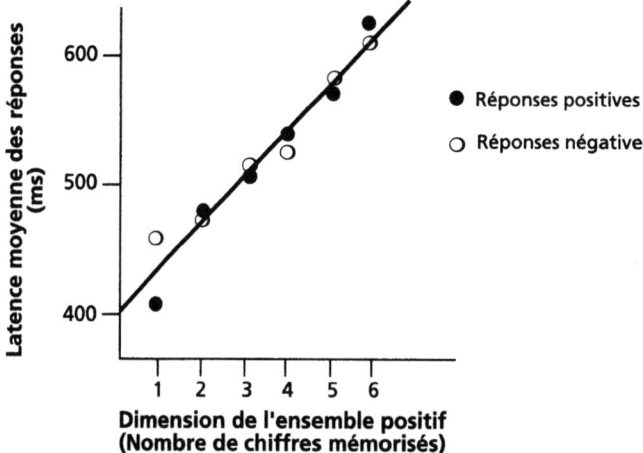

Figure 13. — Latences moyennes des réponses positives et des réponses négatives en fonction de la dimension de l'ensemble mémorisé à court terme (Adapté de Sternberg, 1969a).

de recherche en mémoire à court terme. Si, en revanche, la pente est positive, cela signifie que le TR augmente en fonction de la dimension de la série mémorisée, ce qui constitue un argument empirique très fort à l'appui de l'hypothèse d'un mécanisme de recherche en mémoire à court terme. C'est effectivement ce qu'avait constaté Sternberg et il a proposé le nom de «balayage» («scanning») à cette recherche mnésique à grande vitesse en mémoire à court terme.

Il est également utile de comparer la droite d'ajustement obtenue pour les réponses positives, les réponses négatives et l'ensemble des réponses. Deux prédictions peuvent être formulées : a) la recherche mentale est interrompue aussitôt qu'un «appariement» («matching») intervient entre la représentation du chiffre test et celle de l'un des chiffres mémorisés. Dans ce cas, la pente de la droite d'ajustement pour les réponses négatives devrait être supérieure à celle de la droite d'ajustement des réponses positives. En effet l'écart de temps moyen de balayage mental de la liste mémorisée entre une réponse positive et une réponse négative augmenterait en fonction de la longueur de la liste (la recherche mentale est alors dite «auto-terminante»); b) mais il est également possible de prédire, de façon moins intuitive, que pour toute décision terminale (positive ou négative), l'ensemble de la liste mémorisée est toujours exploré. Dans ce cas la droite de régression pour les réponses négatives ne doit pas être

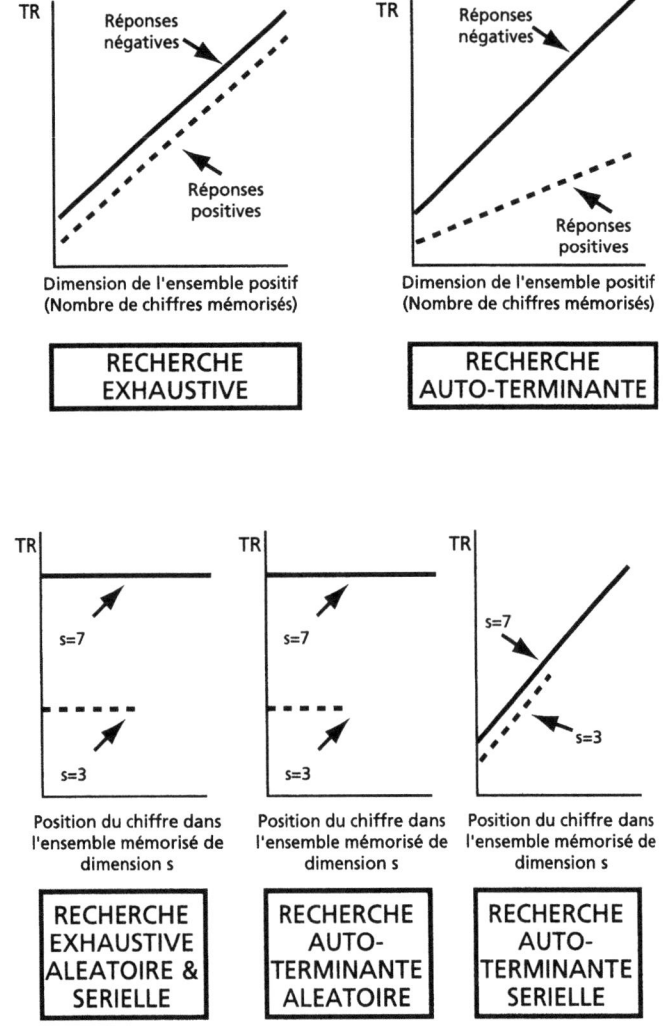

Figure 14. — Prédictions expérimentales en fonction des différentes hypothèses caractérisant le processus de recherche en mémoire à court terme : recherche aléatoire ou recherche sérielle, recherche exhaustive ou recherche auto-terminante (Adapté de Sternberg, 1969a).

différente de celle des réponses positives (la recherche mentale est alors dite « exhaustive »).

La Figure 14 montre que les fonctions observées sont différentes selon que la recherche mentale auto-terminante s'effectue de façon sérielle (du premier item mémorisé jusqu'au dernier) ou de façon aléatoire (accès à n'importe quel item de la liste mémorisée). Toutefois, si la recherche est exhaustive, les données expérimentales ne permettent pas de différencier ces deux types de mécanismes. Les travaux de Sternberg ont montré : 1) qu'il était possible d'étudier des processus psychologiques hypothétiques à partir d'une analyse de la latence de comportements bien définis dans des situations précisément contrôlées; 2) que l'analyse des latences exige une méthodologie rigoureuse, les travaux de Donders illustrent l'intérêt du modèle additif dans ce domaine (malheureusement, de nombreux processus psychologiques ne sont sans doute pas de nature additive!); 3) les travaux de Sternberg ont permis de répondre empiriquement à trois questions théoriques capitales : a) l'accès à la mémoire à court terme est basé sur un processus de recherche mnésique à grande vitesse? b) on peut mettre en évidence des processus de recherche, non seulement dans des situations de rappel mais aussi dans des situations de reconnaissance; c) les données princeps de Sternberg démontrent que la recherche en mémoire à court terme est de type sériel et exhaustif.

Sternberg a intégré ces résultats dans une théorie minimale de la recherche en mémoire à court terme impliquant quatre stades dans une architecture séquentielle : un stade d'encodage du stimulus à reconnaître (influencé par les propriétés de détection de ce stimulus), un stade de comparaison sérielle (caractérisé par un processus de recherche sérielle et exhaustive influencé par la dimension de l'ensemble de comparaison), un stade de décision binaire (influencé par la nature, positive ou négative, de la réponse) et, enfin, un stade de décodage et d'organisation de la réponse (influencé par la fréquence de la réponse).

Toutefois la généralité des conclusions de Sternberg a rapidement été contestée et de nombreuses recherches ont montré que plusieurs facteurs expérimentaux étaient susceptibles d'interagir avec la dimension de l'ensemble mémorisé (pour une revue : Tiberghien & Lecocq, 1983; Greene, 1992). Le matériel utilisé (l'ensemble des chiffres) est hautement intégré dans la mémoire permanente du sujet (sur-apprentissage). Des effets de récence et de primauté ont été obtenus dans la reconnaissance à court terme en particulier quand l'intervalle de rétention est supérieur à 2 s (Forrin & Cunningham, 1973). Le sujet peut contrôler intentionnellement sa stratégie d'exploration de l'ensemble mémorisé (Burrows & Okada, 1973). La nature des opérations d'encodage modifie également les paramètres du scanning (Seamon, 1972). La probabilité d'apparition des stimulus dans les listes successives affecte les paramètres du balayage mental en réduisant le temps de décision (Theios, P.G. Smith, Haviland, Traupmann & Moy, 1973). Le temps de reconnaissance des stimuli répétés dans la séquence est plus court que celui des stimuli non répétés (Baddeley & Ecob, 1973). Enfin, les temps de reconnaissance des stimulus négatifs n'est pas toujours égal à celui des stimulus positifs, contrairement aux prédictions du modèle de Sternberg (Marcel, 1976).

Si l'existence, sous certaines conditions, d'un processus de recherche en reconnaissance à court terme est possible, ses paramètres dépendent très précisément des caractéristiques du matériel, des conditions d'encodage et des contraintes imposées à la récupération. En d'autres termes, l'hypothèse de Sternberg a été largement invalidée dans de nombreuses situations expérimentales. Mais ce n'est pas tant la possibilité d'une recherche mnésique qui a été invalidée que ses propriétés. Un modèle de recherche sérielle auto-terminante pourrait prédire les résultats obtenus par Sternberg si l'on postule que le sujet effectue une recherche sérielle auto-terminante dans l'ensemble des stimulus positifs puis dans l'ensemble des stimuli négatifs (Theios, P.G. Smith, Haviland, Traupman & Moy, 1973). Un tel mécanisme prédirait des pentes égales pour la fonction de recherche des stimuli positifs et négatifs et l'augmentation des latences de décision en fonction de la dimension de l'ensemble de stimulus mémorisés. De plus, si les sujets stockent les items en mémoire à court terme selon leur probabilité, leur fréquence ou leur récence, on devrait observer les effets classiques de ces variables. Ce type de modèle s'ajuste bien aux données empiriques mais il se heurte à une difficulté. En effet, dans ce type de modèle sériel, le temps de décision le plus rapide, (appariement entre le stimulus à reconnaître et la première trace stockée) devrait être constant quel que soit la dimension de l'ensemble mémorisé. Or ce n'est pas le cas (Sternberg, 1975).

L'hypothèse d'une recherche parallèle peut être envisagée mais on se trouve alors face à une question difficile : comment, en effet, expliquer, dans ce paradigme, l'augmentation du temps de décision en fonction de la dimension de l'ensemble mémorisé ? Il existe cependant des solutions théoriques pour qu'un modèle de recherche parallèle prédise les mêmes données empiriques qu'un modèle de recherche sérielle (McClelland, 1979 ; Ratcliff, 1978 ; Townsend, 1971). Mais la difficulté est alors déplacée et il peut devenir très difficile, dans ces conditions, de départager sur une base empirique claire les deux classes de modèles, sériel et parallèle ? Dans le modèle de diffusion de Ratcliff (1978), par exemple, les traces stockées en mémoire à court-terme sont composées d'un grand nombre de traits élémentaires (conception componentielle). Le stimulus-test est comparé, en parallèle, à l'ensemble des traces et entre en résonance avec les traces qui possèdent avec lui le plus de traits en commun. Ce processus de résonance est simulé par un accumulateur incrémenté ou décrémenté, de façon continue, en fonction de la présence dans la trace de traits similaires ou non à ceux du stimulus test. Un tel processus est idéal et peut être perturbé par du «bruit» (variabilité de l'attention, par exemple) mais la réponse, positive ou négative, est toujours donnée en fonction d'un seuil de décision qui caractérise l'accumulateur. La vitesse avec laquelle ce critère de décision est atteint varie sous l'effet de plusieurs facteurs : similarité entre les traces et le stimulus test, position relative du critère par rapport au nombre critique de traits positifs et négatifs. Le modèle formalisé de Ratcliff prédit parfaitement, mais sur la base de mécanismes probabilistes, la relation observée par Sternberg entre le temps de décision et la dimension de l'ensemble mémorisé ; il prédit également des effets de position sérielle qui dépendent du nombre de traits encodés pour chaque trace et de leur discriminabilité ; les effets de la probabilité des stimulus et de leur répétition sont enfin expliqués par la position relative du seuil de réponse ou par son atteinte plus rapide.

L'architecture cognitive fondée sur le principe du parallélisme des opérations élémentaires de recherche mnésique à court terme est sans doute la bonne hypothèse. Les descriptions et prédictions qui en découlent sont basées sur des mécanismes stochastiques qui permettent de rendre compte des données dans des conditions très variées. Ces principes de modélisation s'avéreront également très fructueux pour la compréhension de la mémoire à long terme.

3. LA MÉMOIRE DE TRAVAIL

La notion de MCT posait donc des problèmes d'interprétation de plus en plus nombreux aussi bien pour le stockage que pour la récupération de l'information mnésique transitoirement utile. Il est vrai qu'elle avait été élaborée dans des paradigmes de laboratoire très spécifiques, peut-être trop spécifiques. Baddeley et Hitch (1974) démontraient ainsi qu'il était possible de mémoriser une série de chiffres, tout au moins jusqu'à une certaine limite (3) proche de certaines estimations de la capacité de la MCT, sans pour autant perturber une tâche de compréhension linguistique concurrente (Figure 15). La théorie dualiste est invalidée par ce type de données car elle prédit une diminution de la performance mnésique quand la charge de la MCT augmente en fonction de la tâche concurrente. Ce résultat a d'ailleurs été confirmé pour des tâches cognitives variées.

En 1974, Baddeley & Hitch proposent donc une révision importante du modèle dualiste. Ils suggèrent un parallélisme de fonctionnement en-

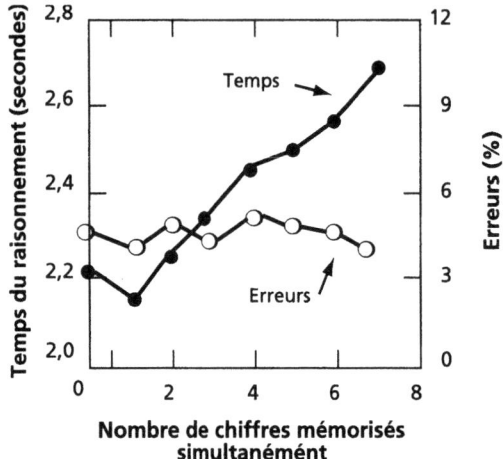

Figure 15. — Nombre d'erreurs (en pourcentage) et temps de résolution (en secondes) de problèmes grammaticaux en fonction du nombre de chiffres à mémoriser simultanément dans une tâche concurrente. On observe que l'augmentation de la charge mnésique se traduit par un allongement du temps de résolution sans augmentation du nombre d'erreurs. Un tel résultat n'est pas compatible avec une théorie « modale » de la mémoire (Adapté de Baddeley, 1986).

tre MCT et MLT; ils rejettent l'hypothèse d'une organisation strictement sérielle de la MCT, ils considèrent que la capacité de traitement à court terme est variable et fonction de l'ensemble des contraintes situationnelles ; enfin, ils postulent que la MCT doit elle-même être décomposée en sous-processus fonctionnels en interaction. Ils proposent le nom de « mémoire de travail » (« working memory ») pour cette architecture (pour une revue : Baddeley, 1976, 1983, 1986, 1990, 1992, 1995)[5].

3.1. L'hypothèse de la mémoire de travail

La mémoire de travail (à court terme) comprendrait trois sous-systèmes : une boucle phonologique (« phonological loop »), un « bloc-notes » visuo-spatial (« visuo-spatial sketch pad » ou « visuo-spatial scratch-pad » ou « VSSP ») et un système de supervision (« central executive »). La boucle phonologique serait un système mobilisé dans le traitement du matériel verbal mais insensible aux facteurs sémantiques. Il serait formé d'une mémoire phonologique assurant la maintenance de l'information verbale (écrite ou orale) et un processus de contrôle articulatoire basé sur une révision subvocale. Les traces mnésiques dans la mémoire phonolo-

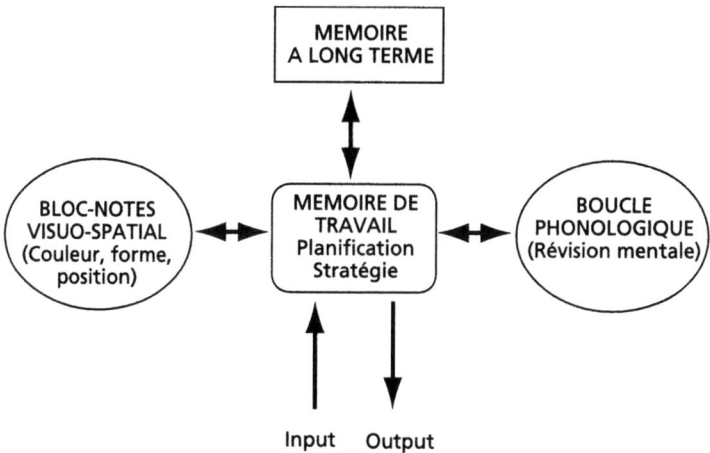

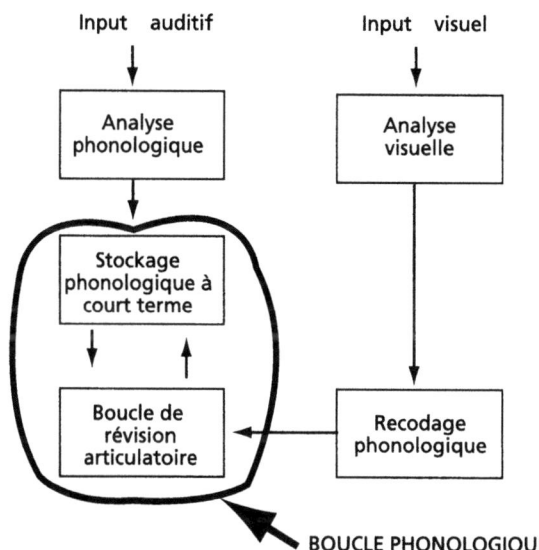

Figure 16. — Représentation schématique de la mémoire de travail (en haut) et de la boucle phonologique (en bas) (Adapté de Baddeley, 1990).

gique sont oubliées rapidement (1 à 2 s) si elles ne sont pas «rafraîchies» par le processus de contrôle articulatoire (Figure 16).

Bien que son rôle soit moins clair, le bloc-notes visuo-spatial a la même fonction que le précédent sous-système pour l'information visuelle et spatiale. C'est un système de codage et de manipulation des formes visuelles (y compris celles des lettres et des mots), des images mentales et de la référence spatiale des objets[6]. Cette mémoire visuo-spatiale a été beaucoup moins étudiée que la boucle phonologique, mais les recherches dans ce domaine se développent rapidement depuis quelques années. D'un point de vue fonctionnel et neuro-anatomique elle est associée au contrôle du mouvement qui nécessite à la fois planification et feed-back visuel (Logie, 1995).

Le système de supervision, amodal et à capacité limitée, gère la répartition de ses ressources attentionnelles entre les deux autres sous-systèmes. Il assure l'interface entre la mémoire permanente et les systèmes asservis visuo-spatial et phonologique. On peut assimiler la mémoire de travail à un système de contrôle visant à maintenir la permanence et la cohérence des buts poursuivis et des stratégies mises en œuvre (Baddeley, 1986; Norman & Shallice, 1980). Tant que la capacité de la boucle articulatoire n'est pas atteinte, par exemple, le système de supervision peut affecter ses ressources cognitives à une tâche concurrente. Dans le cas contraire, il transfère ses ressources pour la réalisation de l'activité de la boucle articulatoire, ce qui se traduit par une perturbation de toute activité concurrente.

Il existe des différences individuelles dans la capacité de cette mémoire de travail mais elle possède une très bonne valeur prédictive pour de nombreuses tâches cognitives. Daneman et Carpenter (1980) ont mis en évidence, par exemple, une corrélation positive entre la mesure de la mémoire de travail (lire une série de phrases en mémorisant leur dernier mot) et la compréhension de texte. De façon plus générale, on observe d'ailleurs une très forte corrélation entre la mesure de la mémoire de travail et la mesure du QI (Kyllonen & Christal, 1990). Ces faits illustrent l'importance psychométrique des mesures de la mémoire de travail.

3.2. Bases expérimentales et neuropsychologiques de la mémoire de travail

Trois classes principales d'arguments expérimentaux ont été apportées à l'appui de la boucle phonologique postulée par Baddeley : l'effet de similarité phonologique, la suppression articulatoire, et l'effet de la longueur des mots. Tout d'abord, on observe, dans les situations de mémorisation à court terme, beaucoup plus d'erreurs fondées sur la similarité phonologique que sur la similarité visuelle, et ceci même si le matériel a été mémorisé par écrit (Conrad, 1964).

L'effet de suppression articulatoire consiste à empêcher le sujet de réviser de façon subvocale un matériel qu'il doit lire ou mémoriser, en le forçant à prononcer simultanément une séquence ordonnée de chiffres (1, 2, 3, 4) ou un phonème quelconque. En supprimant la révision subvocale, on empêche ou l'on perturbe le fonctionnement de la boucle articulatoire. Paradoxalement, la suppression articulatoire ne perturbe pas la lecture dans des conditions normales. Toutefois, le rappel verbatim de listes de mots ou de phrases est sensiblement perturbé alors que le rappel du contenu sémantique des phrases n'est pas affecté par la suppression articulatoire. Dans une tâche de détection d'anomalies dans des phrases, la suppression articulatoire exerce un effet sur la détection d'anomalies syntaxiques mais n'a pas d'effet sur la détection d'anomalies sémantiques (Baddeley, Eldridge & V.J. Lewis, 1981).

On a déjà signalé que l'effet de la longueur des mots sur l'empan n'était qu'une conséquence induite par leur durée d'articulation. Cet effet de longueur de mots disparaît si l'empan est mesuré en situation de suppression articulatoire. Il existe enfin une corrélation élevée entre l'empan et la vitesse de révision.

La base empirique du bloc-notes visuo-spatial est beaucoup moins développée. Cependant, Baddeley, Grant, Wight & N. Thomson (1975) ont comparé un encodage verbal à un encodage visuo-spatial de chiffres dans une matrice 4 x 4 avec ou sans tâche concurrente de «tracking» (poursuite visuelle ou visuo-motrice d'une cible mobile). Cette dernière perturbe la tâche d'imagerie mais non la tâche verbale. D'autres recherches, utilisant de telles matrices, ont montré que le VSSP impose une charge plus importante au processus de contrôle qu'un traitement d'informations verbales.

Sur le plan neuropsychologique, des lésions du système frontal s'accompagnent d'un dysfonctionnement des fonctions exécutives qui pourrait être interprété comme un trouble de l'administrateur central de la mémoire de travail (Shallice, 1988). Les patients Alzheimer présentent, par ailleurs, une forte détérioration de la mémoire de travail qui se traduit surtout par un déficit de leur processus de contrôle (Baddeley, Bressi, Della Sala, Logie & Spinnler, 1991; Kemper, 1992). Il y a, enfin, une association élevée entre la dyslexie et les troubles de la mémoire de travail. Les patients dyspraxiques, présentent une perturbation de la programmation motrice, ont également des performances altérées en mémoire de travail du fait de la perturbation de la boucle phonologique. Ce n'est pas le cas, en revanche, des patients anarthriques dont l'incapacité à contrôler la musculature du langage parlé n'a aucun effet perturbateur sur l'utilisation de la boucle phonologique. Ces données pathologiques sont donc favorables, en dépit de nombreuses controverses, à l'hypothèse de la mémoire de travail et de la boucle articulatoire.

3.3. Mémoire à court terme, mémoire de travail et focus attentionnel

Les modèles dualistes ou «modaux», pour reprendre l'expression de Murdock (1974), ne permettaient pas de répondre de manière satisfaisante à plusieurs questions portant : 1) sur l'ordre de stockage des informations; 2) sur la nature exacte de la MCT; 3) sur la manière dont il est possible de distinguer sans ambiguïté MCT et MLT, d'une part, MCT et registres sensoriels, d'autre part. Une conception classique de la MCT, considérée comme un lieu de stockage passif de l'information, est évidemment incompatible avec les résultats obtenus par Baddeley et Hitch (1974). Ils les ont donc conduits à proposer le modèle alternatif de mémoire de travail (MT) composée de deux sous-systèmes esclaves spécialisés, l'un dans le traitement verbal et l'autre dans le traitement visuo-spatial, et d'un exécutif central. Chaque composante de ce système à des ressources propres et une relative autonomie de fonctionnement, mais peut, sous certaines conditions, puiser dans les capacités des autres composantes. Le concept même de mémoire de travail suppose que le stockage temporaire d'informations n'est pas de nature passive mais qu'il suppose aussi le maintien de ces informations à un haut niveau d'évocabilité tout en permettant au sujet d'effectuer, sur ces informations, les traitements nécessaires à un stockage efficace en MLT ou à une réponse motrice[7].

La mémoire à court terme est maintenant considérée par de nombreux auteurs comme une partie de la MLT qui se trouve, à un instant donné, dans un état d'activation particulier (Norman, 1970; Cowan, 1988). Comment interpréter, dans ce cas, les faits qui démontrent que MCT et MLT sont des entités séparées? Il semble que certains de ces faits relève de l'étude des propriétés de la «mémoire activée» et que d'autres sont relatifs à ce qui se trouve dans le focus de l'attention (Figure 17a & 17b).

La différence entre processus de contrôle en MCT et en MLT est toutefois toujours empiriquement valide. Les quelques items activés en MCT peuvent être parcourus mentalement et même réactivés par séries entières. La grande masse des informations contenues en MLT ne peut pas être balayée mentalement. La recherche en MLT se fait plutôt par associations entre items.

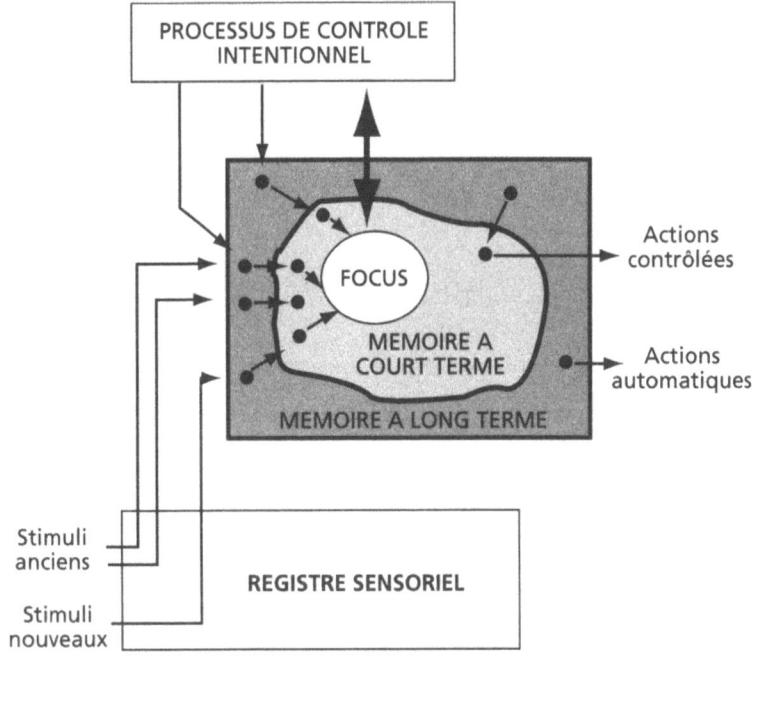

Axe du temps

Figure 17a. — Un modèle non dualiste de la mémoire : le processus de contrôle détermine l'orientation de l'attention vers les stimuli extérieurs (anciens ou nouveaux) et vers les contenus de la mémoire à long terme. Le processus de contrôle détermine et gère également les traitements volontaires. Le stockage en mémoire à long terme peut se faire automatiquement (stimuli anciens soumis à habituation) ou sous l'effet d'un traitement attentif. La mémoire à court terme est une partie activée de la mémoire à long terme. Le focus attentionnel est un sous-ensemble dynamique de la mémoire à court terme. Les stimuli anciens peuvent être traités de façon attentionnelle ou automatique tandis que les stimuli nouveaux sont toujours traités de façon attentionnelle (Adapté de Cowan, 1988).

Les limites imposées par les capacités de stockage de la MCT peuvent avoir été surestimées en raison d'une facilitation éventuelle apportée par la MLT. Certains auteurs ont tenté de soustraire cette contribution (Glanzer & Razel, 1974 ; Watkins, 1974) et ont obtenu des valeurs proches de deux ou trois items. On pourrait en conclure que si le nombre d'items activés est proche de 7, le nombre d'items réellement dans le focus de l'attention est seulement de 2 ou 3. Baddeley (1986) et d'autres auteurs ont aussi apporté la preuve que la MCT est temporellement limitée. Le nombre d'items verbaux indépendants qu'un sujet peut maintenir en MCT

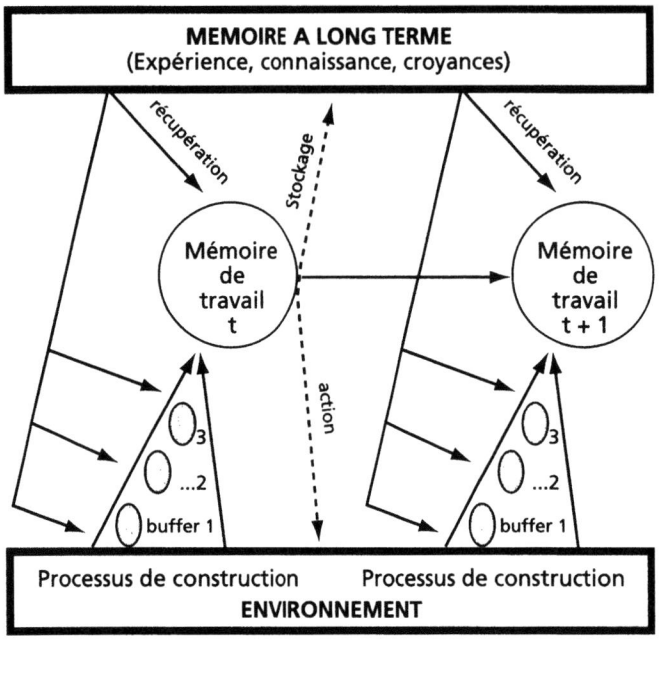

Figure 17b. — Une conception dynamique de la mémoire de travail pour la compréhension de texte. La mémoire de travail « à long terme » résulte d'une interaction permanente entre l'élaboration du texte lu et la récupération d'informations en mémoire permanente. Le résultat de cette intégration est maintenu en mémoire de travail à long terme pour assurer la cohésion et la cohérence de la lecture (Adapté de Ericsson & Kintsch, 1995).

est égal au nombre d'items qu'il peut articuler en 1,5-2 sec. Un registre verbal et un registre non-verbal peuvent toutefois être utilisés simultanément.

CONCLUSION

Cowan (1988) soutient l'hypothèse qu'une partie de ce qui relève classiquement des registres sensoriels appartient en fait à la MCT. A l'appui de cette hypothèse, il propose de considérer deux phases de stockage sensoriel : une phase très courte qui produit une sensation prolongeant de quelques centièmes de secondes la réception dans chaque modalité et une seconde phase, plus longue, qui retient des informations sensorielles traitées plus en profondeur pendant quelques secondes de manière automatique (sous la forme d'ensembles de valeurs de traits). Pour être qualifiée de sensorielle, une information doit être : 1) spécifique à une modalité (la couleur perçue est une dimension spécifique, le mot la désignant n'est pas spécifique) ; 2) ne pas être un élément d'une catégorie abstraite mais une information continue (toutes les nuances de couleur peuvent être reconnues sans pouvoir forcément être nommées).

Cette analyse conduit à supposer que les contenus de la MCT ne sont pas homogènes et qu'ils ne sont pas tous soumis aux mêmes limitations. Ils sont tous des éléments de mémoire temporairement activés (sensoriels, abstraits, moteurs, codés verbalement ou spatialement) et peuvent tous éventuellement entrer dans le champ de conscience si le focus attentionnel se porte sur eux.

Par ailleurs, il est indéniable que certaines opérations de traitement sont sous le contrôle du sujet alors que d'autres sont exécutées automatiquement. Le concept de «central executive» (système de répartition des ressources attentionnelles ou «administrateur central») pourrait être utilisé pour désigner l'ensemble des traitements et des transferts d'information qui sont réalisés sous contrôle volontaire de la part du sujet. Nous serions ainsi en présence d'un ensemble de processus plutôt que d'une instance avec une structure unifiée. Parmi les opérations de transfert d'information susceptibles d'être gérées par cet «administrateur central», on peut citer : la sélection des canaux d'information de la MCT; le balayage de la MCT pour sélectionner des items récents; le maintien actif d'informations en MCT; la recherche en MLT pouvant conduire à un stockage plus élaboré d'informations en provenance de la MCT; les activités de résolution de problème : recherche en MLT, recombinaison d'éléments de la MCT.

Ainsi, on ne peut sous-estimer les différences fonctionnelles importantes entre un système de mémoire dont la fonction est de maintenir, à un certain niveau d'évocabilité, les informations pendant une période de temps restreinte (les mémoires transitoires) et un système dont le but est d'organiser et de stocker ces informations pour les utiliser ultérieurement (la mémoire permanente). Ce sont les caractéristiques de ce second système qu'il faut maintenant examiner.

NOTES

[1] Le masquage est une technique très utilisée pour étudier les traitements précoces de l'information dès la réception sensorielle. Le masquage est dit rétroactif ou proactif selon que le masque suit ou précède la cible à détecter. La durée relative de présentation de la cible, celle du masque, leurs fréquences spatiales et le SOA peuvent être manipulés. Le rapport de brillance entre la cible et le masque est un facteur important agissant sur le traitement de l'information dans ce type de situations. Les masques peuvent être non figuraux (composés de points répartis au hasard) ou structurés (composés de fragments de lettres distribués de façon aléatoire). Enfin le paradigme de masquage peut être utilisé pour étudier diverses modalités sensorielles (masquage visuel, auditif, etc.).

[2] La mémoire « échoïque » est l'équivalent de la mémoire iconique dans le domaine auditif (Neisser, 1967). Divers paradigmes ont été imaginés pour l'étudier (reconnaissance de périodicité, masquage auditif, mémoire pour des messages non attendus), l'un deux étant équivalent au paradigme de Sperling (Darwin, Turvey & Crowder, 1972). Les estimations de cette mémoire échoïque donnent, en général, des valeurs comprises entre 100 et 250 ms (Massaro, 1972).

[3] Des critiques radicales ont été adressées au concept de représentation iconique, lui reprochant d'être un pur artefact de laboratoire sans aucune validité écologique, incapable de rendre compte de la vision cohérente d'un objet en mouvement et sans autre intérêt que d'expliquer, éventuellement, « la lecture d'un texte sous les éclairs d'un orage » (Haber, 1983, 1985). Toutefois, la mise en évidence d'une persistance informationnelle au-delà d'une demi-seconde et de l'inhibition de la persistance iconique quand le stimulus est un objet en mouvement, font justice de cette objection « écologique ».

[4] Des études plus complexes ont montré que l'effet de récence négatif se manifestait pour les items reconnus et rappelés en rappel libre final, mais non pour les items reconnus et non rappelés en rappel libre final. Cela montre que c'est bien un problème d'accessibilité en mémoire à long terme qui est en jeu dans ce phénomène (R.L. Cohen, 1970; Darley & Murdock, 1971).
Par ailleurs, dans une mémorisation de liste intentionnelle à allure libre (le sujet contrôlant la durée d'exposition de chaque item), on observe un effet de position sérielle sur la durée d'étude des items : le sujet passe moins de temps à étudier les premiers et les derniers items de la liste (Le Ny, 1969). Ces données sont aussi un argument favorable à l'hypothèse de la révision mentale.

[5] Le concept de mémoire de travail (MT) tel qu'il a été défini et développé par Baddeley doit être différencié de son utilisation dans des contextes plus spécifiques. En psychologie animale, le concept de MT désigne la rétention de l'information au cours de plusieurs essais d'une même session expérimentale ; il s'agit plutôt d'une description de la mémoire à long terme (Olton, Becker, Handelmann, 1980). Le concept de MT est aussi utilisé par J.R. Anderson (1983) dans sa modélisation de la résolution de problème (ACT*); mais il s'agit alors d'une « mémoire tampon » sans limitation de capacité. Kintsch & Van Dijk (1978) ont également utilisé ce concept pour rendre compte de la compréhension et du maintien de la cohérence dans la lecture de texte. Dans ce dernier cas il s'agit plutôt d'une mémoire de travail dynamique, « à long terme » (MT-LT), très différente de la mémoire de travail « à court terme » de Baddeley (MT-CT). Dans la MT-LT, l'information est stockée de façon stable mais peut être activée temporairement au moyen d'indices en MT-CT. Ce concept de MT-LT a été proposé pour rendre compte des performances cognitives des experts qui ne présentent pas, dans leur domaine de compétence, de vulnérabilité à l'interférence proactive engendrée par une tâche concurrente (Ericsson & Kintsch, 1995).

[6] Le traitement de la forme et de celui de la position spatiale n'impliquent pas les mêmes structures cérébrales : le cortex occipital est déterminant pour le traitement des formes

tandis que le cortex pariétal intervient de façon critique dans la localisation spatiale (Baddeley & Lieberman, 1980; Farah, Levine & Calvanio, 1988). Cependant des études tomographiques (PET) ont montré que le lobe frontal était aussi impliqué (Jonides & al., 1993).
[7] Les fonctions respectives attribuées à tel ou tel système ne font, en revanche, pas l'unanimité : a) pour Case (1985), la MCT est plutôt un système de stockage passif alors que la MT est un centre de traitement où l'information est transformée. Les tests de mémoire à court terme requièrent le stockage et la reproduction d'informations (comme dans les épreuves de mémoire de chiffres) alors que les tests de MT supposent une transformation de ces informations avant de les reproduire (répétition de liste d'items en ordre inverse); b) une conception similaire est défendue par Brainerd et Kingma (1985) qui soutiennent que la MCT et la MT dépendent de deux systèmes distincts puisque certains facteurs affectent la performance à une tâche de raisonnement sans perturber la mémorisation des faits contextuels et vice-versa; c) d'autres auteurs (Bower, 1975; Mayer 1981) pensent que la MCT représente la partie activée de la MLT alors que la MT sert à maintenir l'information contextuelle pour opérer certains traitements sur les informations; d) D'un point de vue plus pragmatique, Klapp, Marshburn & P.T. Lester (1983), associent la MCT au rappel sériel et la MT aux tâches dans lesquelles l'ordre n'est pas une caractéristique pertinente du rappel.

Chapitre 3
L'encodage et le stockage de l'information en mémoire permanente

Par mémoire permanente, il faut entendre une mémoire dont la disponibilité n'est pas, en principe, limitée par la durée de l'intervalle de rétention. Cette disponibilité permanente n'implique pas obligatoirement une accessibilité permanente, mais elle exige la satisfaction d'un certain nombre de contraintes au moment de la phase d'encodage, c'est-à-dire lors de la constitution du souvenir et au moment de la récupération.

Deux questions théoriques principales peuvent servir à structurer ce domaine de recherche : a) faut-il considérer l'encodage comme un processus unitaire ou doit-on supposer des formats d'encodage spécifiques engendrant des représentations mnésiques de nature différente ? b) ces représentations mnésiques permanentes sont-elles organisées et, dans l'affirmative, quelles en sont les règles de structuration ?

1. LES PROCESSUS D'ENCODAGE ET DE STOCKAGE

La variété des informations auxquelles est exposé le système de mémoire est considérable. Cette variété dépend essentiellement de la spécificité des voies sensorielles mais aussi de l'organisation syntaxique et sémantique de l'information (images, scènes, symboles, propositions, etc.). Les processus d'encodage qui transforment l'information sensorielle en représentation mnémonique sont-ils sensibles à cette diversité? En d'autres termes, le format des représentations en mémoire est-il unique ou, au contraire, est-il affecté par les propriétés des inputs sensoriels? La question a suscité un débat théorique particulièrement vif qui s'est cristallisé, en particulier, autour du problème de l'imagerie mentale.

1.1. Mémoire verbale et mémoire imagée

Tout d'abord, était-il raisonnable de postuler des représentations mnésiques de même nature pour les informations imagées et les informations verbales? Cette question s'est imposée très facilement car il était évident que la mémoire imagée s'avérait nettement supérieure à la mémoire verbale[1]. Dès 1967, Shepard montrait expérimentalement que la reconnaissance d'images était supérieure à la reconnaissance de mots et de phrases (respectivement 98,5%, 90%, et 88,2% de reconnaissances correctes). Ce résultat a été largement confirmé et il constitue un fait expérimental incontournable. Afin d'en rendre compte, Paivio (1971, 1976) a développé une théorie dans laquelle il défend l'hypothèse d'un double codage des informations en mémoire permanente : certaines informations pourraient être stockées sous une forme verbale, d'autres sous une forme imagée, et d'autres, enfin, sous ces deux formats.

Voulant confronter les propriétés de l'image mentale à celle du percept, Shepard et Metzler (1971) ont fait comparer des objets complexes à 3 dimensions présentés sous diverses orientations. Ils ont alors observé que le temps de décision, pour considérer 2 de ces objets comme identiques, varie en fonction de l'angle de rotation nécessaire pour que les deux objets soient placés dans la même orientation. Cette «rotation mentale» peut d'ailleurs s'effectuer aussi bien en profondeur que dans le plan horizontal. Cette expérience de rotation mentale montre donc que le sujet humain est capable de manipuler des représentations mentales d'une façon tout à fait analogue à celle des images physiques. Ce fait a d'ailleurs été confirmé, avec des lettres, par Cooper et Shepard en 1973 (voir aussi : Shepard & Cooper, 1982).

Les données présentées dans la Figure 18 suggèrent que le sujet effectue une rotation mentale de la lettre avant de juger si elle est normale ou en miroir. Cette rotation semble d'ailleurs s'effectuer de façon continue (Metzler & Shepard, 1974). D'autres recherches ont également montré que si l'on demande à un sujet de transformer mentalement un objet, le temps de traitement est une fonction linéaire positive du nombre d'opérations qui doivent être effectuées sur l'image. On obtient des résultats identiques quand il s'agit d'explorer mentalement des images, par exemple des cartes topographiques fictives[2]. On peut ainsi manipuler des ima-

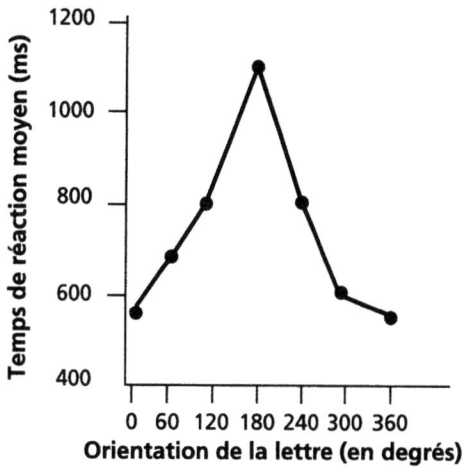

Figure 18. — Influence de l'orientation d'une lettre dans l'espace (en degrés) sur le temps mis pour décider si cette lettre est présentée à l'endroit ou en miroir (Adapté de Cooper & Shepard, 1973).

ges mentales comme des images physiques. Les images mentales semblent également représenter une information analogique d'une façon continue (Kosslyn, 1980). Le problème de l'articulation des images mentales avec un système de représentations mnésiques plus général, de type abstrait (réseau sémantique propositionnel, par exemple) est, donc posé.

Les théories postulant des codes différents pour l'information verbale et imagée ont cependant été contestées par d'autres chercheurs (J.R. Anderson, 1978, 1983; Pylyshyn, 1973) qui ont suggéré que, malgré leur diversité d'origine, toutes les informations étaient stockées en mémoire permanente sous un format unique, de nature propositionnelle (codage sémantique, abstrait et amodal), l'image n'étant qu'un « épiphénomène » de notre fonctionnement cognitif, sous-produit de l'activité symbolique. En effet, ce n'est pas l'opposition « verbal-imagé » qui est critique, selon ces chercheurs, mais plutôt l'opposition « signifiant-non signifiant ». On dispose d'ailleurs d'arguments expérimentaux montrant que les images complexes sont mémorisées de façon analogue aux phrases : en reconnaissance, par exemple, on observe que les changements qui affectent les détails entraînent beaucoup plus de fausses reconnaissances que ceux qui affectent la signification globale de l'image (Mandler et Richtey, 1977).

Une recherche classique conduite par Santa (1977) a d'ailleurs tenté de départager la théorie propositionnelle de la théorie du double codage.

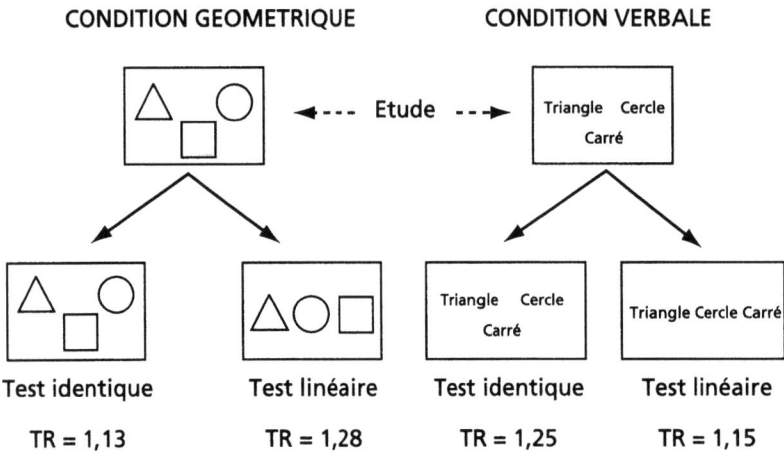

Figure 19. — Influence de la structure de présentation (identique vs linéaire) au moment du test de reconnaissance sur le temps de réponse (TR en secondes) en fonction de la nature verbale ou géométrique du matériel encodé au moment de l'étude (Adapté de Santa, 1977).

Dans le cadre de la théorie de Paivio, les représentations mnésiques imagées devraient être sensibles à la structure spatiale tandis que les représentations mnésiques verbales devraient être sensibles à la structure séquentielle du matériel à mémoriser et à reconnaître; une représentation de nature propositionnelle devrait y être, au contraire, relativement insensible. Les résultats de l'expérience de Santa (Figure 19) sont très nettement favorables à la théorie du double codage puisqu'on observe une interaction entre la nature du matériel mémorisé (verbal vs géométrique) et la structure de présentation au moment du test de reconnaissance (séquentiel vs spatial).

Cette controverse a conduit d'autres chercheurs à défendre une hypothèse mixte selon laquelle il y aurait des niveaux différents de représentation mnésique : un niveau «profond» où toutes les informations, quelle que soit leur origine, seraient codées sous une forme propositionnelle (qu'il faut entendre ici au sens le plus fort du terme, au sens logique) et un niveau «de surface» où le format ne serait pas homogène mais pourrait être aussi bien verbal qu'imagé (Kosslyn, 1975). On ne doute plus aujourd'hui du fait que l'imagerie mentale soit basée sur des processus qui interviennent également dans l'imagerie visuelle. Des données comportementales et des observations neuropsychologiques (Farah, 1984, 1989; Finke, 1980) confirment cette analyse : il existe, par exemple, une forte interférence entre une image mentale et son équivalent visuel; bien que l'on puisse mettre en évidence des dissociations neuropsychologiques entre imagerie visuelle et imagerie mentale, certaines lésions affectent les deux classes de représentations[3]. Les problèmes de l'imagerie mentale sont bien étudiés maintenant dans le cadre général des processus de la vision de haut niveau. L'intérêt actuel de la recherche porte sur le rôle de l'imagerie mentale dans des tâches complexes de raisonnement, de reconnaissance d'objet ou de détection et de contrôle perceptif (en ergonomie, notamment). Ces recherches ne sont d'ailleurs pas limitées à l'imagerie d'origine visuelle. Un intérêt croissant est, par exemple, porté au rôle de l'image motrice dans la planification et le contrôle du mouvement. On observe aussi une très grande parenté entre l'image mentale d'un mouvement et le mouvement réel : imaginer un mouvement exerce un effet positif sur l'apprentissage moteur; on constate une similarité des structures neuroanatomiques impliquées dans ces deux classes de phénomènes qui possèdent d'ailleurs des corrélats neurophysiologiques communs (Jeannerod, 1994).

1.2. Profondeur de traitement et domaines d'élaboration

A la diversité des codes, il est parfaitement possible d'opposer la diversité des traitements. Les propriétés des représentations mnésiques en mémoire permanente dépendent à la fois de la nature de l'activité d'encodage et de la variété des formats de l'information encodée. Cette hypothèse a été développée systématiquement par Craik et Lockhart (1972). Ils considéraient que la profondeur de traitement d'un stimulus pouvait varier sur un continuum d'opérations d'encodage. Ce continuum va de la simple analyse physique ou structurale du stimulus à son analyse sémantique ou conceptuelle la plus complexe. La performance mnésique s'avère d'autant plus élevée que ce niveau d'encodage a été plus profond.

L'expérience classique de Goldman et Pellegrino (1977) illustre clairement cette analyse. Ils comparent le rappel et la reconnaissance de mots pour lesquels des décisions différentes (de type oui-non) ont été prises antérieurement : décision orthographique (le mot contient la lettre «p»?); décision acoustique (le mot rime avec «élan»?); décision sémantique (le mot appartient à la même catégorie que «pain»?). Ils observent que l'efficacité du rappel et de la reconnaissance augmente en fonction de la complexité de la décision préalable (voir aussi : Craik et Tulving, 1975).

Des résultats similaires ont été recueillis dans des situations de mémorisation plus complexes (voir, en reconnaissance des visages : Coin & Tiberghien, sous presse). Par exemple, Tiberghien et Lecocq (1983) ont présenté à des sujets un texte décrivant un parc bien connu des parisiens en leur demandant soit de repérer un mot défini apparaissant plusieurs fois, soit de mémoriser le texte soit, enfin, en les avertissant qu'ils auraient à produire le plan du parc en question. Les résultats obtenus (Tableau 2) montrent que la reconnaissance et le rappel différé des informations contenues dans ce texte dépendent fortement de la complexité et de la profondeur des opérations d'encodage.

Tableau 2. — Influence du niveau de traitement à l'encodage sur le pourcentage de reconnaissances et de rappels corrects d'informations textuelles : les sujets écoutent la lecture d'un texte d'Aragon («Le Paysan de Paris», Paris : Gallimard, 1926, p. 172-175) décrivant, de façon «hyper-réaliste» le parc parisien des Buttes-Chaumont. Selon les groupes expérimentaux la consigne d'encodage demande aux sujets une mémorisation incidente (détection de mots), une mémorisation intentionnelle du texte ou, enfin, une mémorisation intentionnelle en vue de l'exécution du plan topographique du lieu décrit dans le texte (Adapté de Tiberghien & Lecocq, 1983).

Conditions d'encodage	Test de rétention	
	Rappel	Reconnaissance
Mémorisation incidente	17,1	39,3
Mémorisation intentionnelle du texte	31,7	43,3
Mémorisation intentionnelle du plan	53,0	65,0

Cette conception de la mémoire accorde beaucoup d'importance à l'activité du sujet au moment de l'encodage et, en particulier à ses intentions et expectations. En ce sens la théorie des niveaux de profondeur de l'encodage a atténué la rigidité de certaines descriptions de la mémoire humaine présentée comme un système passif de traitement de l'information. Toutefois plusieurs difficultés limitent la portée explicative de cette théorie : a) il y a tout d'abord un risque de raisonnement circulaire à inférer le niveau de traitement d'une activité d'encodage à partir de la performance mnésique ultérieure et, ensuite, à expliquer cette performance par le niveau de profondeur du traitement (Eysenck, 1978); b) le niveau de traitement le plus profond n'est pas toujours le plus efficient. Un traitement sémantique à l'encodage peut se révéler peu efficace si les indices de récupération lors du test de rétention sont de type phonologique, par exemple (Fisher & Craik, 1977). En réalité, c'est le degré de compatibilité entre les traitements réalisés lors de la mise en mémoire et ceux effectués lors du test qui s'avèrent le meilleur prédicteur de la performance mnésique; c) le concept de «domaines» de traitement est sans doute plus approprié que celui de «niveaux» car l'existence d'un continuum implique une unité qualitative des activités d'encodage qui n'existe manifestement pas (Craik et Tulving, 1975).

Ainsi la mémoire dépend, de façon critique, de l'activité déployée lors de l'encodage. Lorsqu'on est exposé à une information perceptive, celle-ci est interprétée et transformée afin d'être intégrée à la mémoire permanente; cette activité complexe d'inférence peut modifier éventuellement l'information initiale, l'appauvrir ou l'enrichir. Cette élaboration dépend évidemment de l'expérience antérieure et de la motivation cognitive et affective des conduites. C'est cette élaboration qui permet de comprendre pourquoi les sujets qui mémorisent un texte présentent ensuite des distorsions plus ou moins importantes mais qui augmentent en fonction de l'intervalle de rétention (Bartlett, 1932). Toutefois la qualité de la performance mnésique est toujours directement liée à la quantité de traitement appliqué à l'événement mémorisé. Par ailleurs il n'existe ni un traitement d'encodage ni un niveau de profondeur de cet encodage qui puisse être considéré comme optimum. Comme nous le verrons dans le chapitre ultérieur l'évaluation de l'efficience mnésique exige une mise en relation systématique des conditions de mise en mémoire et de récupération (Lockhart & Craik, 1990).

2. L'ORGANISATION EN MÉMOIRE PERMANENTE

La mémoire permanente peut être considérée comme un espace dans lequel sont classées les représentations mnésiques. Certes il est possible de postuler qu'un tel espace n'est pas organisé, les lieux de stockage de l'information étant définis de façon purement aléatoire par les déplacements erratiques d'un pointeur dans cet espace (Landauer, 1975). Une mémoire de ce type, aussi rudimentaire qu'elle puisse paraître, permet toutefois de décrire quelques mécanismes cognitifs fondamentaux : apprentissage, oubli passif et supériorité de l'apprentissage fractionné sur l'apprentissage concentré, par exemple.

Cependant de tels modèles se révèlent rapidement insuffisants pour rendre compte des phénomènes de mémoire qui interviennent dans les activités complexes comme le langage ou la résolution de problème, par exemple. Les conceptions dominantes de la mémoire supposent donc que celle-ci obéit à certaines règles d'organisation. Il n'y a pas, toutefois, d'accord théorique quant au choix du meilleur langage de description apte à saisir cette organisation.

2.1. Mémoire sémantique et mémoire épisodique

Il est tout d'abord frappant d'observer que certaines représentations mnésiques possèdent une très grande stabilité et sont relativement peu affectées par la variabilité des contextes de récupération. Ces représentations sont des concepts ou des connaissances générales; elles font partie du pôle «intensionnel» de la connaissance et elles peuvent être regroupées sous le nom de mémoire sémantique. Ces représentations s'opposent à d'autres représentations beaucoup plus flexibles et particulièrement sensibles aux variations contextuelles. Ce sont des représentations d'événements qui font partie du pôle «extensionnel». On les décrit sous le nom de mémoire épisodique. Cette distinction entre mémoire épisodique et mémoire sémantique a été défendue et étayée par Tulving (1983, 1985) : la mémoire épisodique serait un système de stockage des informations temporellement datées (événements ou épisodes personnellement vécus) et de leurs associations spatio-temporelles; la mémoire sémantique est la mémoire nécessaire à la production et à la compréhension linguistique (thesaurus mental : mots, symboles verbaux, significations, référents, concepts, règles de manipulation de ces symboles et de leurs relations).

Tableau 3. — Latences moyennes (ms) en décision lexicale et en reconnaissance pour trois conditions de relation entre l'amorce et la cible. Dans la tâche de décision lexicale, le sujet doit décider si l'assemblage de lettres présentées à grande vitesse est un mot ou un non-mot; dans la tâche de reconnaissance, le sujet doit décider s'il a déjà été exposé perceptivement au mot cible dans une phase antérieure de l'expérience. La relation entre l'amorce et la cible peut être sémantique (ex. : «Vert-Herbe»); épisodique, si la cible n'est pas associée sémantiquement à l'amorce mais si la paire amorce-cible a déjà été présentée dans une phase antérieure de l'expérience; sémantique et épisodique si les deux conditions précédentes sont simultanément réalisées (Adapté de McKoon & Ratcliff, 1979).

Tâches	Relation entre l'amorce et la cible		
	Episodique et sémantique	Episodique seulement	Sémantique seulement
Décision lexicale	530	540	530
Reconnaissance (épisodique)	572	620	740

Il existe plusieurs arguments expérimentaux à l'appui d'une telle dichotomie. Ils reposent le plus souvent sur le constat d'une dissociation expérimentale : un facteur expérimental n'a pas le même effet selon la nature du matériel à mémoriser ou de la tâche demandée au sujet. Par exemple, McKoon et Ratcliff (1979) mesurent des effets d'amorçage dans deux types de situations (reconnaissance épisodique et décision lexicale de nature sémantique); la relation entre l'amorce et la cible peut être à la fois épisodique et sémantique, uniquement épisodique ou uniquement sémantique. Les résultats obtenus par ces auteurs montrent que la manipulation de la relation entre l'amorce et la cible n'a aucun effet sur la tâche de nature sémantique et un effet important sur la tâche de nature épisodique (Tableau 3). Cette dissociation expérimentale est favorable à l'hypothèse d'une distinction entre mémoire sémantique et mémoire épisodique. Les différences structurelles et fonctionnelles entre ces deux types de mémoire sont résumées dans le Tableau 4.

Nous avons vu, en introduction, que Piaget distinguait clairement la mémoire phylogénétique (ou mémoire de l'espèce) de la mémoire de l'acquis (mémoire « au sens large » : conservation des schèmes d'action et de connaissance, habitudes ; mémoire « au sens strict » : souvenirs singuliers issus des évocations et des récognitions). La théorie piagétienne de la mémoire a insisté, à juste titre, sur le contrôle permanent des activités d'évocation et de récognition par le niveau de développement de l'activité schématique (Piaget, 1970). Toutefois cette théorie soulève de nombreux problèmes : a) quel est le rôle de la mémoire épisodique (c'est-à-dire de la mémoire au sens strict) dans l'émergence des schèmes ? b) comment les schèmes se conservent-ils ? Dire que cette conservation « va de soi » ou que « la mémoire du schème se confond avec le schème lui-même » n'est pas complètement satisfaisant; c) la mémoire de récognition (reconnaissance) est-elle plus « élémentaire » que celle d'évocation (rappel) et peut-elle lui être opposée de façon aussi radicale ? La recherche contemporaine a montré que l'activité de reconnaissance est partiellement dépendante de l'activité d'évocation et qu'elle est beaucoup plus complexe qu'il n'y paraissait à la fin des années soixante. De toute façon, les relations conceptuelles sont évidentes entre, d'une part, la dichotomie introduite par Piaget et Inhelder entre la mémoire des schèmes et celle des souvenirs et, d'autre part, celle proposée par Tulving entre mémoire sémantique et mémoire épisodique.

Cette opposition « sémantique-épisodique » a suscité de nombreuses investigations et la polémique théorique, pourtant ancienne, n'est pas encore close. On peut considérer qu'une mémoire de nature strictement sémantique peut rendre compte des effets de contexte invoqués par les

Tableau 4. — Différences entre la mémoire épisodique et la mémoire sémantique (Adapté de Tulving, 1983).

Propriétés	Mémoire épisodique	Mémoire sémantique
Information :		
Origine	Sensation	Compréhension
Unités	Evénements, épisodes	Faits, idées, concepts
Organisation	Temporelle	Conceptuelle
Référence	Moi	Univers
Validité	Croyance personnelle	Consensus social
Processus :		
Registre	Existentiel	Symbolique
Codage temporel	Présent, direct	Absent, indirect
Affect	Important	Moins important
Possibilité d'inférence	Limitée	Riche
Dépendance contextuelle	Forte	Faible
Vulnérabilité	Forte	Faible
Accès	Délibéré	Automatique
Questions de récupération	Quand ? Où ?	Quoi ?
Conséquences de la récupération	Système modifié	Système inchangé
Mécanisme de récupération	Synergie	Association, inférence
Expérience récollective	Souvenir	Connaissance
Compte rendu	Je me souviens	Je sais
Développement	Tardif	Précoce
Amnésie infantile	Oui	Non
Applications :		
Education	Non pertinent	Pertinent
Utilité générale	Moins utile	Plus utile
Intelligence artificielle	Possible	Excellent
Intelligence humaine	Sans relation	Très pertinent
Domaine empirique	Oubli	Analyse du langage
Situations de laboratoire	Mémorisation d'épisodes singuliers	Connaissance générale
Domaine judiciaire	Témoignage oculaire	Expertise
Amnésie	Oui	Non

partisans de la mémoire épisodique (Anderson J.R., 1974, 1983). Mais on peut aussi soutenir l'hypothèse d'une mémoire entièrement épisodique dont les capacités d'abstraction et de conceptualisation ne se manifesteraient qu'au moment de la récupération (Hintzman, 1986). Les modèles connexionnistes que nous évaluerons ultérieurement, en affaiblissant la distinction entre structure et fonctionnement de la mémoire suggèrent que la nature épisodique ou sémantique de certains états de mémoire résulte de différences dans la variabilité et la spécificité contextuelles des encodages et récupérations successifs (McClelland & Rumelhart, 1985; Tiberghien, 1991).

Enfin, l'opposition entre mémoire sémantique et mémoire épisodique est sans doute réductrice. On a montré, en neuropsychologie, que les troubles de la mémoire sémantique ne l'affectaient pas de façon homogène. Certaines lésions temporales bilatérales, par exemple, ont pour conséquence un déficit (anomie) dans la dénomination des êtres vivants sans déficit de la dénomination d'objets artefactuels (Warrington & Shallice, 1984). On a également observé le même type de difficultés chez des patients de type Alzheimer (Chertkow & Bub, 1990). D'autres déficits sélectifs dans l'accès à la mémoire sémantique ont aussi été mis en évidence : noms abstraits, noms concrets (Warrington, 1981), noms propres (Lucchelli & De Renzi, 1992), etc. Ces données cliniques ont même conduit certains chercheurs a supposer que la mémoire sémantique possédait une structure modulaire (Shallice, 1987). Toutefois la confirmation d'une telle hypothèse exigerait un contrôle précis des nombreux facteurs susceptibles de co-varier avec la catégorie (fréquence d'usage, spécificité sémantique, etc.). Le phénomène pourrait être, par exemple, la simple conséquence d'un effet sémantique différentiel de la couleur sur les objets naturels et artefactuels. En effet, pour certains objets naturels, la couleur est un trait sémantique important, ce qui n'est pas le cas pour les objets artefactuels. Or, la plupart des recherches ont été réalisées avec des dessins d'objets en noir et blanc. Quand la couleur est contrôlée, elle exerce un effet sur la dénomination des objets naturels mais n'affecte pas celle des objets artefactuels (Bisiach, 1966).

Dans le même registre, une analyse plus précise de la nature des informations réactivées en mémoire fait apparaître d'importantes différences de spécificité personnelle et situationnelle. Il existe des représentations épisodiques (autobiographiques?) qui possèdent à la fois une forte spécificité personnelle et situationnelle (ex. : «je me suis cassé le bras en 1966»); mais il existe d'autres représentations épisodiques (identité?) qui ne possèdent qu'une simple spécificité personnelle sans grande spécificité situationnelle (ex. : «je suis né il y a 50 ans»). Symétriquement il existe des représentations sémantiques (concepts?) qui ne possèdent ni spécificité personnelle ni spécificité situationnelle (ex. : «la vitesse de la lumière est de 300 000 km/s»). Enfin, certaines représentations sémantiques (historiques, factuelles?) possèdent une forte spécificité situationnelle sans aucune spécificité personnelle (ex. : «les allemands furent militairement défaits à Stalingrad en 1943»). Il reste encore à démontrer empiriquement que ces différentes classes de représentations mnésiques peuvent être, purement et simplement, assimilées à la seule opposition

« sémantique-épisodique » et qu'elles ne présentent aucune différence fonctionnelle ou structurelle (Larsen, 1985).

2.2. Mémoire déclarative et mémoire procédurale

Les représentations épisodiques et sémantiques ont une propriété commune importante : elles sont toutes, en principe, verbalisables qu'il s'agisse d'épisodes singuliers, de concepts ou d'images mentales. Elles ont, en outre, un caractère relativement statique et ne font que décrire certains états du monde. De telles représentations sont souvent qualifiées de connaissances « déclaratives » et elles sont opposées aux connaissances « procédurales ». Ces dernières, beaucoup plus dynamiques, renvoient aux capacités perceptivo-cognitives et motrices; elles ne sont pas, ou très difficilement, communicables; elles reposent, enfin, sur des systèmes d'associations plus ou moins complexes entre des stimuli, des comportements et des états mentaux. La prise de conscience et le contrôle intentionnel dominent dans la manipulation des connaissances déclaratives alors que les connaissances procédurales sont automatisées[4]. Tulving a soutenu l'hypothèse d'une relation monohiérarchique entre ces différentes connaissances, les connaissances épisodiques étant emboîtées dans les connaissances sémantiques, elles-mêmes emboîtées dans les connaissances procédurales. Les lois d'apprentissage dans ces différentes classes de représentations sont d'ailleurs différentes : réglage (« tuning ») en mémoire procédurale, restructuration en mémoire sémantique et accumulation en mémoire épisodique.

Cette dichotomie entre mémoire déclarative et mémoire procédurale soulève cependant deux problèmes. Il existe tout d'abord des différences comportementales importantes entre tâches procédurales : par exemple, la latence d'un complément de mots est beaucoup plus courte que celle d'un complément de fragment (Graf & Mandler, 1984; Mandler, Graf & Kraft, 1986). Symétriquement, un test déclaratif peut impliquer une ou plusieurs composantes procédurales : par exemple, la latence d'un rappel indicé (test déclaratif) est d'autant plus longue que le nombre d'associés sémantiques et phonologiques de l'indice de récupération est élevé (D.L. Nelson, T.A. Schreiber, McEvoy, 1992). Enfin il est particulièrement délicat de définir des critères de distinction non ambigus des représentations déclaratives et procédurales. Le degré d'automatisation des représentations mnésiques, reflété par les latences, est peut-être ce qui les distingue le plus radicalement (Logan, 1990).

Divers langages de description ont toutefois été suggérés pour décrire les connaissances déclaratives et procédurales (Tableau 5). Les connais-

Tableau 5. — Quelques langages de description théorique de la représentation de l'information en mémoire et leurs implications sur la description des processus d'apprentissage.

Organisation des unités élémentaires en mémoire	Conséquences sur la description des processus d'apprentissage
Structure de liste	– Apprentissage déclaratif – Création de propositions – Suppression de propositions (macrostructure) – Modification de la hiérarchie des propositions
Réseau sémantique	– Apprentissage déclaratif – Création de noeuds – Création d'associations étiquetées – Convergence et «fan effect» – Restructuration du réseau
Association S--R	– Apprentissage procédural – Création d'associations – Répétition, inhibition – Interférence – Modification de la force des associations – Généralisation – Discrimination
Schéma & script	– Apprentissage déclaratif et procédural – Extraction de propriétés – Catégorisation – Instanciation – Détection de nouveauté – Hiérarchisation des schémas – Emboîtement des schémas
Système de production	– Apprentissage procédural – Création de règles – Modification de la partie «condition» des règles (généralisation et discrimination) – Modification de la partie «action» des règles (id.) – Compactage de règle (automatisation) – Décompactage de règles (analyse, prise de conscience)

sances déclaratives peuvent être décrites sous la forme de propositions composées d'un terme relationnel associé à une liste d'arguments (Kintsch, 1974). Cette description est connue sous le nom d'analyse propositionnelle ou prédicative et elle a l'avantage de ne retenir que la signification essentielle, relativement abstraite et universelle, d'un discours, d'une image ou d'une scène. Elle permet, en outre, de faire apparaître clairement l'importance sémantique relative des différentes propositions. De telles règles de réécriture rendent possible l'analyse de matériels complexes et de ce qui peut en être ultérieurement évoqué de mémoire. L'analyse propositionnelle a ainsi permis l'étude expérimentale de la compréhension et de la mémoire des textes (Kintsch et Van Dijk, 1978).

Il est relativement simple de transformer une liste de propositions en un réseau propositionnel dans lequel chaque proposition correspond à un nœud du réseau étiqueté par une relation et des arguments. Cette description formelle des représentations mnésiques fait clairement apparaître les relations de proximité sémantique susceptibles d'être dissimulées au niveau littéral de l'information. Elle permet, de plus, une mise en évidence relativement aisée des effets de contexte dont l'importance est considérable dans tous les phénomènes de mémoire. C'est d'ailleurs en utilisant un formalisme de ce type que Collins et Quillian (1969) ont démontré que le temps de réponse à des questions de connaissance générale — portant sur un champ sémantique taxonomique (classification des êtres vivants) — augmentait en fonction de la distance entre le sujet et ses prédicats dans le réseau propositionnel (pour une revue historique : Abdi, 1986).

Les représentations propositionnelles codent des informations élémentaires et spécifiques. Cependant nous pouvons évoquer des ensembles beaucoup plus vastes de représentations. Par exemple, les représentations prototypiques condensent de nombreuses informations relatives à une classe d'objets dans un des exemplaires de cette classe : ainsi, le rossignol est considéré comme plus typique de la classe des oiseaux que ne l'est le poulet. De même un schéma représente tous les exemplaires d'une classe en une entité abstraite : le schéma « S-R », le dessin stylisé d'un poisson d'avril, etc. Schémas et prototypes résultent de la capacité de notre système nerveux à détecter les corrélations entre traits, à abstraire des catégories, à détecter les écarts à ces catégories et, de façon plus générale, à anticiper les variations de l'environnement. Ils possèdent une grande valeur adaptative car ils permettent de mobiliser rapidement, et de façon économique, de vastes ensembles de connaissances (pour une étude critique : Alba & Hasher, 1983).

Tableau 6a. — Deux langages de description de la représentation en mémoire des connaissances déclaratives : 1. représentation propositionnelle d'un texte.

Texte à mémoriser :
«Un film noir et blanc a deux propriétés essentielles : sa sensibilité et son grain initial. La sensibilité se mesure en degrés ISO/ASA qui peuvent varier de 40 à 800. Le grain initial est mesuré par sa taille qui peut varier de petit à gros. Ces deux mesures déterminent la rapidité du film.»

(POSSEDE, F, X, Y)
(F, Film Noir et Blanc)
(X, Sensibilité)
(Y, Grain initial)

(MESURE, (X, Z), (Y, W))
(X, Sensibilité)
(Z, ISO/ASA)
(Y, Grain initial)
(W, Gros-Petit)

(DETERMINE, R, Z, W)
(R, Rapidité)
(Z, ISO/ASA)
(W, Gros-Petit)

Les stéréotypes constituent une catégorie particulière des prototypes; ils portent sur des objets sociaux et autorisent à parler de cognition sociale. Les schémas narratifs ou scripts sont des structures schématiques activées dans la compréhension des récits, des textes et des dialogues; il s'agit d'une extension de l'activité schématique au traitement d'épisodes ou de séquences d'actions complexes. Pressenti par Bartlett (1932), le concept de script a été étudié et formalisé plus systématiquement par Schank et Abelson (1977) qui ont rendu le «script du restaurant» particulièrement célèbre... et, de ce fait, tout à fait prototypique!

Les connaissances procédurales ont été classiquement représentées, dans le cadre de la théorie behavioriste, par des associations stimulus-réponse (S-R) organisées de façon séquentielle. Les limitations inhérentes à la psychologie du comportement ont conduit à l'abandon quasi général de ce langage de description dont les faiblesses étaient importantes : unités de base trop élémentaires, impossibilité d'intégration des représentations mentales, connexions trop spécifiques et rigidité de la structure séquentielle. Sous l'influence de Newell et Simon (1972), les systèmes

Tableau 6b. — Deux langages de description de la représentation en mémoire des connaissances déclaratives : 2. représentation sous forme de réseau sémantique du même texte.

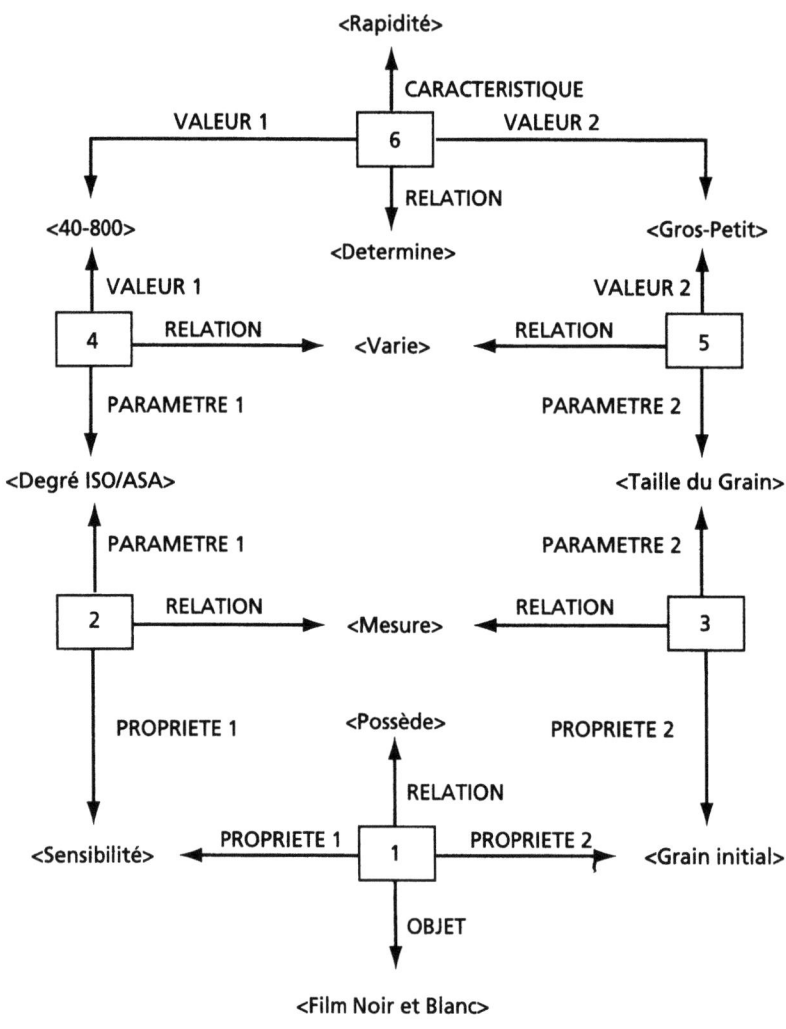

Tableau 6c. — Deux langages de description de la représentation en mémoire des connaissances procédurales : 1) En haut : une règle de production pour le latin (Adapté de J.R. Anderson, 1980); 2) En bas : un script de recherche de document administratif (Bianco, communication personnelle).

Si
**(1) Le but est de produire le pluriel d'un nom
(2) Le nom est de la première déclinaison**

alors **ÉCRIRE LE NOM AVEC LA TERMINAISON «AE»**

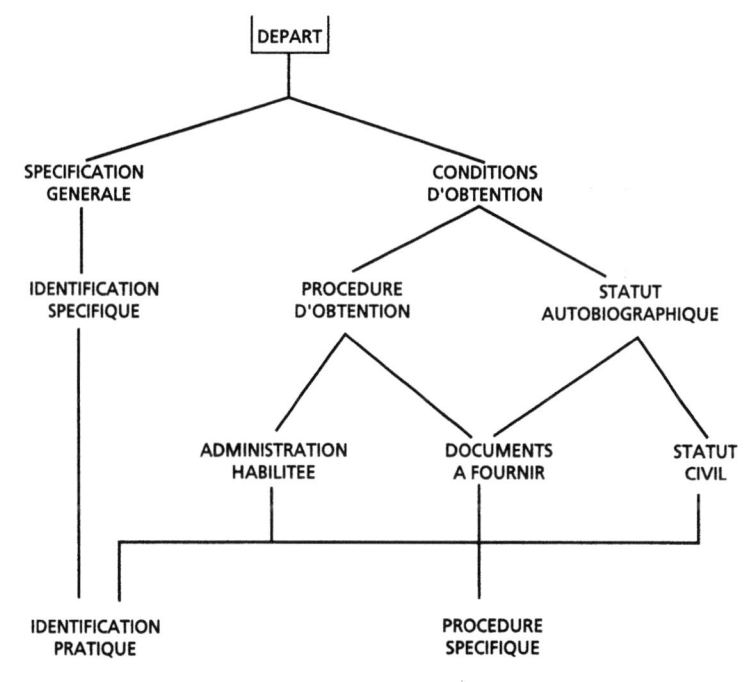

de production ont supplanté le schéma S-R pour la description des connaissances procédurales. Ils associent une partie condition («Si... ») à une partie action («Alors... »). Il peut y avoir une ou plusieurs conditions associées à une ou plusieurs actions et elles peuvent être de nature comportementale ou/et représentationnelle. Ce formalisme permet de décrire, de façon dynamique, des séquences d'actions dans des configurations d'événements variables; une telle structure est particulièrement appropriée pour décrire l'acquisition de capacités cognitives complexes (apprentissage de la lecture, de l'écriture, du calcul, de la résolution de problèmes divers, du piano, du ski, etc.). On connaît, par ailleurs, le succès de ce formalisme pour raisonner sur de vastes bases de connaissances dans les systèmes-experts.

L'ensemble de ces formalismes a constitué un facteur de progrès incontestable pour la psychologie de la mémoire. Ils ont permis une description plus précise de la « connaissance » et de la « représentation » (Tableaux 6a, 6b & 6c). On peut bien sûr se demander s'il ne s'agit pas parfois d'un simple jeu de réécriture et si les isomorphismes entre ces descriptions ne sont pas plus importants que leurs différences de surface. Ce n'est sans doute pas le cas et la description proposée pour la structure des connaissances a d'importantes implications fonctionnelles. Les mécanismes d'apprentissage sont, par exemple, surdéterminés par le choix même du langage de description de la mémoire (Tableau 5).

2.3. Mémoire des textes et analyse propositionnelle

L'étude psychologique de la compréhension et de la mémoire des textes a été relativement tardive en raison de difficultés méthodologiques importantes dans le contrôle des caractéristiques du matériel linguistique et dans son analyse objective. Il a fallu attendre des progrès sensibles dans la théorie linguistique et dans l'analyse psycholinguistique pour que des études expérimentales rigoureuses commencent à se développer vers la fin des années soixante. L'analyse propositionnelle a joué un rôle important dans cette évolution. Il s'agit d'une méthode d'analyse fondée sur la logique propositionnelle. La logique propositionnelle est un sous-ensemble de la logique des prédicats de premier ordre qui ne contient que des formules sans symboles de variables.

Une proposition est la plus petite unité de connaissance sur laquelle on peut appliquer un jugement de vérité. Elle exprime donc la signification d'une assertion primitive. Kintsch (1974) a utilisé cette méthode de décomposition pour analyser la compréhension et la rétention de textes. Il donne à chaque proposition une structure de liste contenant, dans sa forme la plus simple, une « relation » (verbe, adjectif ou terme relationnel) suivie par une liste ordonnée « d'arguments » (entités diverses souvent désignées par un substantif). La relation est souvent qualifiée de « prédicat », l'application de cette décomposition propositionnelle à un matériel complexe est classiquement appelée « analyse prédicative » (Denhière, 1984). Cette décomposition permet, à partir d'un texte par exemple, d'obtenir une « base de texte », véritable microstructure sémantique, faisant apparaître l'ensemble des propositions. Cette base de texte est fondée sur le critère de cohérence référentielle déterminée par le recouvrement des arguments entre les différentes propositions. Elle fait également apparaître les relations de subordination et de superordination, ce qui définit des « niveaux » d'importance de la proposition pour la signification et la compréhension du texte (graphes de cohérence) Par exemple, la phrase « Landolfo acheta un très grand navire » peut se décomposer en trois propositions :

    1. ACHETER (Landolfo, navire)
    2. GRAND (navire)
    3. TRÈS (2)

Dans cet exemple, les termes relationnels (prédicats) sont en capitales et les arguments sont en lettres de bas-de-casse. On constate que la proposition 1 est super-ordonnée par rapport aux propositions 2 et 3. En fait, on peut supprimer les propositions 2 et 3, sans altérer gravement la signification de la phrase. Les relations de super-ordination et de subordination définissent donc des niveaux d'importance sémantique. On constate aussi qu'un chevauchement entre propositions est indispensable pour maintenir la cohérence sémantique du texte (dans le cas contraire, seule une activité d'inférence peut rétablir cette cohérence).

Kintsch et van Dijk (1978) ont développé un modèle de la compréhension de textes qui suppose que cette activité est contrôlée par les propriétés de la mémoire de travail « à long terme » (Ericsson & Kintsch, 1995) et, en particulier, par le nombre maximum de propositions qui peuvent y être actives à un moment donné. A tout moment, en fonction des relations de chevauchement et de hiérarchie, certaines propositions sont maintenues en mémoire et d'autres sont éliminées. Les propositions qui sont maintenues le plus longtemps en mémoire de travail ont beaucoup plus de chance d'être transférées en mémoire permanente et rappelées ultérieurement ; on peut donc prédire que les propositions super-ordonnées seront plus souvent dans ce cas que les propositions subordonnées.

Mais les propriétés de la mémoire de travail (capacité, vitesse de transfert en mémoire permanente) peuvent être modulées par la difficulté conceptuelle du texte, la capacité de compréhension du sujet, la complexité de la structure de surface du texte et, enfin, la finalité de l'activité de compréhension (rappel, résumé, correction, etc.). De toute façon les limitations de la mémoire de travail imposent un traitement séquentiel du texte (cycles de traitement successifs) et des règles stratégiques pour déterminer l'information qui sera conservée en mémoire permanente (priorité aux propositions super-ordonnées, effet de récence). En fonction de ces facteurs, le lecteur se construit une représentation très schématique du texte, lu ou entendu. Autrement dit, à partir de la base du texte, de sa microstructure, une représentation plus générale va être abstraite : la macrostructure sémantique du texte. Cette macrostructure dépend en partie des buts poursuivis par le lecteur. Les processus qui détermineront le contenu de cette macrostructure sont les suivants : généralisation des prédicats et des arguments, suppression, intégration et élaboration constructive (macrorègles). Il est probable que ces processus demandent du temps. On peut s'attendre à ce que le contenu du rappel différé se rapproche, avec l'augmentation de l'intervalle de rétention, de celui de ce «résumé» sémantique et soit donc plus représentatif de la macrostructure du texte. Un tel modèle permet de prédire à la fois les problèmes de compréhension d'un texte et le contenu ainsi que les déterminants de sa rétention à long terme (Kintsch & Vipond, 1979).

En 1983, van Dijk et Kintsch ont généralisé ce modèle et ont émis l'hypothèse que le lecteur ne se construit pas seulement une représentation sémantique du contenu du texte mais aussi un modèle général de la situation, un véritable «modèle mental» pour reprendre l'expression de Johnson-Laird (1983). Ce modèle de situation intègre les connaissances antérieures du lecteur (Denhière & Baudet, 1992). L'évolution de la théorie conduira Kintsch (1988) à tenter de concilier une decription logique et symbolique des processus de construction de la signification à une description connexionniste des processus d'intégration de cette signification aux connaissances de l'agent cognitif (voir : Chapitre 4).

3. CONCLUSION

Il est particulièrement tentant de penser que les propriétés de l'information en mémoire dépendent principalement des propriétés de l'information perceptive qui lui a donné naissance. Toutefois un tel isomorphisme est une chimère en raison de la variété des stratégies d'encodage, des fluctuations du niveau d'attention, de la variabilité des motivations, etc. On ne peut donc ni décrire le contenu de la mémoire ni en inférer la structure en se limitant à l'étude et au contrôle des seules conditions d'encodage ou en proposant une description strictement formelle des relations logiques entre les informations mémorisées. Une autre stratégie de recherche, plus séduisante, est d'étudier les réponses du système mnésique et leurs paramètres en espérant qu'ils permettront une reconstruction de la base mnésique sous-jacente. Mais il est clair que cette démarche ne peut faire l'impasse sur les conditions de la mise en mémoire. Il est intéressant de noter que, d'un point de vue historique, c'est cette dernière démarche qui est apparue la plus évidente. Pendant un demi-siècle, on a comparé divers indicateurs en espérant qu'ils nous éclaireraient sur les lois de la mémoire. En fait, il a fallu attendre la fin des années soixante pour que soient mis systématiquement en relation les conditions de la mise en mémoire et celles de la récupération. L'accès en mémoire permanente est sans doute entièrement déterminé par cette interaction « forte » qui récapitule et actualise l'historique perceptif, sémantique et contextuel du système à mémoire.

NOTES

[1] Le concept d'image, en français, est ambigu. En effet l'image mentale (en anglais, «image») doit être conceptuellement distinguée de la figuration graphique des objets de notre environnement (en anglais, «picture»). On sait d'ailleurs que les behavioristes avaient rejeté ce concept «mentaliste» d'image de leur champ d'investigation. Il est vrai qu'une étude objective de l'imagerie mentale demeure toujours particulièrement difficile.

[2] Les recherches sur l'imagerie mentale font partie d'un domaine actif d'investigations connu sous le nom de «cognition spatiale». Sous ce terme on désigne l'ensemble des représentations mentales de l'information spatiale de notre environnement : localisation dans l'espace, évocation de lieux sur des plans ou des cartes topographiques, aides cognitives à la représentation d'espaces complexes, par exemple. Le champ des applications est ici très vaste (contrôle de la navigation aérienne, pilotage, par exemple : Bisseret, 1995). La recherche en imagerie ne se préoccupe pas seulement de la dimension spatiale des images mais aussi de la relation entre image et représentation mentale ou entre image et résolution de problèmes chez le novice ou l'expert. Par ailleurs, certaines recherches sur les «cartes cognitives» portent sur des aspects non imagés des conduites d'orientation dans l'espace. Enfin, l'étude des dysfonctionnements neuropsychologiques de la représentation mentale des objets (agnosies topographiques, prosopagnosies par exemple) revêt également un très grand intérêt théorique (G.W. Humphreys et Riddoch, 1987; G.W. Humphreys et Bruce, 1989).

[3] Sur le plan de l'organisation cérébrale les régions inféro-temporale et pariétale sont un site critique pour le traitement de l'information imagée visuelle et mentale. On distingue un sous-système ventral (reliant le lobe occipital au lobe inféro-temporal) qui est impliqué dans le codage et la manipulation des formes et un sous-système dorsal (reliant le lobe occipital au lobe pariétal) qui est impliqué dans le la localisation (Levine & al., 1985; Mishkin & Appenzeller, 1987; Ungerleider & Mishkin, 1982; Van Essen, 1985). Des traitements encore plus spécialisés ont été mis en évidence. Citons par exemple : la détection des propriétés non accidentelles des objets, l'activation de patterns, la détection de traits (au niveau ventral); la cartographie spatiotopique, l'encodage des relations catégorielles, l'encodage des relations coordonnées (au niveau dorsal) (Kosslyn, Flynn, Amsterdam & Wang, 1990).

[4] Le système hippocampique joue un rôle critique dans le traitement des connaissances déclaratives et de la mémoire explicite (Squire, 1992a, 1992b). La mémoire déclarative est perturbée dans le syndrome amnésique alors que la mémoire procédurale est intacte ou moins perturbée (N.J. Cohen & Squire, 1980).

Chapitre 4
L'accès à l'information en mémoire permanente

Dans les conceptions classiques des théories du traitement d'information, les mécanismes d'accès à l'information mnésique dépendent fortement des règles d'organisation de la mémoire permanente; mais nous avons vu que cette organisation peut être décrite par des formalismes variés qui déterminent largement les processus d'accès en mémoire.

La question qui se pose ici est donc de savoir comment les connaissances, les souvenirs sont activés et «surgissent» dans notre présent psychologique. Cette activation ne peut être séparée des différentes clés d'accès spécifiques à la mémoire (rappel ou reconnaissance, par exemple) et du contexte, cognitif et motivationnel, qui entoure l'acte de récupération en mémoire.

Les recherches sur l'accès à l'information en mémoire permanente ont également mis en évidence l'hétérogénéité des processus et informations activées. Il est dès lors légitime de s'interroger sur la forme de conscience qui accompagne divers types d'expériences subjectives d'activation et de récupération. La conscience perceptive (familiarité) doit-elle être, en particulier, distinguée de la conscience épistémique (connaissance) et de la conscience mnésique (souvenir)?

1. ACTIVATION ET DIFFUSION DE L'ACTIVATION

Définir les modalités de récupération, dans une mémoire, organisée ou non, reviendra alors à préciser la dynamique de ce mécanisme d'activation : convergence de l'activation vers un nœud déterminé (facilitation) ou dispersion de l'activation entre plusieurs nœuds (effet «d'éventail» ou «fan effect»). Une expérience réalisée par J.R. Anderson (1974) peut servir à illustrer cet effet. Celui-ci présente à des sujets une série de descriptions factuelles du genre : «Une personne x est dans un lieu y». Certaines personnes sont associées à un seul lieu, et certains lieux sont associés à une seule personne, d'autres personnes étant associées à 2 lieux différents et d'autres lieux à 2 personnes différentes. Dans l'illustration suivante, le nombre d'occurrences de la personne et du lieu est indiqué après chaque phrase :

    A. «Le docteur est à la banque» (1-1).
    B. «Le pompier est dans le parc» (1-2).
    C. «Le notaire est à l'église (2-1).
    D. «Le notaire est dans le parc» (2-2).

Tableau 7. — Influence de la structuration de faits mémorisés dans un réseau sémantique hypothétique sur la latence moyenne (en ms) de leur reconnaissance d'occurrence (Adapté de J.R. Anderson, 1974).

Nombre de personnes associées à un lieu	Nombre de lieux associés à une personne	
	1	2
1	1110	1170
2	1170	1220

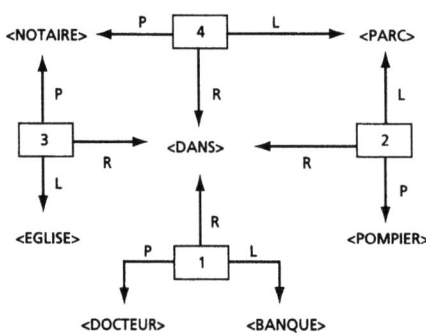

Ayant appris par cœur un matériel composé d'exemples de ce type, les sujets sont soumis à une épreuve de reconnaissance des faits mémorisés parmi des faits nouveaux construits à partir de réarrangements des lieux et des personnes. On constate que le temps de reconnaissance des faits anciens augmente, de façon indépendante, en fonction du nombre de lieux associés à une personne donnée et du nombre de personnes associées à un lieu déterminé (Tableau 7). Ces résultats sont correctement prédits si l'on accepte les postulats suivants : 1) la mémoire permanente est organisée sous la forme d'un réseau sémantique ; 2) la reconnaissance d'une phrase dépend de la diffusion de l'activation des nœuds associés à la phrase test vers l'ensemble des nœuds de la structure mémorisée ; 3) enfin, la vitesse de diffusion de l'activation est inversement proportionnelle au nombre de nœuds qui partent du nœud initialement activé.

Une des meilleures descriptions des règles d'activation dans un réseau sémantique a été proposée par J.R. Anderson (1983) dans son modèle ACT*, modèle que nous analyserons ultérieurement. Elles permettent de prédire les effets d'amorçage sémantique, les effets d'interférence et les effets de contexte habituellement observés.

2. EFFETS DE CONTEXTE ET PRINCIPE DE LA SPÉCIFICITÉ DE L'ENCODAGE

Les effets de contexte sont d'ailleurs un des déterminants importants de la possibilité de récupération de l'information en mémoire permanente. Il a fallu attendre les années soixante-dix pour que la signification psychologique de ces effets soit pleinement reconnue[1]. La performance, au moment d'un test de rétention, dépend de la compatibilité entre les conditions contextuelles de l'encodage et celles de la récupération. C'est Tulving qui a élaboré le plus précisément ce principe d'encodage spécifique et qui l'a validé par de nombreux arguments expérimentaux (pour une revue : Tulving, 1983, 1984, 1989 ; Tulving et D.M. Thomson, 1973). Ce principe permet, comme nous le verrons, d'expliquer la supériorité classique de la reconnaissance sur le rappel par une plus grande compatibilité fonctionnelle entre les indices de récupération et les conditions de mise en mémoire.

2.1. Le principe de spécificité de l'encodage

Dans leur analyse de la mémoire humaine, Tulving et D.M. Thomson (1973) opposent la mémoire épisodique à la mémoire sémantique (Tableau 4). Une des différences essentielles entre ces deux systèmes de mémoire est leur sensibilité différentielle aux variations contextuelles. L'information sémantique est relativement indépendante du contexte dans lequel elle se manifeste ou dans lequel elle doit être retrouvée. Au contraire, la représentation d'une information en mémoire épisodique dépend, de façon critique, des conditions dans lesquelles elle s'est constituée.

Tableau 8. — Mise en évidence expérimentale du principe d'encodage spécifique : pourcentage de reconnaissances correctes de certitude élevée en fonction de la relation entre le contexte d'étude (encodage) et le contexte de reconnaissance (récupération). Le matériel à mémoriser était constitué de 28 mots étudiés, pendant 1 s dans différents contextes : isolément («*danse*»), dans une paire de mots fortement associés («*rapide-lent*») ou faiblement associés («art-*fille*»). La reconnaissance avait lieu dans l'un ou l'autre de ces contextes, le croisement des contextes d'étude et de reconnaissance générant 9 conditions expérimentales. On observe que la reconnaissance des mots est facilitée par la présence d'un contexte associatif et par la compatibilité entre le contexte d'étude et le contexte de reconnaissance. Les performances maximales s'observent quand le contexte de reconnaissance est identique au contexte d'étude : .664 (isolé-isolé), .855 (A– A–) et .871 (A+ A+) (Adapté de Tulving & D.M. Thomson, 1971).

Contexte de reconnaissance	Contexte d'étude (encodage)		
	Isolé	A –	A +
Isolé	.664	.397	.521
A –	.713	.855	.516
A +	.659	.629	.871

C'est cette propriété de la mémoire épisodique qui est exprimée par le principe dit de «la spécificité de l'encodage». Ce principe ne peut être exprimé sous la forme d'une loi quantitative mais il possède un degré élevé de généralité empirique qui permet l'interprétation de nombreux phénomènes étudiés en laboratoire ou éprouvés dans la vie quotidienne (cela va, par exemple, de la célèbre madeleine de Proust... à plusieurs scénarios de la filmologie d'A. Hitchcock). Ce principe établit que les propriétés de la trace mnésique d'un événement verbal (un mot, par exemple) sont déterminées par des opérations d'encodage spécifique appliquées au stimulus ; ce sont ces propriétés, plutôt que les caractéristiques permanentes du mot en mémoire sémantique, qui déterminent l'ef-

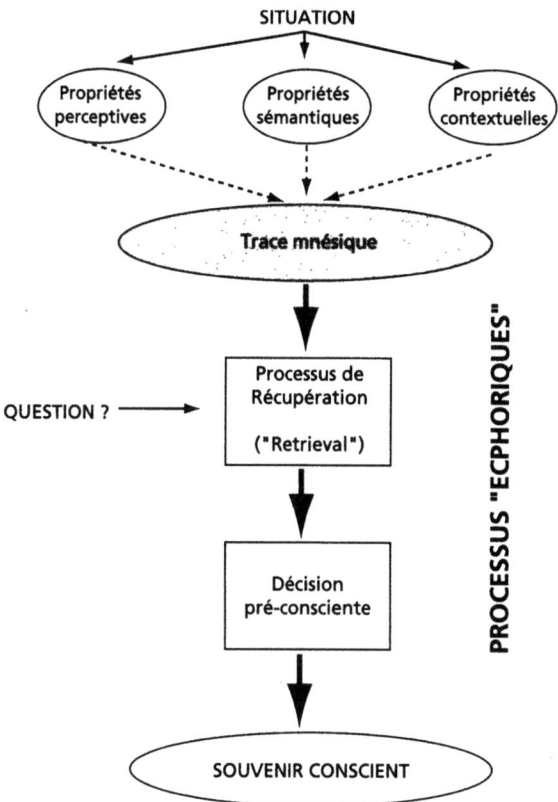

Figure 20. — Représentation schématique des processus ecphoriques : la trace mnésique résulte du processus d'encodage et de l'interaction entre les propriétés perceptives, sémantiques et contextuelles de l'information. Le processus ecphorique peut être décrit comme l'interaction entre les propriétés de la trace mnésique (éventuellement remaniée depuis son encodage initial et au cours de l'intervalle de rétention) et les propriétés perceptives, sémantiques et contextuelles des indices de récupération (question posée par l'environnement). Le produit de cette interaction, lorsqu'elle est réussie, est une information ecphorique non consciente ou pré-consciente. Celle-ci peut, mais cela est facultatif, entraîner une expérience consciente de récollection (souvenir conscient ou «remembering», en anglais). Enfin cette information ecphorique modifie elle-même la trace mnésique. Elle est convertie, éventuellement, en une réponse observable ou privée (production lexicale, sentiment ou jugement de familiarité, réponse perceptive ou motrice) (Adapté de Tulving, 1982).

ficacité de tout stimulus comme indice de récupération de cet événement. Quand on mémorise une liste de mots associés à des indices contextuels définis, le sujet construit donc des épisodes spécifiques qui devraient être sensibles à toute modification contextuelle au moment de la récupération en mémoire (Tableau 8).

En d'autres termes, la récupération d'une information en mémoire résulte de l'interaction entre des sources d'information différentes : la trace mnésique spécifiquement encodée et les indices situationnels présents au moment de cette récupération (c'est ce que Tulving dénomme le processus « ecphorique », du grec « phori = porter » et « ec = en dehors ») (Figure 20). L'ecphorie est un processus de synergie et l'information ecphorique « reflète la synergie des composantes d'encodage et de récupération dans l'acte de se souvenir » (Tulving, 1982, p. 134). Si la trace mnésique est riche et très différenciée, un indice contextuel ténu sera suffisant pour se souvenir, au contraire en présence d'une trace labile et peu différenciée, un indice contextuel beaucoup plus riche sera nécessaire pour se souvenir. Une information disponible en mémoire ne peut donc pas toujours être retrouvée, il faut pour cela que le contexte de récupération réactive une part importante des conditions contextuelles d'encodage : l'oubli résulte donc de cette divergence contextuelle entre l'origine du souvenir et la question qui se pose momentanément à la mémoire.

2.2. Mémoire sémantique, mémoire épisodique et effets de contexte

La vérification expérimentale du principe de la spécificité de l'encodage implique que la performance mnésique obtenue dans la condition où le contexte est inchangé entre l'étude et le test soit significativement supérieure aux conditions où ce contexte est modifié ou supprimé. Toutefois une version stricte de la théorie de Tulving exigerait qu'il n'y ait pas de différence entre la condition où le changement de contexte n'altère pas la signification du mot et celle où le changement de contexte active un nouveau sens (ce qui peut être facilement réalisé avec des mots homophones ou des homographes). En fait cette prédiction n'est généralement pas vérifiée. Cela signifie donc qu'il n'est pas possible d'opposer, de façon aussi catégorique, la mémoire sémantique et la mémoire épisodique. Autrement dit, un facteur sémantique (changement de sens) peut altérer l'expression du principe d'encodage spécifique (Ehrlich & Philippe, 1976; Muter, 1978, 1984; Reder, J.R. Anderson & Bjork, 1974). D'ailleurs, le nombre d'associés sémantiques et phonologiques d'une cible et les associations sémantiques et phonologiques entre cette cible et son contexte affectent le rappel épisodique : la probabilité de rappel indicé est inversement proportionnelle au nombre d'associés à la cible ou à l'indice de récupération (D.L. Nelson, T.A. Schreiber & McEvoy, 1992).

Afin de contrer cette objection, Tulving s'appuie sur l'argument expérimental suivant : les effets de contexte prédits par le principe d'encodage spécifique s'observent également quand il n'y a pas d'association sémantique entre les indices contextuels et lorsque ceux-ci ne sont pas sémantiquement associés aux mots-cibles. Une interprétation strictement sémantique des effets de spécificité de l'encodage n'est donc pas tenable. Il n'en demeure pas moins une difficulté théorique importante à articuler les dimensions épisodique et sémantique de la mémoire humaine. La dichotomie, proposée par Tulving, entre mémoires épisodique et sémantique s'est opposée à une conception antérieure du «tout sémantique» (J.R. Anderson, 1976). Les modèles connexionnistes sont sans doute à même de dépasser cette contradiction théorique en montrant que le sémantique peut émerger de l'épisodique à travers l'histoire contextuelle d'une mémoire définie (McClelland & Rumelhart, 1985).

Les lois explicatives de la mémoire ont d'abord été recherchées au moment même de la récupération; mais on s'est aperçu, dès les années soixante-dix, qu'il était impossible de comprendre les processus d'accès à la mémoire sans les mettre en relation avec ce qui s'était passé au moment de la constitution du souvenir. La compréhension de cette interaction, si brillamment étudiée par Tulving et ses collaborateurs, dépend de l'historique même de la formation des traces mnésiques.

2.3. Effets de contexte et oubli dans la mémoire humaine

Les théories modernes du conditionnement, chez l'animal, accordent une très grande importance théorique aux processus contextuels car il est clairement établi aujourd'hui que les variations de contexte entre l'acquisition et le test peuvent fortement interférer avec la formation des associations conditionnelles (R.R. Miller & Schachtman, 1985). Les effets de contexte affectent aussi de façon massive l'ensemble de la mémoire épisodique humaine, la mémoire sémantique étant moins sensible à de tels effets (Jenkins, 1974; pour une revue : Davies et D.M. Thomson, 1988). Il existe une grande variété d'effets de contexte de nature situationnelle, motivationnelle ou représentationnelle. Plusieurs taxonomies ont été élaborées récemment (Godden et Baddeley, 1980; Tiberghien, 1986; Amy et Tiberghien, 1993) qui insistent sur la nature et la force de l'association entre le contexte et la cible (contexte intrinsèque ou extrinsèque), sur la nature et les propriétés des activités de traitement cognitif (contexte interactif ou indépendant) ou, enfin, sur les mécanismes psychologiques (estimation de la familiarité perceptive ou processus d'inférence et de recherche en mémoire).

L'importance de ces phénomènes renvoie aux processus psychologiques qui permettent d'assurer une balance adaptative entre la permanence nécessaire de nos représentations mnésiques et l'indispensable flexibilité des processus d'accès à l'information mnésique dans des conditions contextuelles en perpétuelle transformation. D'ailleurs, sur le plan neuropsychologique, les lésions du système limbique et diencéphalique qui sont responsables du syndrome amnésique se traduisent par une forte perturbation du traitement de l'information contextuelle (Winocur & Kinsbourne, 1978). L'interprétation de ces données est cependant controversée car des lésions du cortex frontal ont aussi un effet perturbateur sur le traitement contextuel (Mayes, Meudell & Pickering, 1985). Les théories du déficit de l'évocation de l'information contextuelle semblent toutefois fournir l'explication la plus satisfaisante du syndrome amnésique (Johnson, 1990; Stern, 1981; Wickelgren, 1979). Cette conjoncture théorique a profondément modifié notre conception de l'oubli. Si une stricte loi de déclin de la force est compatible avec les données observées en mémoire sensorielle, elle devient plus discutable si on l'applique à la MCT et elle est tout à fait non pertinente pour décrire les phénomènes d'oubli en mémoire permanente. Trois classes de modèles ont été proposées pour rendre compte de l'oubli : a) les modèles de consolidation selon lesquels une défaillance des processus psychologiques d'orientation de l'attention ou de révision mentale suffisent à empêcher la constitution de représentations mnésiques résistantes; b) les modèles de l'interférence qui expliquent l'oubli par l'augmentation du nombre et de la similitude des représentations mnésiques et par la densité croissante de leurs relations; c) les modèles contextualistes qui expliquent l'oubli par l'incompatibilité entre les conditions contextuelles d'encodage et de récupération. Cette dernière conception est incontestablement celle qui permet la meilleure intégration des données expérimentales et des observations cliniques (Spear, 1980; Tulving, 1983).

3. RAPPEL, RECONNAISSANCE ET ÉCHEC DE LA RECONNAISSANCE

C'est un fait bien établi que la reconnaissance mnésique s'avère, toutes choses étant égales par ailleurs, très largement supérieure au rappel. Toutefois l'explication psychologique de ce résultat empirique n'a été pressentie que dans les années soixante-dix (pour une revue : Tiberghien et Lecocq, 1983).

3.1. L'opposition dualiste entre le rappel et la reconnaissance

La supériorité de la reconnaissance sur le rappel a été expliquée, de façon dominante, par la théorie dite «des deux processus» (Kintsch,

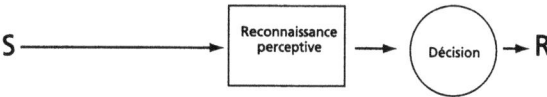

Figure 21. — Représentation schématique de la théorie des deux processus invoquée pour expliquer la supériorité de la reconnaissance sur le rappel (Adapté de Kintsch, 1970).

1970). Selon cette théorie, le rappel impliquerait un processus de recherche en mémoire suivi par un processus de décision; au contraire, la reconnaissance n'impliquerait qu'un simple processus de décision, le mécanisme de recherche mnésique étant superflu puisque l'information à reconnaître est toujours perceptivement disponible (Figure 21). En fait la reconnaissance n'était ici conçue que comme un sous-processus du rappel.

Une conséquence empirique importante de cette analyse était qu'une information rappelée devait nécessairement être reconnue, l'inverse n'étant évidemment pas vrai (hypothèse de dépendance complète entre le rappel et la reconnaissance).

3.2. L'échec de la reconnaissance d'informations rappelables

La falsification de ce type de modèle était relativement facile : il suffisait de montrer que dans certaines conditions expérimentales il était possible d'obtenir un rappel supérieur à la reconnaissance. En manipulant les relations contextuelles il est possible, en effet, d'inverser le pattern habituel des performances en rappel et reconnaissance et l'échec de la reconnaissance d'informations rappelées est un fait expérimental maintenant bien établi (Tulving & D.M. Thomson, 1973; Watkins & Tulving, 1975). Dans l'expérience de Tulving & D.M. Thomson, par exemple, les mots appris sont associés à un contexte sémantique faiblement associé ; ex. : peur-MIEL). Ils doivent ensuite être reconnus dans un contexte sémantique nouveau fortement associé (ex. : abeille-MIEL). Enfin ils doivent être rappelés à partir du contexte original d'encodage (ex. : peur-?). La probabilité conditionnelle d'un échec de la reconnaissance d'un item rappelé est égale à la probabilité conjointe d'un rappel et d'une non-reconnaissance divisée par la probabilité de rappel :

$$P(\text{non Rec/Ra}) = P(\text{non Rec,Ra}) / P(\text{Ra})$$

Dans cette expérience, on a : P(non Rec/Ra) = 39 % / 63 % = 62 %. Ainsi une modification du contexte entre la mise en mémoire et la reconnaissance peut exercer un effet perturbateur sensible sur cette dernière. Les 39 % d'items non reconnus, mais pourtant rappelés, sont tout à fait incompatibles avec une théorie qui postulerait que la reconnaissance est un sous-processus du rappel (Tableau 9).

Tableau 9. — Tableau de contingence rappel/reconnaissance permettant de déterminer la probabilité conditionnelle d'échec de la reconnaissance d'items pouvant être rappelés (Adapté de Tulving & D.M. Thomson, 1973).

Reconnaissance	*Rappel*		*Total*
	Oui	Non	
Oui	.24	.02	.26
Non	.39	.35	.74
Total	.63	.37	1.00

Si la théorie des deux processus s'avérait exacte, on devrait constater que P(non Rec/Ra) = .00, c'est-à-dire que P(Rec/Ra) = 1-P(non Rec/Ra) = 1.00. Or les résultats obtenus dans de nombreuses investigations montrent que ce n'est pas le cas (Figure 22).

Si la reconnaissance n'est pas un sous-processus du rappel, peut-on considérer pour autant qu'il y a indépendance stochastique[2] entre le rappel et la reconnaissance ? Si tel était le cas, c'est la diagonale reliant les points (00,00) et (1.00,1.00) qui rendrait le mieux compte de la relation entre P(Rec/Ra) et P(Rec) car P(Rec/Ra) serait alors égal à P(Rec). Or,

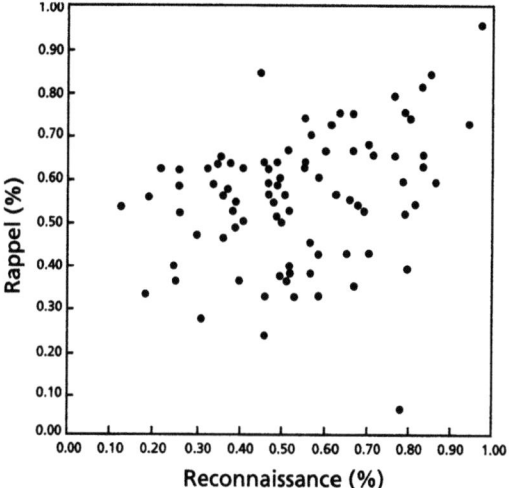

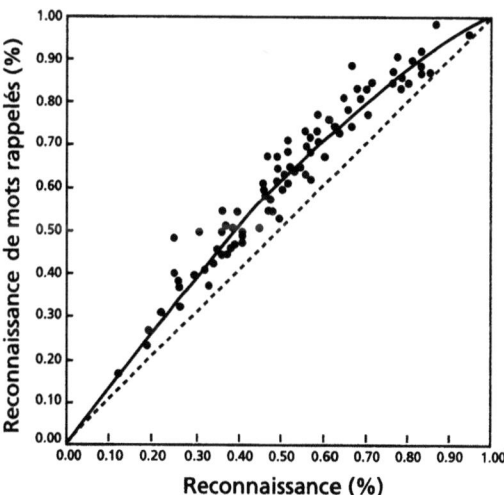

Figure 22. — Relation entre la probabilité de reconnaissance et la probabilité de rappel (En haut). Relation entre la probabilité de reconnaissance d'informations rappelées et leur probabilité de reconnaissance (En bas). Chaque point de ces deux graphiques représente une condition expérimentale spécifique (il y a 40 conditions pour 12 expériences). La fonction qui s'ajuste aux données présentées dans le graphique du bas est une fonction quadratique de la forme : $p(Rec/Rap) = p(Rec) + c[p(Rec) - p(Rec)^2]$ avec Rec = reconnaissance, Ra = Rappel et c = 0,5 (D'après Tulving, 1983, p. 282-283).

en examinant un ensemble de 33 expériences, Flexser et Tulving (1978) ont montré que le meilleur ajustement n'était pas obtenu par une fonction linéaire mais par une fonction quadratique : $P(Rec/Ra) = P(Rec) + c[P(Rec) - P(Rec)^2]$ avec $c = .50$ (Figure 22). Cette fonction ne traduit donc pas une indépendance, mais plutôt une «quasi-indépendance», entre le rappel et la reconnaissance. Cette relation stable entre $P(Rec/Ra)$ et $P(Rec)$ est d'autant plus remarquable qu'il n'y a pas de corrélation entre la $P(Rec)$ et $P(Ra)$ (Wiseman & Tulving, 1976).

L'échec de la reconnaissance d'informations rappelées constitue donc un puzzle théorique complexe, d'autant plus qu'il existe de nombreux facteurs susceptibles d'amplifier ou d'atténuer ce phénomène. Il a été ainsi observé dans une grande variété de conditions expérimentales : sans pratique préalable et avec un test de rétention immédiat ou largement différé, par exemple. Il n'a pas toujours été mis en évidence et, en particulier, quand le sujet est informé de la forte association sémantique entre le mot cible et le contexte de reconnaissance (Santa et Lamwers, 1976), quand les mots cibles sont des noms propres très spécifiques (Muter, 1984) ou, enfin, quand l'ordre de succession des tests de rétention est modifié (Shimamura, 1985). Toutefois, Wiseman et Tulving (1975) montrent que l'augmentation de la familiarité de la situation expérimentale ne supprime pas l'échec de la reconnaissance. De toute façon, la relation entre $P(Rec/Ra)$ et $P(Rec)$ demeure, dans l'ensemble, particulièrement stable quelles que soient les modalités expérimentales. Cette stabilité implique donc que les variations de la grandeur de l'échec de la reconnaissance dépendent fondamentalement de la seule variation de l'efficacité de la reconnaissance globale.

La signification de cette relation est cependant compliquée par des désaccords méthodologiques importants portant sur l'utilisation de données corrélationnelles dans l'investigation scientifique. Ainsi Hintzman (1991, 1992) critique la nature corrélationnelle des mesures de contingence dans les paradigmes de dissociation stochastique. Il considère que ces mesures masquent la variabilité inter-items et inter-sujets ainsi que l'interaction de ces deux sources de variance. Or l'hypothèse d'indépendance stochastique est formulée à propos de processus hypothétiques et devrait donc être valable, selon lui, quels que soient les items et les sujets. La critique de ce paradigme peut également invoquer le paradoxe de Simpson (1951) selon lequel la sommation de deux matrices de contingence peut donner parfois une corrélation résultante différente des corrélations partielles (Hintzman, 1993a). Toutefois, il est délicat de suivre Hintzman jusqu'au bout car les mesures fonctionnelles ne sont pas exemptes des critiques qu'il adresse aux méthodes corrélationnelles, ce qui invaliderait, en définitive, une grande partie de la recherche expérimentale (Flexser, 1991; Lecoutre, 1982). Il est difficile de nier la plausibilité de la fonction de Tulving et Wiseman quand 247 conditions expérimentales sur 272, appartenant à 78 expériences publiées, s'y ajustent (Nilsson & Gardiner, 1991; Gardiner, 1991). Par ailleurs, Tulving et Flexser (1992) ont montré que la fonction de Tulving et Wiseman s'ajuste aux données empiriques quel que soit le rapport entre la probabilité de rappel et celle de reconnaissance, ce qui invalide la critique de Hintzman d'une contrainte mathématique sur l'ajustement quand la probabilité de rappel est supérieure à la probabilité de reconnaissance[3].

En définitive, le puzzle théorique n'est sans doute encore que partiellement reconstitué. Si l'échec de la reconnaissance d'items rappelés est une manifestation spectaculaire du principe d'encodage spécifique, l'interprétation psychologique de la corrélation stochastique entre P(Rec/Ra) et P(Rec) et, de façon plus générale, du paradigme d'indépendance stochastique, fait encore l'objet, comme nous l'avons vu, d'importantes controverses théoriques et méthodologiques (pour une revue : Nilsson & Gardiner, 1991).

3.3. Signification théorique de la quasi-indépendance stochastique entre le rappel et la reconnaissance

Quelle est donc l'explication psychologique de l'échec de la reconnaissance d'items qui peuvent être rappelés et de sa relation stable avec la probabilité de reconnaissance ? L'hypothèse avancée par Tulving et ses collaborateurs est la suivante : l'indépendance stochastique résulte de l'indépendance entre le contenu de la trace mnésique et celui de l'indice de récupération à la reconnaissance et au rappel; la légère déviation observée par rapport à cette indépendance stochastique proviendrait du fait que ces deux indices de récupération interagissent avec la même trace mnésique (Tulving, 1983, p. 293). Cela revient donc à supposer que les processus ecphoriques ne diffèrent pas en reconnaissance et en rappel mais que l'information ecphorique extraite des indices contextuels de récupération, en rappel et en reconnaissance, n'est pas corrélée. Cela s'expliquerait, par exemple, du fait que les processus de conversion pour produire une estimation de familiarité (en reconnaissance) ou une réponse lexicale (en rappel) ne sont pas basés sur le même type d'information ecphorique (Flexser & Tulving, 1978).

Toutefois, cette interprétation n'élimine pas complètement plusieurs hypothèses alternatives : facilitation du rappel indicé par la reconnaissance («amorçage» ou «priming» sémantique); asymétrie de la force de l'association entre les deux membres de la paire mémorisée, l'association antérograde (A->B) du rappel étant d'accès plus aisé que l'association rétrograde (B->A) de la reconnaissance (Rabinowitz, Mandler et Barsalou, 1977).

Une autre explication consisterait à supposer qu'il y a indépendance entre le rappel (élaboration) et la reconnaissance (activation) dans la plupart des situations naturelles ou expérimentales. Toutefois, dans certaines conditions, particulières et très minoritaires, un processus de recherche mnésique, analogue à celui du rappel, pourrait intervenir en reconnaissance (Figure 23). Cette recherche « conditionnelle » expliquerait l'écart de la fonction précédente par rapport à l'indépendance complète entre le rappel et la reconnaissance (Mandler, 1980, 1991; Tiberghien, 1976; Tiberghien, Cauzinille & Mathieu, 1979)[4]. Jacoby et Dallas (1981) ne défendent pas une théorie très différente quand ils supposent que la reconnaissance peut résulter de deux mécanismes distincts : a) un mécanisme d'activation automatique, basé sur la familiarité des données perceptives, qu'ils qualifient de «fluidité perceptive» (perceptual fluency); b) un mécanisme de récupération du contexte d'encodage, piloté par des

Figure 23. — Représentation schématique d'un modèle de reconnaissance conditionnelle en reconnaissance à long terme. La pré-décision, rapide, automatique et non consciente, est fondée sur une évaluation de la familiarité du pattern à reconnaître Les mécanismes possibles de cette pré-décision sont les suivants : activation et résonance (Tulving, 1976); activation d'associations horizontales de type S-R (Wickelgren, 1979); accès aux codes de présentation et intégration de la cible (Mandler, 1979, 1980, 1989); intersection entre les caractéristiques de la trace et celles de la situation de reconnaissance (M.S. Humphreys, 1978; M.S. Humphreys, Wiles & Dennis, 1995; G.V. Jones, 1978; Flexser & Tulving, 1978). La recherche en mémoire conditionnelle, lente, délibérée et consciente, n'intervient qu'en cas d'échec du processus de pré-décision. Elle est fondée sur une recherche du contexte spatio-temporel de constitution de la trace mnésique. Les mécanismes possibles de cette recherche conditionnelle en mémoire sont les suivants : recherche de marqueurs spatio-temporels (J.R. Anderson, 1976); activation d'associations verticales de type complexe (Wickelgren, 1979); élaboration associative du stimulus (Mandler, 1989); recherche de l'information «extrinsèque» ou «intrinsèque» (Jones, 1978); recherche «antérograde», du contexte vers la cible, ou recherche «rétrograde», de la cible vers le contexte (Mandler, 1978); recherche du contexte d'encodage associé au contexte de reconnaissance (Tiberghien, 1980, 1984, 1995); recherche de l'information relationnelle (M.S. Humphreys, 1978; Bain & M.S. Humphreys, 1988). Les processus d'activation et d'élaboration sont supposés fonctionner ici en cascade : organisation séquentielle-parallèle avec possibilité d'interaction. Le processus donnant naissance à la familiarité s'accompagne d'une conscience de type P (expérience perceptive sans représentation transitive); le processus de recherche-élaboration s'accompagne d'une conscience de type A (représentation d'un contenu, inférentielle, rationnelle, verbalisable) (Block, 1995). Les différentes formes d'agnosies pourraient résulter d'un déficit du processus de recherche-élaboration.

L'ACCÈS À L'INFORMATION EN MÉMOIRE PERMANENTE 105

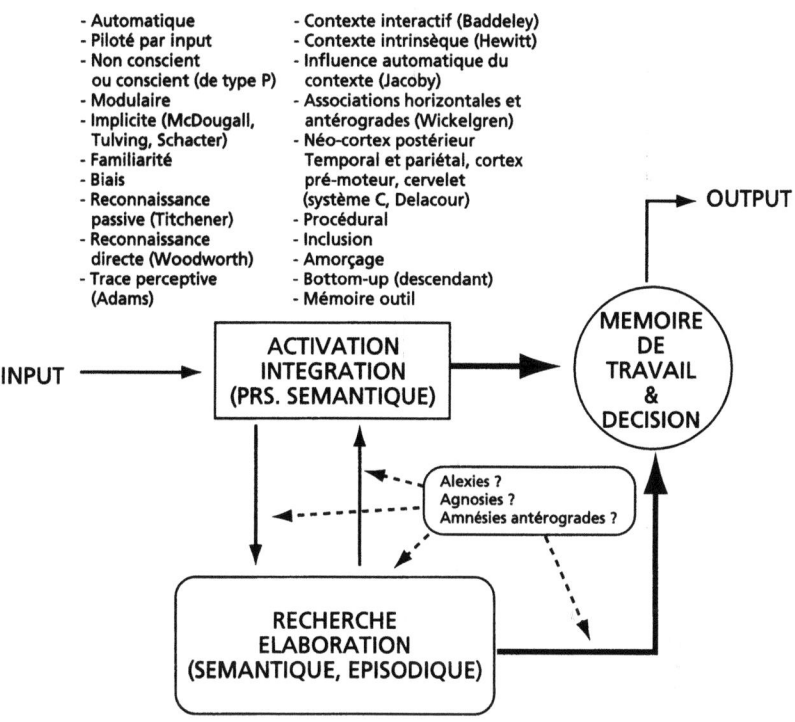

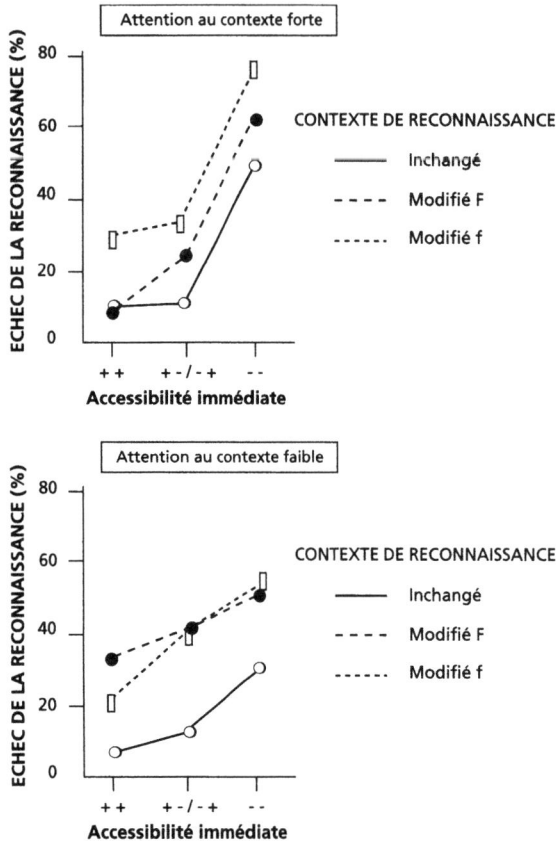

Figure 24. — Influence de l'accessibilité immédiate (rappel antérograde et rétrograde réussis : ++; rappel antérograde réussi et rappel rétrograde échoué, ou inversement : + − ou − +; échec aux deux rappels : − −), de l'attention accordée au contexte d'étude (forte ou faible) et de l'association inter-contextuelle (contexte inchangé entre l'étude et le test, contexte modifié avec une forte association sémantique F entre le contexte de reconnaissance et le contexte d'étude ou avec une faible association sémantique f entre ces deux contextes) sur l'échec de la reconnaissance à long terme dans une situation de mémorisation de mots (Adapté de Tiberghien, 1981).

représentations mnésiques de haut niveau, sémantiques et conceptuelles. Habituellement, on postule que ces deux types de mécanismes sont organisés selon une architecture de type séquentiel strict, mais il est plus vraisemblable qu'ils soient organisés en cascade, c'est-à-dire en parallèle, mais temporellement décalés avec d'éventuelles rétroactions. De plus, ce type de théorie implique que les effets de contexte n'affectent pas les

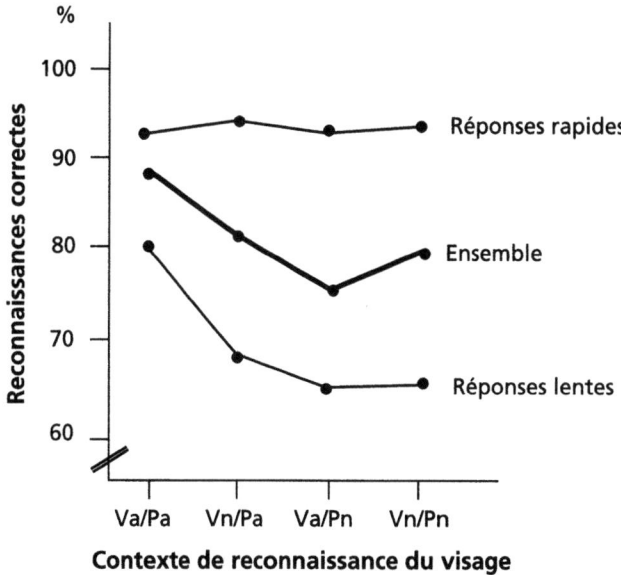

Va = voix ancienne non modifiée par rapport à l'étude; Vn = voix nouvelle modifiée par rapport à l'étude

Pa = prénom ancien non modifié par rapport à l'étude; Pn = prénom nouveau modifié par rapport à l'étude

Figure 25. — Influence d'un changement de contexte entre l'étude et le test de rétention sur la probabilité de reconnaissance correcte de visages non familiers pour les réponses lentes (supérieures à la médiane des latences) et les réponses rapides (inférieures à la médiane des latences). Le contexte est ici constitué par des prénoms (P) différents prononcés par des voix (V) différentes. Ces deux caractéristiques peuvent être maintenues constantes ou modifiées entre l'étude et le test de rétention (P et V inchangés, P inchangé et V modifié, P modifié et V inchangé, P et V modifiés) (Adapté de Péris & Tiberghien, 1984).

mécanismes d'activation automatique. On peut cependant défendre des hypothèses plus complexes. Par exemple, le mécanisme d'activation automatique pourrait être sensible à des effets de contexte «interactifs» alors que le mécanisme piloté par des représentations mnésiques de haut niveau pourrait être influencé par des effets de contexte «indépendants»[5].

De nombreuses données expérimentales sont compatibles avec ce type d'hypothèses. Citons, par exemple, les effets du vieillissement sur la reconnaissance : le déficit de performance est beaucoup plus marqué pour les processus de recherche de l'information mnésique que pour les processus d'estimation de la familiarité. L'échec de la reconnaissance d'informations rappelables de façon antérograde (évocation de la cible à partir de son contexte) est d'ailleurs plus élevé que l'échec de la reconnaissance d'items rappelables de façon rétrograde (évocation du contexte à partir de la cible), ce qui est aussi favorable à une explication en termes d'échec d'accès à l'information mnésique (Burke & Light, 1981; Rabinowitz, 1984)[6]. On note également que l'estimation automatique de la familiarité est moins perturbée chez les patients amnésiques que les processus de recherche en mémoire (Warrington & Weiskrantz, 1968; Winocur, 1982; Hasher & Zacks, 1988).

Cette dernière interprétation considère donc que la conception ecphorique de Tulving est pertinente dans la grande majorité des cas mais qu'elle n'exclut pas, en reconnaissance comme en rappel, des processus de récupération délibérés et, au moins partiellement, sous le contrôle du sujet (recherche mnésique, élaboration). Deux résultats expérimentaux peuvent étayer ici une telle interprétation : a) dans une situation de mémorisation de mots, l'échec de la reconnaissance est modifié par le degré d'association sémantique (forte ou faible) qui existe entre le contexte de récupération et le contexte d'encodage, la capacité de rappel immédiat du mot cible à partir de son contexte d'encodage (rappel antérograde) ou du contexte d'encodage à partir du mot cible associé (rappel rétrograde) et, enfin, par le degré d'attention que le sujet déclare avoir accordé au contexte (Tiberghien, 1981); b) l'effet d'un changement de contexte entre l'étude et le test de rétention, dans une situation de reconnaissance de visages, n'a d'effet perturbateur que sur les réponses lentes, mais pas sur les réponses rapides (Péris & Tiberghien, 1984) (Figure 24 et 25).

Une procédure expérimentale ingénieuse a également été imaginée par Jacoby (1991, 1994) afin d'obtenir des mesures séparées des réponses issues du processus d'activation non consciente et de celles issues de la récollection consciente. Cette procédure, dite de dissociation de processus («process-dissociation procedure»), peut être appliquée à une grande variété de tests directs ou indirects de la mémoire et elle peut être généralisée à des situations de perception et de jugement. Une des formes prototypiques de cette procédure comprend trois phases : 1) la mémorisation d'une première liste d'items I; 2) la mémorisation d'une seconde liste d'items I'; 3) un test de reconnaissance dans lequel il faut soit reconnaître tous les items antérieurement appris (I et I') dans une liste où ils sont mélangés à de nouveaux items distracteurs (I"), soit reconnaître uniquement les items I' dans une liste où ils sont mélangés avec les items I et les distracteurs I". Le premier test de reconnaissance est dit «d'inclusion» et le second test de reconnaissance est dit «d'exclusion». On constate que la reconnaissance d'un item ancien I dans un test d'inclusion peut résulter soit d'un simple état de familiarité non consciente (A) soit d'une récollection consciente (R); au contraire, dans un test d'exclusion la fausse reconnaissance de I ne peut s'effectuer que sur la seule base de la familiarité sans récollection consciente qui permettrait de rejeter I à coup sûr. La récollection est estimée par la différence de performance entre un test de type inclusion et un test de type exclusion :

$$\text{Inclusion} = R + A(1-R)$$
$$\text{Exclusion} = A(1-R)$$
$$R = \text{Inclusion} - \text{Exclusion}$$
$$A = \text{Exclusion} / (1-R)$$

Au moyen de cette procédure, Jacoby et ses collaborateurs ont montré, par exemple, que l'attention partagée, au moment de l'étude, annulait la possibilité de récollection. Ils ont aussi montré que le type d'encodage (lire les mots cibles vs générer des anagrammes des mots cibles) n'exerçait pas le même effet sur la récollection et sur l'activation automatique : $R = .33$ et $A = .73$ dans le premier cas; $R = .57$ et $A = .59$ dans le second (Jacoby, Toth & Yonelinas, 1993). Enfin, cette technique de dissociation a permis de démontrer que la réactivation du contexte associatif de l'étude pouvait exercer une influence facilitatrice à la fois sur l'activation automatique et sur la récollection.

Différents modèles stochastiques ont été élaborés afin de rendre compte de cette procédure de dissociation selon qu'ils postulent que la probabilité d'accès à la familiarité est égale à celle de non-familiarité (Jacoby, 1991), qu'elle est égale à 1 (Joordens & Merikle, 1993) ou qu'elle est égale à 0 (G.V. Jones, 1987) (pour une revue : Buchner, Erdfelder, Vaterrodt-Plünecke, 1995). Cette formalisation permet donc de séparer le processus de reconnaissance fondé sur la familiarité de celui basé sur l'intervention de stratégies délibérées et conscientes. On notera la très grande similitude de cette approche avec celle des modèles stochastiques de la reconnaissance dans les années soixante-dix. D'autres tentatives de formalisation connexionniste tentent aujourd'hui de confronter les prédictions des théories à deux processus à celles des théories unitaires de la reconnaissance (Ratcliff, Van Zandt & McKoon, 1995).

4. MÉMOIRE IMPLICITE ET MÉMOIRE EXPLICITE

L'existence de tests directs et indirects d'étude de la mémoire pose un problème théorique important : ces tests sont-ils des indicateurs interchangeables de processus de même nature ou mettent-ils en œuvre des activités cognitives différentes ? A la limite les tests directs et indirects renvoient-ils à la même mémoire ? Le problème n'est cependant pas nouveau et nous avons vu qu'il s'était posé dans des termes quasi identiques quand il s'agissait de comparer entre eux des tests directs de mémoire comme le rappel et la reconnaissance. En fait, le débat sous-jacent est encore plus fondamental et oppose des psychologues pluralistes (structuralistes), pour qui la mémoire est composée d'un ensemble de sous-systèmes spécialisés, et des psychologues monistes (fonctionnalistes) selon lesquels la mémoire est un système fonctionnel fondamentalement unitaire. L'enjeu théorique est d'importance (Richardson-Klavehn & Bjork, 1988 ; Schacter, 1987 ; Tulving & Schacter, 1990).

4.1. L'amorçage de répétition : un bilan expérimental

Comme nous l'avons vu précédemment, l'amorçage («priming») de répétition est sans doute un des tests indirects de la mémoire qui a été le plus étudié au cours de la décennie écoulée. Sous ce nom générique on regroupe un ensemble varié de paradigmes d'étude de la mémoire : décision lexicale, identification perceptive de mots ou d'objets, compléments de mots, de fragments de mots ou des premières lettres d'un mot (--BLE), lecture de textes en miroir, associations libres, etc.

De ce vaste courant d'investigations, il ressort : a) que le changement de modalité sensorielle (visuel-auditif, par exemple) n'a pas ou peu d'effet sur les tests directs mais atténue fortement le priming (Jacoby & Dallas, 1981 ; Roediger, Weldon & Challis, 1989) ; b) que les effets facilitateurs du priming ne sont pas supprimés dans le syndrome amnésique alors que les tests directs sont très perturbés (Warrington & Weiskrantz, 1968, 1974, 1982) ; c) que les modalités d'encodage (type de traitement, profondeur de traitement) n'affectent que les performances observées dans les tests directs de mémoire (Jacoby & Dallas, 1981) ; d) que les modifications de format (typographique, par exemple) ont peu d'effet sur la reconnaissance épisodique mais affectent fortement le priming d'identification de mots (Jacoby & Dallas, 1981 ; Roediger & Blaxton, 1987) ; e) que les effets de priming ne sont pas modifiés par l'augmentation de l'intervalle de rétention ou par les facteurs liés au développement, ce qui n'est pas le cas des mesures directes de la mémoire qui sont dégradées par l'allongement de l'intervalle de rétention, chez le jeune enfant et chez le sujet vieillissant (Tulving, Schacter & Stark, 1982) ; f) que les effets des drogues altèrent les performances aux tests directs de mémoire, mais n'altèrent pas le priming ; g) que l'on observe une indépendance fonctionnelle et stochastique entre le priming et les tests directs de mémoire ; on observe aussi cette indépendance entre la reconnaissance épisodique et le complément de fragments (Tulving, Schacter & Stark, 1982).

4.2. Le débat entre structuralistes et fonctionnalistes

Ces différences empiriques ont conduit certains chercheurs à considérer que tests directs et indirects ne renvoient pas aux mêmes structures ou processus sous-jacents : les premiers exploreraient la mémoire explicite, la mémoire «objet» tandis que les seconds étudieraient la mémoire implicite, la mémoire «outil» (Jacoby, Kelley & Dywan, 1989 ; Jacoby, 1992). Ce concept de «mémoire implicite» a été utilisé pour la première fois par McDougall en 1923 et défini systématiquement par Graf et Schacter en 1985. Il avait toutefois été pressenti par de nombreux auteurs (mémoire «sensitive» de Maine de Biran, 1929 ; mémoire «motrice» de Bergson, 1926 ; apprentissage «sans éveil» d'Ericksen, 1962 ; apprentissage «implicite» de Reber, 1967) (Tableau 10).

Tulving et Schacter (1990) considèrent ainsi que les tests directs sont des indicateurs de la mémoire sémantique et épisodique mais que le priming serait une forme de mémoire procédurale intervenant dans l'identification des objets (y compris les mots) et n'impliquant pas de récollection explicite. Cette forme de mémoire, ayant des «affinités» avec la mémoire sémantique, non consciente, hyperspécifique et indépendante de la mémoire épisodique, est dénommée par Tulving & Schacter, «système de représentation perceptive pré-sémantique» (PRS). Si l'on excepte l'amnésie, deux autres syndromes neuropsychologiques sont favorables à cette hypothèse : l'alexie (possibilité de lecture sans accès à la sémantique) et diverses formes d'agnosies d'objets (incapacité à accéder à l'information sémantique à partir des stimuli visuels).

La position théorique de Tulving n'est pas partagée par tous les chercheurs acceptant l'idée de systèmes multiples de mémoire. Squire et N.J. Cohen (1984) adoptent une théorie moins extrême que celle du PRS et considèrent que la mémoire explicite est une propriété de la mémoire déclarative alors que la mémoire implicite est une caractéristique de la mémoire procédurale. D'ailleurs, avant d'adopter sa conception perceptive (ou pré-sémantique) du priming, Tulving (1983) n'était pas loin de considérer que la mémoire implicite était de nature sémantique.

Les psychologues fonctionnalistes adhérant à une conception unitaire de la mémoire préfèrent rendre compte de la distinction entre mémoire

Tableau 10. — Mémoire implicite et mémoire explicite : processus en jeu, facteurs expérimentaux critiques, tâches expérimentales et structures cérébrales impliquées (Adapté de Moscovitch, 1994).

	Mémoire implicite				Mémoire explicite	
Item spécifique			**Procédural**			
Perceptif	Conceptuel	Sensori-moteur	Basé sur des règles		Associatif	Stratégique
Identification, classification (à partir d'un indice sensoriel)	Production, classification (à partir d'un indice sémantique ou conceptuel)	Acquisition d'aptitudes sensori-motrice	Résolution de problèmes		Récollection d'épisodes à partir d'une clé d'accès	Récollection d'épisodes à partir d'une clé d'accès et d'une activité d'inférence
Modalité, format, intervalle de rétention	Niveau de traitement, interférence, attention	Nombre d'essais, feed-back	Nombre d'essais, feed-back, organisation		Niveau de traitement, interférence, attention	Organisation, attention
Identification, complément de mots fragmentés	Génération d'exemplaires à partir d'indices catégoriels	Dessin au miroir, écriture transformée	Tour de Hanoï		Rappel indicé Reconnaissance	Rappel libre, ordre temporel
Néo-cortex postérieur (aires perceptives)	Lobes temporal, pariétal, frontal	Cervelet, noyaux de la base	Lobes frontaux médio-latéral, dorso-latéral		Hippocampe, système limbique médio-temporal, diencéphale	Lobes frontaux ventro-médian, dorso-latéral, cortex cingulaire

implicite et explicite soit en termes d'activation soit en termes de traitement. La théorie de l'activation postule que les effets de priming en mémoire implicite résultent de l'activation temporaire de représentations lexicales (logogènes), sémantiques ou conceptuelles préexistantes (on les désigne parfois sous le nom de «théories abstractives»). Cette activation, consécutive à une pré-exposition au matériel, serait automatique et indépendante des processus d'élaboration de la trace. N'étant pas associée à un contexte d'occurrence spécifique, elle ne permettrait pas une remémoration explicite tout en étant efficace en mémoire implicite (Graf & Mandler, 1984; Morton, 1979). La théorie du traitement explique les différences entre mémoire implicite et explicite par la compatibilité de nature entre les opérations d'encodage et les opérations de récupération (Roediger, Weldon, & Challis, 1989). Si les opérations d'encodage sont de type perceptif («data driven» : lire, par exemple), une récupération contrôlée par les données sensorielles (ce qui est le cas en mémoire implicite) est supérieure à une récupération contrôlée par des processus cognitifs délibérés et de haut niveau (ce qui est le cas en mémoire explicite). Le pattern de résultats prédit est exactement inverse si l'encodage résulte d'opérations cognitives de haut niveau et délibérées («conceptual driven» : générer des associés sémantiques, par exemple).

Que penser de cette distinction entre mémoire implicite et mémoire explicite ? La question est encore largement ouverte à la fois sur le plan empirique et sur le plan théorique. On ne constate pas toujours de dissociation fonctionnelle entre tests directs et indirects. Par exemple, Jacoby (1983) montre que le contexte de la liste affecte aussi bien la reconnaissance épisodique que l'identification perceptive. On a également obtenu des effets de contexte et des effets de l'intervalle de rétention de même ampleur dans ces deux catégories de tests de mémoire (Moscovitch, Winocur & McLachlan, 1986). De plus, les effets de priming sont moins clairement établis pour des informations nouvelles que pour des informations de nature sémantique (Graf & Schacter, 1985). Enfin l'intervention éventuelle de récupérations explicites dans les épreuves de mémoire implicite n'est pas toujours précisément contrôlée («mémoire explicite involontaire»), en particulier quand l'encodage a été réalisé de façon intentionnelle (Schacter, 1987).

Cette absence de consensus expérimental est encore compliquée par d'importantes difficultés d'ordre méthodologique. En toute rigueur, les paradigmes de dissociation fonctionnelle ou stochastique portent sur des situations qui diffèrent par de nombreux aspects (contraintes perceptives, contexte, types et profondeur de traitement, par exemple). Passer d'une dissociation empirique à une dissociation entre processus hypothétiques ou entre sous-systèmes de mémoire résulte d'un choix théorique qui doit être justifié de façon externe au paradigme (Olton, 1989). Un critère de cohérence est ici déterminant : en toute rigueur, on devrait toujours observer une dissociation entre tests directs et indirects mais ne jamais l'observer entre différents tests directs ou entre différents tests indirects. Par exemple, on a mis en évidence une quasi-indépendance stochastique entre le rappel et la reconnaissance sans que cela ait conduit à supposer que ces deux tests de mémoire renvoient à des sous-systèmes de mémoire différents[7]. L'ensemble de ces données a été interprété en tenant compte : 1) des différences situationnelles entre ces deux tests; 2) de la différence entre le produit ecphorique résultant de l'interaction entre une trace identique et des indices de récupération différents. Rappel et reconnaissance peuvent être aisément dissociés, de façon fonctionnelle et stochastique, en manipulant divers facteurs. Ce n'est pas une raison théorique suffisante pour considérer que ce ne sont pas des tests de mémoire épisodique, la seule différence étant «qu'il faut plus d'information ecphorique pour rappeler le contenu d'un événement passé que pour prendre une décision sur la base de sa familiarité» (Tulving, 1983, p. 319).

En d'autres termes, les dissociations entre rappel et reconnaissance ont été expliquées, non en invoquant des mémoires de nature différentes mais en montrant que la nature de la décision n'était pas la même dans les deux cas et qu'elle n'était pas basée sur le même type d'information. Une évolution de même nature affectera sans doute la comparaison des tests directs et indirects de mémoire. En effet aucune des théories actuellement en présence n'est entièrement satisfaisante : a) la théorie de l'activation ne rend pas clairement compte de la persistance à long terme de certains effets d'amorçage; b) le concept de PRS est particulièrement vague et ses relations avec le système perceptif et le système sémantique ne sont pas décrites systématiquement; c) la base empirique de la théorie du traitement est encore relativement faible en particulier dans le domaine neuropsychologique[8].

5. MÉMOIRE ET CONSCIENCE : CONNAÎTRE ET SE SOUVENIR

Quels que soient les désaccords théoriques (ils sont nombreux et ne doivent pas être sous-estimés), les recherches de la dernière décennie reconnaissent toutes l'importance théorique d'un concept qui a longtemps été occulté par la psychologie expérimentale, y compris chez les cognitivistes. Il s'agit du concept de conscience. Tous les psychologues de la mémoire s'accordent pour penser que l'acte de se souvenir s'accompagne d'un état psychique très particulier, d'un éveil de conscience spécifique. Plus précisément on peut distinguer deux états phénoménologiques distincts : 1) «se souvenir» («remember», en anglais) lorsque la reconnaissance ou le rappel s'accompagne d'une récupération en mémoire consciente («récollection» ou souvenir d'un événement passé) avec une forte impression de «moïté» pour reprendre l'expression de Claparède (1911), c'est-à-dire le sentiment (conscient) que la chose reconnue est familière, appartient à mon propre passé, en un mot est «mienne»[9]; 2) «savoir» («know», en anglais) lorsque la reconnaissance ou le rappel ne s'accompagne que d'un simple sentiment de familiarité sans «récollection» consciente. On voit que cette opposition recouvre largement d'autres dichotomies : épisodique vs sémantique (ou PRS) (Tulving), intentionnel vs automatique (Jacoby), élaboration vs activation-intégration (Mandler), dirigé par les concepts vs dirigé par les données (Gardiner), explicite vs implicite (Schacter).

Toutefois la plupart des activités mnésiques de haut niveau ne sont sans doute pas pures et impliquent une mixture de processus et d'états de conscience différents, évoluant de façon dynamique. Considérons, par exemple, la reconnaissance : dans la plupart des cas, la reconnaissance implique seulement un sentiment de familiarité qui émerge très rapidement (je «sais» que cet objet est un briquet); mais dans certains cas, sans doute plus rares, la reconnaissance nécessite une activité d'élaboration ou de recherche en mémoire (je me «souviens» avoir vu ce briquet dans telles ou telles conditions contextuelles). Cela signifie donc que familiarité non consciente et récollection consciente peuvent être impliquées à des degrés divers dans la reconnaissance. De la même façon, si l'amorçage n'entraîne habituellement qu'un simple sentiment de familiarité sans «remembering»; il peut toutefois être contaminé par un éveil de conscience de ses conditions épisodiques antérieures.

L'approche cognitiviste a valorisé pendant près d'une vingtaine d'années l'étude de la cognition «consciente» (associations volontaires, inférences, recherche en mémoire, jugement, décision). Aujourd'hui, le développement des recherches sur l'amorçage, met plutôt l'accent sur les processus non conscients à l'œuvre dans la mémoire[10]. On peut même voir dans cette évolution un retour (plus ou moins conscient!) aux positions strictement associationnistes du behaviorisme (Hintzman, 1993b; Tiberghien, 1996). Cependant il demeure particulièrement difficile de dissocier complètement les composantes conscientes et inconscientes de la mémoire et une conception hybride est plus vraisemblable : certaines récupérations en mémoire sont associées uniquement à un sentiment de familiarité (connaissance) tandis que d'autres sont associées à un état mnésique de «récollection» ou de «récognition» (c'est le «souvenir», au sens commun du terme)[11]. Une recherche réalisée par Gardiner et Java (1993) étaye cette conception théorique. Ils comparent deux conditions de mémorisation (générer les associés sémantiques d'une liste de mots ou lire simplement ces paires de mots sémantiquement associés). Lors d'un test de reconnaissance ultérieure, les sujets doivent reconnaître (choix forcé) les mots lus ou générés antérieurement. Ils doivent exprimer pour

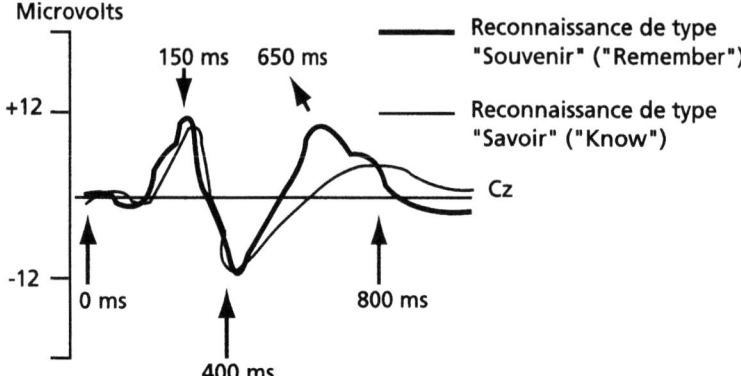

Figure 26. — Variation d'amplitude du potentiel évoqué en reconnaissance de mots selon que celle-ci est accompagnée d'un sentiment de récollection (mémoire explicite : réponse de type « remember ») ou accompagnée d'un simple sentiment de familiarité (mémoire implicite : réponse de type « knowing »). On observe un pic de plus grande amplitude (vers 650 ms après la présentation du mot à reconnaître) pour les réponses de type « remember » que pour les réponses de type « knowing ». Cette composante tardive pourrait être asssociée à la récollection consciente. Un tel résultat est compatible avec une théorie de la reconnaissance à deux processus (Adapté de M.E. Smith, 1993).

chaque reconnaissance s'ils se « souviennent » du mot (« remembering ») ou si ce mot est simplement familier, c'est-à-dire s'ils le « connaissent » (« knowing »). On observe un effet facilitateur de l'encodage « lecture » pour les reconnaissances basées sur un simple choix au hasard (29 % vs 22 % pour la condition « génération »), un effet facilitateur de la condition « génération » pour les reconnaissances associées à un sentiment de souvenir (38 % vs 14 %, pour la condition « lecture ») et, enfin, une absence d'effet des deux encodages pour les reconnaissances basées sur le sentiment de connaissance (28 % vs 25 %, respectivement pour les conditions génère et lire) (voir aussi : Gardiner, 1988 ; Gardiner & Java, 1991).

Incontestablement, l'état de conscience peut varier dans une même situation de test de rétention et interagir avec la compatibilité des traitements à l'encodage et au test. Il est, en outre, difficile d'admettre que le sentiment de familiarité, en reconnaissance, puisse être assimilé uniquement à un simple effet de priming perceptif. On dispose d'ailleurs d'un indicateur neurophysiologique de cette composante mnésique d'élaboration du souvenir distincte de la familiarité. En effet, M.E. Smith (1993) a montré que les potentiels évoqués, associés à reconnaissance de type « souvenir » (« remembering ») présentaient un pic d'amplitude positif entre 550 et 700 ms, pic d'amplitude qui n'apparaît pas pour les reconnaissances de type « connaissance » (« knowing »)[12] (Figure 26).

La distinction entre mémoire implicite et mémoire explicite s'est donc révélée de la plus grande importance théorique. Elle pose en des termes inédits le problème de la conscience. Tulving (1985) distinguait trois types de mémoires : la mémoire «anoétique», sans prise de conscience, correspondant à la mémoire procédurale perceptive et motrice; la mémoire «noétique», ou connaissance, correspondant à la mémoire sémantique; la mémoire «autonoétique», impliquant la connaissance de soi pour la mémoire épisodique. Il s'agissait d'une brillante intuition, globalement vérifiée par la suite. Toutefois, les données plus récentes dessinent une image plus complexe de la réalité et conduisent à distinguer un état de non éveil de conscience associé au système perceptif automatique (PRS, «fluence perceptive») et entièrement piloté par les données sensorielles, un état de connaissance («knowing») associé au système sémantique (mixture de processus pilotés à la fois par les données sensorielles et par les concepts) et, enfin, un état de conscience mnésique proprement dit («remembering») associé au système épisodique et piloté par les concepts. Une telle analyse est à rapprocher de la distinction entre la conscience de type P et la conscience de type A proposée par Block (1995). La première se confond avec l'expérience globale, la seconde est de nature inférentielle, rationnelle et possède un contenu représentationnel et, en principe, verbalisable.

Etudier ces différentes formes de conscience constitue maintenant un des enjeux essentiels de la recherche cognitive (Delacour, 1994; Dennett, 1993; Edelman, 1992). Cela implique, à terme rapproché, une taxonomie objective des différentes formes de conscience, une explication de la signification fonctionnelle de ces formes spécifiques de conscience et, enfin, une mise en relation précise entre les théories de la mémoire et les théories de la décision. L'évolution de ces recherches ne sera pas non plus indépendante de l'exploration des phénomènes de conscience et d'intentionnalité dans des domaines différents : perception, motricité, attribution. Comment, en effet, concevoir qu'un système de mémoire puisse devenir conscient sans avoir recours au modèle d'un «homonculus» qui surveillerait toutes les opérations et distribuerait l'accès conscient aux connaissances de son choix? Faute d'une théorie computationnelle qui puisse rendre compte de la conscience (G.A. Miller, 1981), on peut s'en tenir à la vue fonctionnaliste, selon laquelle la conscience correspond à un niveau de traitement de l'information contenue dans un module, et non à l'activation d'un mécanisme particulier, de type «homonculus». Les nombreuses formes de connaissance implicite montrent que l'on peut «savoir» sans savoir que l'on sait. C'est donc que le traitement dans le module altéré est interrompu avant que la connaissance explicite de son contenu ne devienne accessible. Il est vrai que l'on peut aussi «ne pas savoir» en sachant parfaitement que l'on sait comme, par exemple, dans le «sentiment de savoir» ou le «mot-sur-le-bout-de-la-langue» (Hart, 1965; Koriat, 1993, 1995; Izaute, Larochelle, Morency & Tiberghien, 1996) : dans ce cas, le traitement dans le module d'accès lexical est interrompu alors qu'une forme de connaissance, implicite mais sans doute de haut niveau est encore accessible (Tiberghien & Jeannerod, 1995).

8. CONCLUSION

Les progrès réalisés dans l'explication de la mémoire humaine résultent de la mise en relation systématique des processus de récupération et des processus d'encodage et de stockage[13]. Cette démarche a conduit à mettre en évidence différents systèmes (ou processus?) de codage et de stockage de l'information. «Au moins trois et probablement plus», pour reprendre l'expression provocatrice de Tulving! (1985, p. 398) Ces systèmes (procédural et perceptif, épisodique et sémantique) sont caractérisés par des processus de traitement de l'information dirigés par les données sensorielles («data driven» ou «bottom-up») pour le premier, par des représentations de haut niveau («concept-driven» ou «top-down») pour le second ou, enfin, par un assemblage plus ou moins complexe de ces deux classes de processus pour le troisième. Des états de conscience différenciés sont associés à ces traitements et à leurs produits cognitifs : expérience procédurale et perceptive («je perçois»), expérience de mémoire («je me souviens») et, enfin, expérience épistémique («je sais»). L'accès au système procédural et sémantique est implicite alors que l'accès au système épisodique est explicite.

Le débat entre «systémistes» et «fonctionnalistes» est, nous l'avons vu, plutôt tranché. Les premiers expliquent les phénomènes de dissociation entre mémoire implicite et mémoire explicite par l'intervention de systèmes neuroanatomiques différents, les seconds expliquent les mêmes phénomènes en invoquant des processus spécifiques intégrés dans un système unitaire de façon distribuée. Cette position fonctionnaliste a été exprimée sous deux formes différentes selon que la performance mnésique est expliquée par une loi de spécificité de l'encodage ou selon une théorie à deux processus (activation-élaboration). En fait la position structurale et la position fonctionnelle ne sont évidemment pas exclusives : l'unité de la mémoire peut être préservée tout en admettant qu'elle se décompose en sous-processus fonctionnels impliquant des structures, ou des combinaisons de structures neuroanatomiques définies dans une architecture cérébrale largement distribuée. Il reste cependant à tenter de modéliser ces différents systèmes, processus et états. Cela suppose un choix entre plusieurs architectures cognitives, une définition opérationnelle des entités manipulées et, enfin, des propositions neuropsychogiques réalistes sur les mécanismes en jeu.

NOTES

[1] Le concept de contexte apparaît à beaucoup comme très général, voire paradoxal puisque tout événement peut jouer le rôle de contexte à l'égard d'un autre événement. Certains vont même jusqu'à dire que cette généralité lui enlève toute utilité explicative, son intérêt étant à la rigueur descriptif (Tulving & Madigan, 1970). Cette critique est peu heuristique. Quand on parle de contexte on ne désigne évidemment pas un objet spécifique, mais on renvoie bien sûr à un processus que l'on pourrait appeler «de contextualisation». Ce processus peut être à l'œuvre dans des situations variées et mettre en œuvre des objets très différents (Amy & Tiberghien, 1993).
Une analogie peut être éclairante ici. Personne n'oserait affirmer que le concept de renforcement est sans utilité théorique. Et pourtant, une infinité d'objets ou d'événements peuvent jouer le rôle de renforçateurs : chocs électriques, nourriture, argent, récompenses, prix, etc. En fait, tout stimulus peut être décrit comme un renforçateur potentiel et c'est précisément ce qui fait la force théorique de ce concept. Toute chose peut jouer le rôle de renforcement parce que le renforcement n'est pas dans telle ou telle chose, mais ce concept désigne un processus de transfert de la signification d'un stimulus à un autre.
[2] L'indépendance stochastique se distingue de l'indépendance fonctionnelle. L'indépendance fonctionnelle renvoie à l'effet d'une variable expérimentale indépendante dans deux situations différentes (interaction de premier ordre ou simple dissociation) ou à l'effet de deux variables expérimentales indépendantes dans deux situations (interaction de second ordre ou double dissociation). Dans le premier cas, si la ou les variables indépendantes ont un effet de même sens dans les deux tâches, on dira qu'elles sont fonctionnellement dépendantes; en revanche si elles n'ont pas le même effet on dira qu'elles sont fonctionnellement indépendantes (indépendance fonctionnelle forte : effet de sens inverse +/–; indépendance fonctionnelle standard : effet dans une tâche et absence d'effet dans l'autre +/0; indépendance fonctionnelle faible : effet de même sens dans les tâches mais d'amplitude différente ++/+). Dans une double dissociation fonctionnelle on observe un pattern d'effet identique à celui d'une simple dissociation pour l'une des variables indépendantes (+/-- ou +/0 ou ++/+) et le pattern symétrique pour l'autre (–/+ ou 0/+ ou +/++).
L'indépendance stochastique renvoie à la corrélation inter-sujets, inter-items ou inter sujets et items dans deux tâches définies. L'indépendance stochastique forte s'observe dans le cas d'une corrélation négative entre les deux tâches, l'indépendance stochastique standard s'observe quand il n'y a pas de corrélation et l'indépendance stochastique faible s'observe quand il y a une corrélation positive.
Il faut remarquer ici que l'indépendance est toujours établie entre des tâches, sa généralisation à une dissociation entre les processus hypothétiques sous-jacents ne peut être qu'hypothétique et argumentée théoriquement et empiriquement. Par ailleurs il n'y a pas

de relation nécessaire entre l'indépendance fonctionnelle et l'indépendance stochastique (Tulving, 1985b).

[3] D'ailleurs Hintzman (1993) l'a reconnu ultérieurement et la position de Flexser et Tulving (1993) en sort renforcée malgré la polémique relative aux contraintes mathématiques associées à la variance intra-condition et à la corrélation entre le rappel et la reconnaissance pour la variable sujet-item.

[4] Tiberghien, Cauzinille et Mathieu (1979) ont développé un modèle stochastique de la reconnaissance basé sur un processus d'estimation de la familiarité associé, de façon séquentielle, à un processus de recherche en mémoire. Ce modèle permet de décrire la reconnaissance par un jeu de 8 équations faisant intervenir 4 paramètres calculables et psychologiquement interprétables. Confronté aux données expérimentales de Tulving & D.M. Thomson (1971), le modèle a prédit les résultats obtenus avec un seuil d'erreur inférieur à .03. Ce modèle prédit précisément les effets de spécificité de l'encodage et démontre que les associations contextuelles ne modifient que le processus de recherche conditionnelle.

[5] Le contexte peut modifier l'encodage en raison d'une simple contiguïté perceptive et être stocké indépendamment de la cible (Baddeley, 1982; Brutsche, Cissé, Deléglise, Finnet, Sonnet & Tiberghien, 1981). On peut alors parler de contexte indépendant (exemple : l'environnement spatial et temporel dans lequel on mémorise une information spécifique). Ce contexte indépendant peut jouer le rôle d'un indice d'évocation et n'agir que sur la composante élaborative de la reconnaissance. Un contexte interactif est, au contraire, intégré à la cible au moment de l'encodage et forme, avec elle, une structure unitaire, stockée en tant que telle (par exemple, la police de caractères d'un mot est intégrée, au moment de l'encodage, à la trace de ce mot). Ce contexte interactif pourrait déterminer à la fois la composante d'activation automatique et la composante d'élaboration de la reconnaissance.

Cette distinction rejoint celle proposée par Hewitt en 1977, et reprise par Godden et Baddeley (1980), entre contexte intrinsèque et contexte extrinsèque. Le contexte intrinsèque désigne les aspects de l'information qui sont nécessairement encodés avec elle (lettres, prosodie, signification d'un mot, par exemple). Le contexte extrinsèque désigne l'environnement qui entoure cette information. Le premier affecte à la fois le rappel et la reconnaissance. Le second affecte le rappel mais non la reconnaissance.

[6] La performance en rappel antérograde est une mesure de l'accessibilité en situation de rappel. Le rappel rétrograde est une mesure de l'accessibilité en situation de reconnaissance.

[7] Et pourtant on connaît au moins une bonne dizaine de dissociations fonctionnelles fortes et classiques entre les situations de rappel et de reconnaissance. Par exemple : interaction entre la nature de l'interférence et le type de test (R.L. Cohen & Granström, 1970), interaction entre le degré d'abstraction et le type de test (Borges & al., 1977), interaction entre la nature du test anticipé et le test reçu (Maisto, DeWaard & M.E. Miller, 1977), influence de l'organisation à l'encodage sur la reconnaissance (Tversky, 1973), etc. Le rôle différentiel de l'organisation du matériel sur le rappel et la reconnaissance a été un argument invoqué à l'appui d'une théorie dualiste de la mémoire épisodique (Kintsch, 1970). La décennie suivante a permis de démontrer expérimentalement que le processus d'élaboration et d'accès à l'information mnésique était en grande partie commun à ces deux tests de rétention (Tiberghien & Lecocq, 1983; Tulving, 1983).

[8] Cette théorie est pourtant la plus économique. En effet au lieu d'invoquer une nouvelle entité mnésique ou une organisation particulière de la mémoire, elle tente de rendre compte de la distinction implicite/explicite en analysant précisément les relations entre les conditions d'encodage et celles de la récupération (ce qui a d'ailleurs été la stratégie de recherche qui a conduit à clarifier le problème des relations entre rappel et reconnaissance). Si l'on

compare les tests directs aux test indirects on constate que la nature de l'épisode de récupération n'est pas la même : a) dans un test de mémoire direct, un contexte perceptif sert d'indice à la récupération d'une représentation mnésique cible ; b) dans un test de mémoire indirecte, un contexte représentationnel biaise le traitement perceptif d'une cible (Amy & Tiberghien, 1993). Les premiers sont bien « concept driven » et les seconds « data driven », mais si l'on considère la cible uniquement, c'est évidemment l'inverse si l'on considère le contexte. Une modification expérimentale du contexte ou des propriétés de la cible, n'a pas le même statut fonctionnel dans ces deux types de test et il n'est pas si surprenant, au fond, que les traitements qui en résultent puissent en être affectés différentiellement.

[9] Claparède avait déjà perçu la distinction entre la reconnaissance explicite, accompagnée d'un éveil particulier de la conscience, et la reconnaissance implicite sans prise de conscience. Son célèbre protocole clinique de la piqûre d'épingle chez une patiente Korsakoff est une illustration, avant la lettre, de la reconnaissance implicite et des phénomènes d'amorçage. Enfin, quand Claparède distingue deux types de connexions mentales (entre représentations ou entre représentations et le « moi ») il n'est pas très loin de l'opposition théorique entre mémoire sémantique et mémoire épisodique.

[10] La majorité des recherches empiriques en psychologie expérimentale de la mémoire portent maintenant sur la mémoire implicite, la comparaison de la mémoire implicite à la mémoire explicite et, de façon encore plus spécifique, sur les phénomènes d'amorçage (priming). Toutefois, dès la fin des années 70, les chercheurs accordaient une très grande importance aux effets de contexte et, de façon beaucoup plus générale, aux interactions entre les conditions d'encodage et de récupération. Ces effets de contexte étaient le plus souvent conscients mais pas toujours. Le paradigme du priming peut être considéré, de ce point de vue, comme une mesure opérationnelle des effets de contexte non conscients dans la mémoire. Le succès de cette méthodologie peut aussi être interprété comme une reconnaissance de l'importance théorique de l'approche contextualiste de la mémoire.

[11] Dès 1911, Katzaroff faisait intervenir la conscience dans la définition de la « récognition » : « La Récognition est le processus psychologique qui nous fait paraître un état de conscience présent comme ayant déjà fait partie antérieurement de notre expérience » (p. 2). Il avait même déjà distingué très précisément les deux sous-processus postulés aujourd'hui dans la reconnaissance : « la Récognition implicite est celle qui détermine la conduite d'une façon qui implique que le sujet reconnaît les objets auxquels il a affaire, mais sans qu'il ait d'une façon expresse le sentiment de les reconnaître. C'est, si l'on veut, une Récognition inconsciente. La Récognition explicite est au contraire, caractérisée par la pleine conscience du "déjà éprouvé" » (p. 4). La recherche scientifique met parfois (souvent ?) du vieux vin dans de nouvelles bouteilles !

[12] L'expérience récollective est aussi un bon prédicteur de la rétention à long terme. Pour un intervalle de rétention compris entre 10 minutes et 1 semaine, l'oubli affecte fortement la récupération des réponses de type « remember » mais laisse les réponses « knowing » aussi accessibles.

[13] Des données récentes en imagerie cérébrale (TEP) montrent d'ailleurs que le cortex préfrontal gauche est fortement impliqué dans l'encodage épisodique d'informations verbales. En revanche, c'est le cortex préfrontal droit qui est activé de façon spécifique dans la récupération d'informations épisodiques de même nature. Des inhibitions réciproques entre les deux hémisphères au moment de l'encodage et de la récupération ont également été mises en évidence (Nyberg, Cabeza & Tulving, 1996).

Chapitre 5
Les modèles de la mémoire humaine

La mémoire humaine peut être décrite comme un système dont le fonctionnement doit alors être précisément modélisé. Les modèles de la mémoire humaine doivent proposer une architecture de processus, préciser la nature et le format des unités mnésiques et, enfin, définir les règles de fonctionnement des opérations d'encodage, de stockage et de récupération de l'information.

Deux grandes classes de modèles de la mémoire humaine sont, aujourd'hui, en compétition, selon qu'ils choisissent de mimer la mémoire en se référant aux propriétés des mémoires artificielles ou, au contraire, selon qu'ils s'inspirent des propriétés générales de fonctionnement du cerveau. On peut qualifier les premiers de modèles computo-symboliques car la propriété générale des ordinateurs Von Neumann est qu'ils manipulent des fonctions (computations) opérant sur des symboles. En ce sens, ce sont des modèles fonctionnalistes qui visent à modéliser des processus psychologiques ou à représenter des connaissances sans se préoccuper d'un quelconque réalisme neurophysiologique. La seconde classe de modèles ne se réfère pas à la métaphore informatique mais à la métaphore cérébrale. Elle se base sur des propriétés très élémentaires du fonctionnement cérébral et, en particulier, sur l'énorme densité d'interconnexions entre les neurones. Cela explique que ces modèles soient connus sous le nom de modèles connexionnistes. Les travaux théoriques sur la modélisation de la mémoire ont joué un rôle primordial dans le développement de la modélisation et de la simulation cognitives.

1. PRINCIPES DE MODÉLISATION COGNITIVE

Tous les secteurs d'investigation scientifique acceptent l'idée d'une interaction entre l'exploration empirique, la logique et la modélisation théorique (le développement de l'empirisme logique illustre bien les différentes solutions épistémologiques adoptées : Jacob, 1980). Les relations entre l'expérimentation et la modélisation sont cependant loin d'être simples, y compris dans les secteurs académiques traditionnels.

Le but de la modélisation cognitive est de tenter de reconstruire des entités cognitives hypothétiques et, éventuellement, d'en simuler le fonctionnement (Tiberghien, 1993). Cette démarche est contrôlée en permanence par la pratique expérimentale qui produit des lois empiriques mettant en jeu des phénomènes directement observables. On peut, classiquement, distinguer deux grandes familles de modèles cognitifs : les modèles d'estimation et les modèles de simulation.

1.1. Les modèles d'estimation de fonction

Les modèles d'estimation tentent uniquement de décrire de façon abstraite, unifiée et condensée, les relations empiriques observées, qu'elles soient de nature fonctionnelle ou corrélationnelle. On peut distinguer deux classes de modèles d'estimation : les modèles d'estimation de fonction et les modèles d'estimation de paramètres (Tableau 11). Les premiers visent à mettre en évidence une fonction mathématique reliant deux séries de phénomènes (loi fonctionnelle, loi fonctionnelle dérivée, corrélation fonctionnelle et corrélation stochastique).

La fonction d'oubli mise en évidence par Ebbinghaus (1885) est une loi fonctionnelle : le pourcentage d'économie au réapprentissage est une fonction décroissante, négativement accélérée de l'intervalle de rétention. La liaison positive entre la vitesse d'articulation des mots et leur probabilité de rappel correct dans une mesure d'empan (Baddeley & *al.*, 1975) est une illustration de la corrélation fonctionnelle. La corrélation entre la probabilité de reconnaissance d'un item rappelable et sa probabilité de reconnaissance (Wiseman & Tulving, 1976) est un exemple de corrélation stochastique. Enfin la mise en évidence d'un effet de contexte situationnel affectant les reconnaissances lentes mais sans effet sur les reconnaissances rapides (Péris & Tiberghien, 1984) est une loi fonctionnelle dérivée.

Toutefois, ce n'est pas la fonction en tant que telle qui intéresse le psychologue de la cognition, c'est bien plutôt ce qu'elle cache. Ce sont

Tableau 11. — Les modèles d'estimation de fonctions mnémoniques
(X et X' = Variables indépendantes; Y et Y' = variables dépendantes).

Modèles d'estimation de fonction	Paradigmes	Exemples	Auteurs
Loi fonctionnelle	$Y = f(X)$	Le pourcentage d'économie au réapprentissage (Y) est une fonction exponentielle décroissante, négativement accélérée, de l'intervalle de rétention (X).	Ebbinghaus (1885)
Loi fonctionnelle dérivée	$Y/X' = f(X)$	Un changement de contexte entre l'étude et le test de rétention (X) a un effet perturbateur sur le pourcentage de reconnaissance correctes lentes (Y/X'_1) mais n'a pas d'effet sur le pourcentage de reconnaissances correctes rapides (Y/X'_2)	Péris & Tiberghien (1984)
Corrélation fonctionnelle	$Y' = f(Y)$	Corrélation positive linéaire entre la vitesse d'articulation des mots (Y) et leur fréquence de rappel correct (Y') dans une mesure d'empan	Baddeley, Thomson & Buchanan (1975)
Corrélation stochastique	$Y/Y' = f(Y)$	Corrélation positive quadratique entre la probabilité de reconnaissance (Y) et la probabilité de reconnaissance d'un item rappelable (Y/Y')	Tulving & Wiseman (1975)

donc les conditions de variation d'une fonction qui peuvent permettre d'atteindre la cognition «cachée». Autrement dit, ce sont les paramètres d'une fonction qui lui donne de la «cognitivité». Les modèles d'estimation de paramètres ont donc pour but de «paramétrer» le cognitif.

1.2. Les modèles d'estimation de paramètres

Les modèles d'estimation de paramètres décrivent les phénomènes psychologiques par une ou plusieurs équations paramétrées. Ces modèles sont connus sous le nom de modèles stochastiques, probabilistes ou polynomiaux (Riefer & Batcheler, 1988; Rouanet, 1967). La logique de base de ces modèles consiste à définir un espace d'états, observables ou/et hypothétiques, et à prédire les valeurs des probabilités de transition entre ces états. La méthode habituelle de validation de ces modèles consiste à déterminer les facteurs expérimentaux susceptibles d'exercer des effets différentiels sur tel ou tel paramètre cognitivement interprétable.

Ces modèles ont été appliqués à des domaines variés de la psychologie mais leur influence a été importante dans le domaine de l'apprentissage et de la mémoire. Ils ont servi à formaliser les théories dualistes de la reconnaissance (dites « à deux processus ») (Jacoby, 1991; Mandler, 1980, 1991; Tiberghien, Cauzinille & Mathieu, 1979). Par exemple un modèle stochastique de recherche conditionnelle en reconnaissance prédit de façon précise les données obtenues par Tulving & D.M. Thomson (1971) relatives aux variations de contexte entre l'étude et le test de rétention. Quatre paramètres suffisent à prédire ces données avec une erreur moyenne toujours inférieure à $E = .04$. Deux des paramètres décrivent un processus hypothétique d'estimation de la familiarité de la cible à reconnaître dans un contexte défini. Les deux autres paramètres rendent compte d'un processus de recherche conditionnelle en mémoire permanente. La variabilité des performances de reconnaissance, en fonction des variations contextuelles, est entièrement expliquée par les variations du seul paramètre de recherche conditionnelle (Figure 27).

Ces modèles ont incontestablement joué un grand rôle dans les progrès de la formalisation mathématique des théories de la mémoire. Toutefois ils ont soulevé un certain nombre de difficultés spécifiques (Tiberghien, 1993). La plus importante est sans doute que les modèles de simulation laissent en suspens la question de l'architecture des processus cognitifs sous-jacents et de leurs mécanismes. Les modèles de simulation vont tenter de donner « vie » (c'est-à-dire « fonctionnement ») aux modèles d'estimation de paramètres.

1.3. Les modèles de simulation cognitive

La simulation est le prolongement naturel de la modélisation dans le domaine des sciences physico-chimiques mais elle ne va pas de soi quand il s'agit de simuler la cognition. On peut même différencier, dans

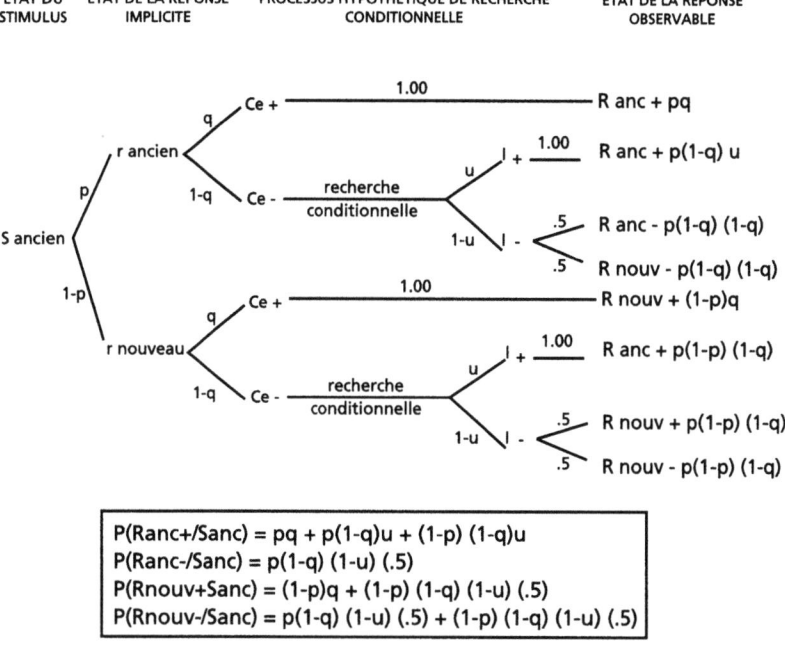

Figure 27. — Représentation d'un modèle stochastique d'estimation de paramètres (modèle multinomial) rendant compte d'une description de la reconnaissance basée sur deux processus hypothétiques (un processus d'estimation de la familiarité et un processus de recherche conditionnelle en mémoire) : S_{ancien} = stimulus ancien à reconnaître; r_{ancien} et $r_{nouveau}$ = réponses implicites de reconnaissance ou de non reconnaissance (traduisant la détection de familiarité ou de nouveauté); ce+ ou ce-- = certitude, élevée ou faible, de la réponse implicite; I+, I− = récupération, ou non, en mémoire à long terme, d'informations sur le stimulus à reconnaître; R_{ANC+}, R_{NOUV+}, etc. = réponses explicites de reconnaissance ou de non reconnaissance, de certitude élevée ou faible. Les paramètres du modèle sont p et q (paramètres de pré-décision basée sur la familiarité) et u (paramètre de recherche conditionnelle en mémoire permanente). Les équations $P(R_{ANC+} / S_{ANC})$, $P(R_{ANC+} / S_{ANC})$, etc., permettent de prédire la probabilité d'une réponse explicite de reconnaissance ou de non reconnaissance avec une certitude élevée ou faible, à un stimulus ancien (Adapté de Tiberghien, Cauzinille & Mathieu, 1979).

une certaine mesure, les sciences de la cognition de la psychologie cognitive ou des neurosciences par cette volonté épistémologique non seulement de comprendre et d'expliquer les phénomènes cognitifs, mais aussi de les simuler (Tiberghien, 1993).

La simulation cognitive n'opère pas au niveau comportemental ou au niveau neurophysiologique, mais plutôt à un niveau intermédiaire, dit «computationnel». Dans les conditions les plus générales, en termes de compétence, un système physique peut être dit computationnel quand il calcule une fonction f(x), c'est-à-dire quand il réalise une application («mapping») de ses «inputs» dans x et de ses «outputs» dans y, telle que f(x)=y. La formulation la plus extrême de cette conception consisterait à affirmer que la mémoire est une réalisation de la «machine» formelle de Church-Turing[1]. Un sens différent, non seulement en termes de compétence mais aussi en termes de performance, reviendrait à dire que la réalisation de la fonction f(x)=y, par le cerveau, s'accompagne, en plus, d'une «représentation» du monde qui détermine de façon directe ou indirecte les comportements (pour une discussion des problèmes épistémologiques liés à la modélisation cognitive : Tiberghien et Jeannerod, 1995).

Mais que veut-on dire précisément quand on affirme simuler, ou vouloir simuler, l'activité cognitive ? Veut-on dire qu'il est possible d'en extraire la «logique» (la «bio-logique»?) sous-jacente et de l'utiliser pour programmer des artefacts «intelligents»? L'ennui est bien évidemment qu'on se trouve en présence d'une multitude de logiques, le problème se limitant vite à un simple «jeu» de règles de réécriture des données empiriques dans le formalisme adopté... ou à la dernière mode. Comme le fait remarquer McCloskey (1991), la capacité d'un système computationnel quelconque à reproduire certains aspects des performances humaines ne le fonde pas comme théorie et ne lui donne aucun rôle explicatif. En d'autres termes, une théorie cognitive doit être formulée à un niveau plus abstrait que sa simulation. De nombreuses simulations ad hoc n'ajoutent rien de fondamentalement nouveau à la compréhension neurophysiologique ou psychologique des phénomènes cognitifs.

Une distinction doit donc être introduite entre une simulation dérivée d'une théorie cognitive (théorie computationnalisée) et une simple reproduction mimétique qui ne valide aucune théorie cognitive particulière : la capacité à construire un système qui mime une fonction cognitive ne démontre pas l'existence d'une théorie explicite sous-jacente et, a fortiori, celle d'une réalité empirique identifiable. On ne peut donc dissocier l'expérimentation sur des systèmes cognitifs naturels, leur modélisation théorique et leur simulation sur des systèmes computationnels. Contrôle empirique et réalisme, fonctionnel ou/et structurel, sont des contraintes qui doivent s'exercer de façon permanente sur la modélisation et la simulation cognitives si l'on veut éviter que celle-ci ne devienne une simple activité de substitution pour ceux qui étudient la cognition humaine. La voie est étroite (et parfois exposée!) entre le réductionnisme biologique et le réductionnisme computationnel (Morton, 1981).

Une simulation cognitive implique donc de construire une architecture des processus hypothétiques de traitement intercalés entre les entrées sensorielles et les sorties comportementales. Elle doit, en outre, proposer une analyse computationnelle du but des traitements et une description algorithmique des mécanismes impliqués et des unités d'information sur lesquelles ils opèrent. Il n'est pas certain qu'une description strictement computationnelle de la mémoire humaine soit vraiment possible sans qu'elle soit contaminée par des choix algorithmiques implicites ou explicites (Humphreys, Wiles & Dennis, 1994; Tiberghien, 1994a). Il existe actuellement deux styles contrastés de simulation cognitive : la simulation computo-symbolique et la simulation connexionniste.

2. LA SIMULATION COMPUTO-SYMBOLIQUE

2.1. Description générale

Sous cette appellation générique on peut regrouper une classe de modèles qui postulent tous que le système cognitif est un système «computationnel». Ces «computations» peuvent être de complexité variable et accessibles ou non à la conscience. Ces opérations de «computation mentale» ont le plus souvent été décrites en référence aux opérations de calcul réalisées par nos artefacts et, évidemment, en référence aux plus complexes d'entre eux, les ordinateurs digitaux de type Von Neumann (Estes, 1980, 1991).

La seconde caractéristique de ce type de modélisation est que les calculs dont il vient d'être question opèrent presque toujours sur des unités de très haut niveau d'organisation (mots, phrases, images, scènes, visages, par exemple). Certes, ces représentations sont des symboles, mais ce qui les caractérise surtout c'est leur complexité et le fait qu'elles soient sémantiquement interprétables. Si les modèles computo-symboliques ont préféré un niveau de description symbolique complexe c'est, probablement, en raison d'une conception traditionnelle de la mémoire, qui a prévalu en psychologie jusqu'à ces dernières années. Celle-ci repose sur une métaphore «spatiale» selon laquelle la mémoire humaine est un espace dans lequel sont stockés en des lieux définis des contenus unitaires et signifiants (Roediger, 1980).

La validation de ce type de modèle peut se réaliser de deux façons différentes, directe ou indirecte. Dans le premier cas, le modèle tente de simuler les opérations cognitives permettant de réaliser les caractéristiques des réponses observées chez le sujet humain dans une situation expérimentale définie. Par exemple, le modèle ACT* a été appliqué à la simulation de l'activité de résolution de problèmes de géométrie. Cette procédure directe de validation teste donc surtout la plausibilité de l'architecture des modules de traitement et, dans une moindre mesure, la plausibilité des mécanismes caractérisant ces processus.

La validation indirecte a une autre fonction, celle de tester la plausibilité psychologique même des processus supposés dans l'architecture cognitive. La dissociation expérimentale est le paradigme de choix de cette entreprise. La mise en évidence d'une interaction entre certains facteurs expérimentaux et des situations exigeant l'utilisation de telle ou telle opération cognitive, ou de telle ou telle information, constitue une forte présomption d'existence de traitements différenciés et spécifiques. Des protocoles expérimentaux de ce type, mis en œuvre sur des sujets normaux ou des patients porteurs de lésions cérébrales, jouent un rôle critique dans l'élaboration progressive des architectures cognitives (Crowder, 1989 ; Olton, 1989). L'interprétation de ces dissociations en neuropsychologie n'est pas simple et il n'est pas certain que cette méthode pathologique puisse permettre, à elle seule, d'inférer le fonctionnement cognitif normal à partir du système lésé. En effet, les différences observées entre sujets normaux et sujets porteurs de lésions sont le plus souvent purement qualitatives alors que le niveau de performance devrait être égalisé afin de permettre une étude des différences qualitatives. De plus, les capacités de récupération, d'apprentissage et de compensation des patients cérébrolésés sont habituellement négligées (Kosslyn & Intriligator, 1992 ; Meudell & Mayes, 1982 ; Squire, 1982 ; Van der Linden & Bruyer, 1991).

2.2. Une illustration : la classe des modèles ACT

Le modèle de la mémoire permanente conçu par Atkinson et Shiffrin (1968) ou le modèle ACT* proposé par Anderson J.R. (1983) sont des réalisations typiques de ces modèles computo-symboliques. Le premier de ces modèles distingue une mémoire à court terme MCT (peu différente du «buffer» des ordinateurs Von Neumann), une mémoire à long terme MLT (analogue à la mémoire centrale des ordinateurs et un processus de contrôle (similaire à l'unité de contrôle des ordinateurs). Chaque module de traitement a des propriétés spécifiques : capacité limitée pour la MCT et illimitée pour la MLT, organisation sérielle pour la MCT et hiérarchique pour la MLT, déclin de la force de l'information en MCT et interférence en MLT, etc. Cette conception a engendré des tentatives de formalisation particulièrement précises. Par exemple, Atkinson et Juo-

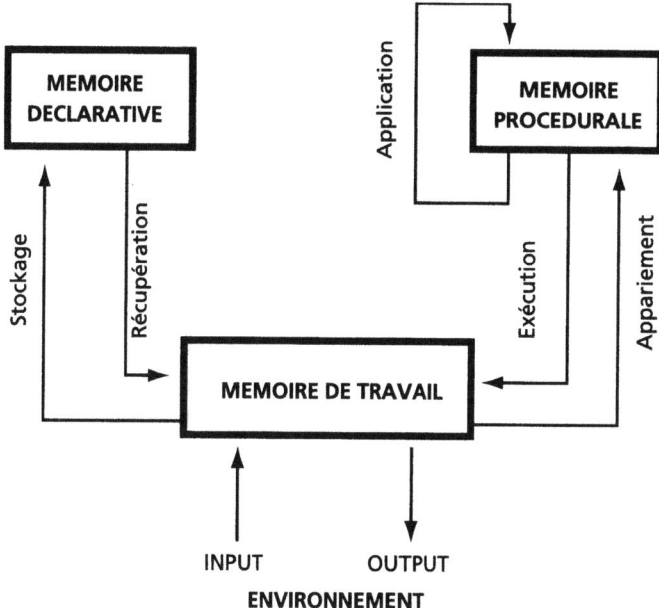

Figure 28. — Représentation schématique d'un modèle de mémoire computo-symbolique : le modèle ACT* (Adapté de J.R. Anderson, 1983).

la (1974) ont élaboré un modèle très efficace de la reconnaissance mnésique associant un mécanisme d'estimation de la familiarité à un processus de recherche sérielle (exhaustive ou auto-terminante) dans une mémoire stockant les événements et les connaissances.

Un modèle de même nature a été proposé par Anderson J.R. (1983) sous le nom d'ACT* («Adaptive Control of Thought»)[2]. Ce modèle dérive directement des travaux de Newell et Simon (1972) sur la résolution de problèmes à partir de l'application de séquences de règles de production. Son postulat critique est que les capacités cognitives peuvent être réalisées par des règles de production. Le modèle ACT* comprend une mémoire dite «de travail» dans laquelle sont représentées la situation courante et l'issue des traitements mnémoniques[3]. Cette mémoire de travail est en relation constante avec une mémoire permanente déclarative et une mémoire permanente procédurale. La première stocke des informations factuelles ou conceptuelles dans un réseau sémantique et sous un format variable (propositions, images spatiales, séquences); la seconde stocke des procédures sous la forme de règles de production. Ces procédures sont appliquées au contenu de la mémoire de travail et cette application peut engendrer de nouvelles connaissances déclaratives, créer de nouvelles règles de production ou modifier d'anciennes règles antérieurement stockées. Quatre processus fondamentaux déterminent la dynamique du système : a) le stockage (créer des représentations en mémoire permanente déclarative); b) la récupération (retrouver une information en mémoire déclarative); c) l'appariement ou «matching» (comparer le contenu de la mémoire de travail à la partie condition des règles de production en mémoire procédurale); d) l'exécution (transférer, en mémoire de travail, la partie action d'une règle de production pour laquelle un appariement a été réussi). Plusieurs postulats définissent l'architecture de base sous une forme permettant des prédictions quantitatives : organisation de la mémoire déclarative, règle d'activation des unités cognitives en mémoire déclarative, mesure de la force de ces unités, règle de diffusion de l'activation dans le réseau sémantique de la mémoire déclarative, maintenance de l'activation, déclin de l'activation, structure de la mémoire de production, stockage des structures temporaires, force des règles de production, sélection des règles de production, règle relative au traitement dirigé par un but, compilation de règles de production et, finalement, réglage des règles de production (généralisation et différenciation) (Figure 28).

2.3. Portée et limites

L'impact de ce type de simulations a été considérable en psychologie cognitive mais un certain nombre de difficultés théoriques n'ont pu être surmontées. La plus grave est, sans doute, que les systèmes de simulation computo-symboliques impliquent tous une instance de contrôle et de résolution de conflit (homonculus, démon ou chef d'orchestre, mais surtout résidu d'ignorance) dont la description psychologique et le fonctionnement demeurent toujours particulièrement flous. L'absence totale de description de règles de décision dans la plupart des modèles computo-symboliques est une autre source de difficultés liée à la précédente. Un système cognitif ne peut être décrit de façon univoque si les règles de décision qui génèrent les réponses observables à partir des états mentaux hypothétiques ne sont pas spécifiées (Tiberghien, 1989). On doit cependant remarquer qu'un système cognitif fonctionnant selon des règles biologiques, et décrit de façon computationnelle, comporte nécessairement une instance de contrôle, ne serait-ce que pour faire face aux problèmes posés par les modifications subies par le système au cours du temps (développement, apprentissage) (voir Norman & Shallice, 1980).

Le second problème, lié au premier, est celui des mécanismes précis de fonctionnement des traitements. Remplacer un boite noire par un ensemble de modules opaques, organisés dans une architecture, n'est une source de progrès que si les mécanismes de fonctionnement de ces différents sous-processus peuvent être précisément décrits. C'est loin d'être le cas et les modèles computo-symboliques ont davantage progressé dans la définition de configurations architecturales et de langages de description des connaissances que dans la « machinerie » cognitive proprement dite.

Le troisième problème résulte du concept même de module de traitement cognitif. On connaît la réponse qu'a apportée Fodor (1986) à cette question et la polémique qu'elle a engendrée. Il distingue en effet trois types de processus : a) des interfaces sensorielles (transducteurs) dont la fonction est de coder un stimulus proximal en un signal neuronal corrélé ; b) des systèmes périphériques effectuant des calculs (inférences non conscientes) à partir des signaux précédents ; c) des systèmes centraux interprétant les inférences précédentes en fonction des croyances et des contenus de mémoire du système cognitif étudié.

Selon Fodor, les systèmes périphériques sont spécialisés dans un domaine particulier. La difficulté est, bien sûr, ici, d'identifier et de délimiter ces domaines puisqu'ils vont de la simple détection de contours ou de fréquences spatiales... à la reconnaissance des visages (pourquoi pas à la reconnaissance des montagnes ?). Comment interpréter, par ailleurs, d'éventuelles interactions entre domaines séparés comme, par exemple, le traitement des informations visuelles et celui des informations auditives (voir les travaux sur la perception visuelle et auditive : Massaro, 1986; McGurk, 1981). Mais la caractéristique essentielle de ces systèmes périphériques est qu'ils sont « informationnellement cloisonnés ». Cette description implique qu'ils soient donc insensibles aux rétroactions de haut niveau. Cette « impénétrabilité cognitive » (Pylyshyn, 1984) est malheureusement, logiquement et expérimentalement, très difficile à invalider pour les raisons suivantes : si l'on met en évidence l'effet d'un processus supposé de haut niveau sur un système périphérique, Fodor peut toujours arguer que ce processus fait, en définitive, partie du module concerné ; si, en revanche, l'on échoue à mettre en évidence un effet quelconque, le caractère modulaire du système en question en sera naturellement « démontré » pour Fodor mais en acceptant l'hypothèse nulle, ce qui est méthodologiquement contestable.

Une autre ligne de défense de la position fodorienne, consiste à limiter l'impénétrabilité cognitive des modules au seul traitement des stimuli

« imprévisibles ». On comprend pour quelles raisons ! En effet, à côté des exemples de reconnaissance implicite déjà cités, plusieurs recherches ont mis en évidence des effets de la familiarité des stimuli sur des traitements considérés comme périphériques : réponse électrodermale de plus forte amplitude à des visages familiers non reconnus par des patients prosopagnosiques (De Haan, Young & Newcombe, 1987); modification des profils de potentiels évoqués en réponse à des stimuli de fréquence variable entre 150 et 300 ms après la présentation du stimulus (Renault & al., 1989). C'est limiter considérablement l'extension du concept de cognition et la psychophysique fodorienne (« psychophysique étendue ») apparaît alors singulièrement étriquée. D'autant plus que le système visuomoteur, prototype même de l'encapsulation informationnelle, ne semble pas se soumettre facilement aux critères fodoriens. On peut citer à cet égard les expériences de Marteniuk, MacKenzie, Jeannerod, Athenes et Dugas (1987) ou de Paulignan, Jeannerod, MacKenzie et Marteniuk (1991) montrant les interactions entre « modules » dans l'action de saisir un objet (voir aussi : Arbib, 1986). On peut toujours penser que le contexte n'agit pas sur les systèmes périphériques eux-mêmes, mais ne fait qu'interagir avec leurs sorties. Cette nouvelle argumentation a malheureusement l'inconvénient, comme précédemment, de ne plus permettre de validation empirique de l'encapsulation. En définitive, il est plus prudent d'admettre que certains processus périphériques sont encapsulés mais que d'autres sont pénétrables par des processus centraux. De toute façon, un fonctionnement modulaire en « cascade » permettrait même de comprendre l'influence des croyances et des connaissances sur des traitements de bas niveau sans effets « top-down » — il est vrai que la modélisation de l'historique du système deviendrait alors cruciale.

Enfin, un dernier problème posé par les modèles computo-symboliques est d'ordre formel. En effet ils simulent des systèmes d'inférence fondés sur la manipulation syntaxique de structures symboliques. Cela implique que la sémantique du système simulé soit entièrement définie par la syntaxe choisie ou, si l'on préfère, que les représentations mentales puissent être décrites par une syntaxe combinatoire qui en détermine complètement la sémantique. Quel est donc le système syntaxique le plus approprié et comment choisir entre des systèmes syntaxiques différents mais isomorphes et sur quelle base empirique ? Par exemple, il est possible de décrire l'organisation des représentations mentales à l'aide de formalismes divers (listes, réseaux sémantiques, règles de production, frames, etc.). Un ensemble de représentations symboliques peut être transcrit, de façon relativement interchangeable, dans l'un ou l'autre de ces formalismes.

En définitive, les modèles computo-symboliques ont permis une description beaucoup plus précise des représentations mnésiques et des mécanismes de base de la mémoire humaine (l'activation et la diffusion d'activation, par exemple). Toutefois, ils se sont heurtés à des problèmes théoriques et méthodologiques particulièrement difficiles (nature des mécanismes locaux, nature du contrôle général du système, nature de l'architecture, définition syntaxique de la signification). En outre, ce type de modèles n'explique pas l'origine des représentations symboliques et sépare radicalement le niveau cognitif du niveau neurophysiologique. Les modèles de simulation connexionnistes vont s'attaquer, de façon frontale, à ces questions et les solutions proposées marqueront une rupture évidente avec la logique computo-symbolique.

3. LES MODÈLES CONNEXIONNISTES

3.1. Description générale

Le connexionnisme est un champ de recherche qui est apparu au milieu des années soixante-dix (pour une revue de ces modèles : Abdi, 1994; Caudill & Butler, 1992; Hintzman, 1990). Ce thème regroupe l'ensemble des travaux ayant pour objet la modélisation et la simulation de réseaux d'unités élémentaires de traitement de l'information en interconnexion (Hinton & J.A. Anderson, 1989; Kohonen, 1988; McClelland & Rumelhart, 1986; Rumelhart & McClelland, 1986). En fait il s'agit d'une famille de modèles de simulation qui possèdent certaines caractéristiques communes mais aussi de très nombreuses différences. Plusieurs classifications de ces modèles sont possibles selon l'objectif visé (modélisation fonctionnelle psychomimétique, neuromimétique ou psycho-neuromimétique), selon le domaine d'application (mémoires sensorielles, sémantiques ou perceptives), selon le codage de l'information (images 2D ou 3D, vecteurs arbitraires), selon les règles d'apprentissage et d'évolution de la mémoire simulée (apprentissage auto-associatif ou hétéro-associatif), selon les règles de stockage de l'information (totalement ou partiellement localisé ou distribué), selon les contraintes architecturales, etc.

Une classification possible consiste à opposer les modèles connexionnistes au sens strict aux modèles néo-connexionnistes ou d'appariement global (Tableau 12). Les premiers postulent des unités de traitement interconnectées dont les paramètres (force des associations, loi de réponse des unités) sont fonctionnellement modifiables. Ce sont ces modèles qui

Tableau 12. — Classification des modèles connexionnistes et néo-connexionnistes (ou d'appariement global).

	Présence d'unités cachées	Absence d'unités cachées
Présence d'unités de traitement en interconnexion	– Réseaux multicouches à back-propagation – Résonance adaptative	– Auto-associateurs – Hétéro-associateurs
Absence d'unités de traitement en interconnexion	– Modèles à traces multiples	– Modèles vectoriels composites – Modèles 3D – Convolution/Corrélation

ont contribué au succès de la métaphore neuromimétique. On peut en distinguer deux types, selon qu'ils ne mettent en œuvre que des unités observables d'entrée et de sortie (modèles connexionnistes sans unités cachées) ou qu'ils supposent des unités de traitement intercalées entre les entrées et les sorties du réseau (modèles connexionnistes à unités cachées). Le réseau auto-associateur de Hopfield et les réseaux associateurs sont des exemples de réseaux connexionnistes sans unités cachées. Les réseaux multicouches à rétropropagation du gradient d'erreur sont un exemple classique des réseaux connexionnistes à unités cachées.

Les modèles néo-connexionnistes, dits d'appariement global, ne reposent pas sur une architecture composée d'unités de traitement en interconnexion. Ils décrivent la mémoire sous forme de matrices ou de vecteurs d'informations. Ils ne recherchent aucun réalisme neurophysiologique mais tentent de simuler, de façon psychomimétique, les lois de fonctionnement de la mémoire humaine. Les modèles connexionnistes, au sens strict du terme, « implémentent » des algorithmes qui calculent des fonctions spécifiques. Les modèles néo-connexionnistes sont plutôt des modèles d'appariement de vecteurs, ou de matrices, qui retrouvent l'information en mémoire à partir de simples traitements de corrélation stochastique (Murdock, 1993).

3.2. Les modèles connexionnistes sans unités cachées : les mémoires auto-associatives distribuées

Ces modèles constituent la référence de base de la simulation neuromimétique si l'on admet, métaphoriquement, que les unités de traitement représentent des cellules nerveuses (neurones) très simplifiées, et les connexions simulent grossièrement les synapses (réseaux ou architectures neuromimétiques). Ces réseaux sont munis de règles de fonctionnement local, mais en général physiologiquement plausibles, portant sur la nature de la relation entrée-sortie des unités ainsi que sur la faculté de modification des forces de liaison (excitatrices ou inhibitrices) de leurs interconnexions (plasticité synaptique).

Dans la modélisation d'un problème spécifique, on peut faire le choix d'une loi locale particulière dont on pense qu'elle sera mieux adaptée que d'autres pour la tâche envisagée, à condition toutefois que cette règle demeure suffisamment générale et réaliste; il en va de même pour le choix de l'architecture initiale du réseau. Ces grandes lignes étant tracées, l'évolution ultérieure de la structure est placée sous le contrôle d'un apprentissage. Par ce terme il faut entendre que ces assemblées cellulaires, adaptatives de par leurs micro-règles de plasticité synaptique, sont capables de modifier leur propre connexité en fonction de circonstances extérieures et de leur activité interne. Elles peuvent tendre ainsi vers des états d'organisation, des attracteurs, d'où émergent des propriétés collectives nouvelles captant le jeu des contraintes mutuelles au sein des ensembles d'événements qui les sollicitent. Il est à souligner que ces macro-règles qui émergent des forces de liaison entre les unités demeurent implicites, bien que le réseau fonctionne comme s'il connaissait ces règles, c'est-à-dire comme si elles avaient été explicitement pré-programmées de l'extérieur.

Les mémoires associatives distribuées offrent une excellente illustration des modèles de mémoire connexionnistes (Figure 29). Pour un réseau cellulaire, un événement auquel il est confronté est représenté par une configuration d'unités actives (pattern d'activation). Supposons pour simplifier qu'un événement I peut être scindé en deux parties distinctes : une partie X et une partie Y représentées par les deux configurations disjointes d'unités qui sont actives au même instant dans le réseau. Les patterns X et Y peuvent par exemple avoir pour origines deux modalités sensorielles distinctes, ou bien représenter respectivement une activité sensorielle et une action motrice conjointe ou, enfin, une cible et son contexte. Lors de l'occurrence de la paire I = (X,Y), les forces de liaison entre les unités qui sont actives vont se modifier suivant la règle locale de plasticité synaptique choisie; et ainsi de suite pour des présentations successives d'autres couples d'événements. Si, dans une phase de test, le réseau est sollicité par un ancien pattern X seul, c'est-à-dire sans la présence de son ancien pattern associé Y, ce dernier pourra être éventuellement reconstitué (rappelé) sur les cellules correspondantes précédem-

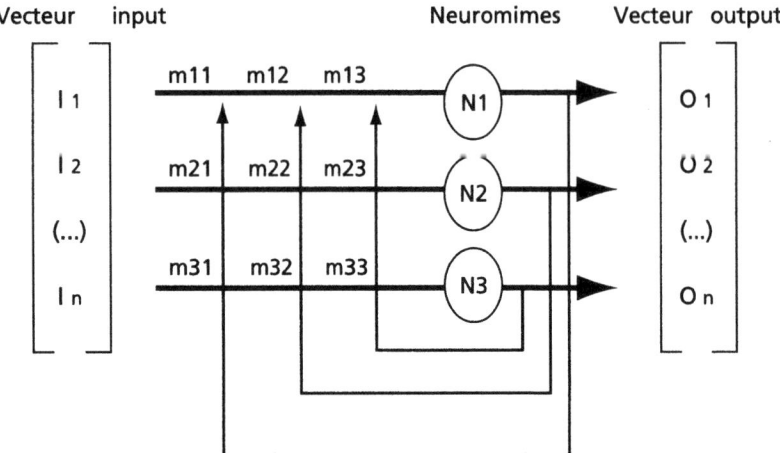

Figure 29. — Une mémoire auto-associative distribuée. L'input et l'output sont décrits sous la forme d'un vecteur de traits pouvant prendre les valeurs -1, 0 ou +1 ou varier de façon continue entre -1 et +1. En fonction de l'input, les neuromimes donnent un output qui est une fonction de leur valeur d'activation. Cette dernière est une somme pondérée du produit des valeurs d'activation du neuromime par le poids attribué aux différentes connexions Il existe différentes fonctions de réponse du neurone en fonction de cette activation. L'output du réseau est un vecteur de traits qui rétroagit sur le réseau. Cette rétroaction peut être formellement décrite comme le produit matriciel du vecteur input et de la transposée du vecteur output.

ment actives au cours de la phase d'encodage du couple. Il s'agit donc là d'une mémoire associative où ce ne sont pas les configurations elles-mêmes qui sont stockées mais plutôt leurs relations par le biais des forces de liaison entre les unités; c'est d'ailleurs ce qui permet aux configurations d'être recréées.

Ces modèles de mémoire utilisent un mode de stockage dit distribué, ce qui signifie que les traces laissées par une série d'événements successifs se superposent sur l'ensemble des jonctions synaptiques. Ce fait confère à ces structures où le savoir est réparti d'intéressantes propriétés de généralisation. En particulier, lorsque le réseau découvre une régularité stable dans les relations stockées entre les collections d'items X et Y, il aura tendance au rappel à appliquer cette règle d'inférence à des versions d'anciens items X déformés, bruités, ou même à de nouveaux items, avec bien entendu des risques d'erreur sur le résultat produit. D'autre part, du fait de la coopération mutuelle des unités, une mémoire distribuée sera, jusqu'à un certain point, résistante aux altérations subies par un certain nombre de ses parties (Tiberghien & al., 1990).

Dans l'élaboration d'un modèle connexionniste de mémoire, le choix de la règle de modification des connexions est déterminant. Historiquement, la règle la plus connue est celle formulée par Hebb dès 1949, mais celle-ci ne fonctionne bien que si les items à encoder possèdent des propriétés structurelles très restrictives; une grande partie des travaux sur le connexionnisme visent à la formulation de règles permettant de travailler sous des contraintes toujours plus faibles.

De telles mémoires ont, par exemple, été utilisées pour la reconnaissance de visages à partir d'images complètes ou partielles (Kohonen, 1981). Les images de visages sont transformées en matrices de pixels puis en vecteurs dont tous les éléments sont associés. Les connexions entre ces éléments sont modifiés selon une règle d'apprentissage. Lorsqu'un nouveau visage est présenté, il est filtré par la mémoire (multiplication du vecteur correspondant à ce visage par la matrice de connexions résultant de l'acquisition des visages antérieurs). La similarité entre le vecteur-écho renvoyé par la mémoire et le vecteur du nouveau visage présenté est évaluée par une technique de calcul qui s'apparente à un coefficient de corrélation (cosinus de l'angle entre les deux vecteurs). Avec ce type de réseau O'Toole, Deffenbacher, Abdi et J.C. Bartlett (1991) ont pu simuler l'effet de race selon lequel il plus difficile de reconnaître les visages d'une autre race que ceux de sa propre race (Shepherd & Deregowski, 1974, 1981). Il est intéressant de remarquer ici l'isomorphisme entre ces mémoires auto-associatives et la technique statistique d'analyse en composantes principales (ACP) (Valentin, Abdi & O'Toole, 1994).

3.3. Les modèles connexionnistes avec unités cachées : les réseaux multicouches à rétropropagation du gradient d'erreur

L'implémentation de certaines associations très arbitraires (par exemple, visages-noms) nécessite des réseaux où plusieurs couches d'unités supplémentaires doivent être intercalées entre celle recevant directement les activations externes et la couche de réponse. Ces couches internes, ou cachées, effectuent un recodage de l'information sous une forme aisément utilisable par la couche de réponse souhaitée (Le Cun, 1985; Le Cun & Fogelman-Soulié, 1987; Rumelhart, Hinton & Williams, 1986). Ces modèles supposent des représentations mnésiques distribuées et une architecture à unités fixes organisées en une ou plusieurs couches cachées intercalées entre les entrées et les sorties du système. Une couche cachée peut ainsi jouer, par compression, le rôle d'un catégorisateur. Une mesure

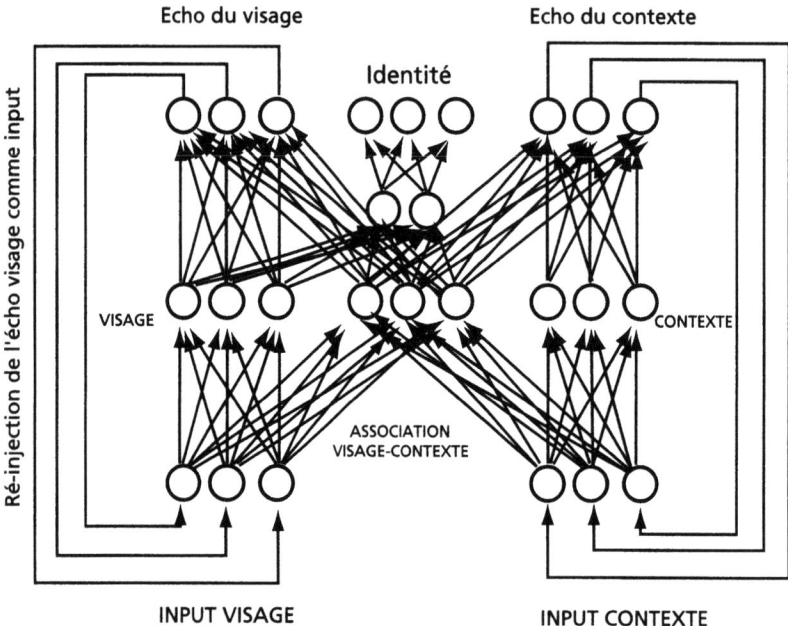

Figure 30. — Architecture d'un modèle connexionniste simulant la reconnaissance de «visages» dans des contextes variables (Facenet). Il s'agit d'un réseau multicouches à deux couches cachées. Les visages et les contextes sont codés arbitrairement par des vecteurs composés de cinq blocs de 5 éléments binaires. La couche input comprend 50 cellules (25 pour les visages et 25 pour le contexte). La première couche cachée comprend 80 cellules à fonction de transfert sigmoïde dont 25 sont associées à l'input visage, 25 à l'input contexte et 30 cellules à la fois au visage et au contexte. La seconde couche cachée comprend 20 cellules sigmoïdes qui reçoivent des projections des cellules visages et des cellules d'association de la première couche cachée. La couche de sortie comprend 80 cellules sigmoïdes (25 pour coder l'écho du visage, 25 pour coder l'écho du contexte et 30 cellules «grand-mère» pour coder l'identité). La phase d'apprentissage utilise la rétropropagation du gradient. d'erreur. Les parties visage et contexte agissent comme un auto-encodeur, chaque cellule identité agit comme un hétéro-associateur non linéaire (Adapté de A.-C. Schreiber, Rousset & Tiberghien, 1991).

d'erreur est calculée entre l'output obtenu, en réponse à l'input, et l'output attendu. Cette erreur est ré-injectée dans le réseau, de façon rétrograde afin de modifier l'état des unités selon une règle définie. Cette opération, dite de «rétro-propagation du gradient d'erreur», est répétée jusqu'à ce que l'écart entre l'output observé et l'output désiré soit annulé ou devienne inférieur à un seuil déterminé. En d'autres termes l'apprentissage par rétropropagation minimise la somme des carrés d'erreur entre le signal d'input et le signal attendu. Cet apprentissage peut s'avérer plus ou moins long et il nécessite même parfois un nombre considérable d'itérations (Hintzman, 1990; McClelland & Rumelhart, 1986). Ces réseaux non linéaires soulèvent de nombreux problèmes en raison de l'importance du bruit associé aux outputs.

Le modèle de reconnaissance de visages en contexte FACENET illustre ce type de simulation (A.-C. Schreiber, Rousset & Tiberghien, 1991; Tiberghien, 1991). L'input visage et l'input contexte sont codés sous la forme de vecteurs arbitraires. Le réseau comporte 4 couches dont les connexions sont très spécifiques. La phase d'apprentissage utilise la rétropropagation. Pendant la phase test, les inputs visage et contexte sont ré-injectés en entrée du réseau. Les sorties «visage» et «contexte» agissent comme un auto-encodeur tandis que la sortie «identité» code chaque visage de façon spécifique et agit comme un hétéro-associateur non linéaire (Figure 30).

Le modèle FACENET permet de simuler les effets de la variabilité et de la spécificité contextuelles : la variabilité des contextes non spécifiques de mémorisation diminue l'effet inhibiteur d'un changement de contexte lors de la reconnaissance. On ne dispose pas de données expérimentales systématiques permettant de tester cette prédiction du modèle. Toutefois, Sansone et Tiberghien (1995) ont montré que la variabilité de l'expression lors de la mémorisation d'un visage est une condition facilitatrice de sa reconnaissance ultérieure dans un nouveau contexte.

3.4. Les modèles néo-connexionnistes à appariement global et sans unités cachées : modèles à convolution et corrélation

Ces modèles exigent l'orthogonalité des vecteurs codant l'information. Le stockage procède par addition de vecteurs et la récupération résulte de l'appariement d'un vecteur indice avec le vecteur composite mémorisé. La mesure de cet appariement est une corrélation (r de Pearson) : le carré du coefficient de corrélation représente le pourcentage de variance dans le vecteur mémoire qui peut être attribué à chaque item stocké. Ce pourcentage diminue quand le nombre de vecteurs stockés augmente. Le nombre de vecteurs orthogonaux qui peuvent être stockés dans une mémoire de ce type augmente évidemment en fonction du nombre de traits qui composent ces vecteurs.

Le modèle CHARM («Composite Holographic Associative Recall Model») illustre ce style de modélisation (Figure 31). Dans ce modèle (J.M. Eich-Metcalfe, 1985), les informations à mémoriser (A et B, par exemple) sont représentées sous la forme de vecteurs qui sont associés

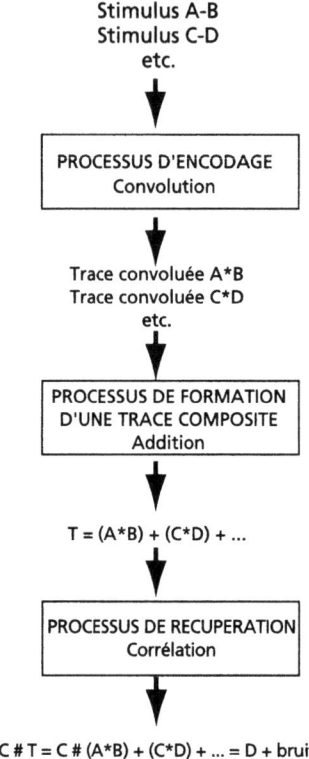

Figure 31. — Un modèle d'appariement global sans unités cachées : CHARM (Adapté de J.M. Eich-Metcalfe, 1985).

par une opération de convolution (A*B). Elles sont stockées dans une trace mnésique composite T (T = A*B + C*D+ ...) et elles sont récupérées par corrélation entre un indice de récupération et la trace composite (A#T = B + Bruit)[4].

Un tel modèle permet de simuler le rappel indicé et rend compte de nombreux phénomènes de mémoire : a) l'augmentation du nombre de vecteurs associés sans relation (A*B, C*D, etc.) augmente le bruit et diminue la discriminabilité en mémoire; b) la répétition de la même association A*B dans la mémoire, augmente la discriminabilité du vecteur B; c) si des items similaires sont convolués avec un même item sans relation (X*A, X*A', X*A", etc.), l'écho retrouvé en réponse à X amplifiera la discriminabilité des traits communs et atténuera celle des traits spécifiques à A, A', A", etc. (émergence d'un prototype).

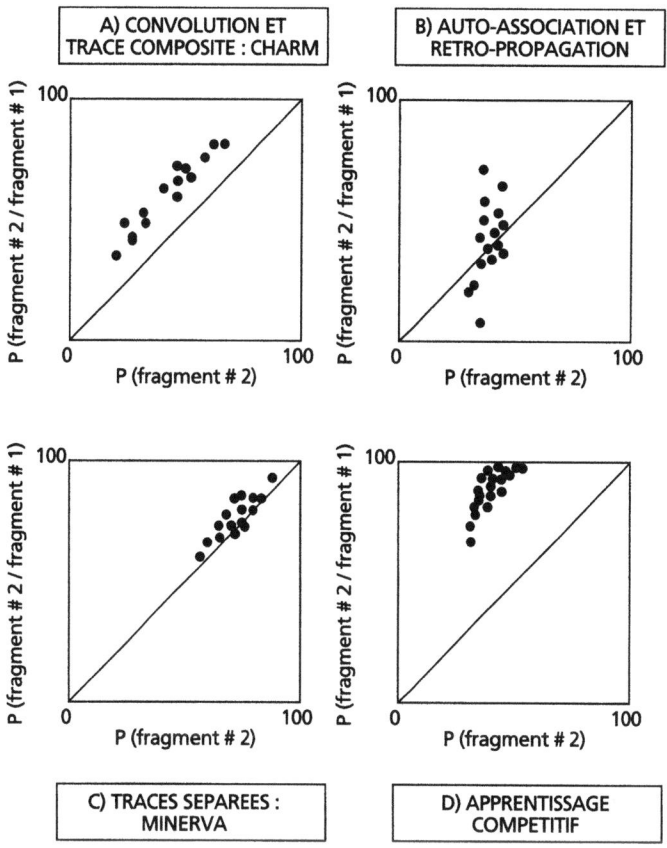

Figure 32. — Relation prédite entre la probablité de récupération à partir d'un fragment lexical, P(fragment # 2), et la probabilité conditionnelle de récupération à un fragment lexical différent, P(fragment # 2 / fragment # 1). Les simulations de quatre modèles sont présentées : a) un modèle à convolution et trace composite : CHARM; b) un modèle auto-associatif à rétro-propagation du gradient d'erreur; c) un modèle à traces séparées : MINERVA; d) un modèle d'apprentissage compétitif (Adapté de Metcalfe, Cottrell & Mencl, 1992).

La reconnaissance est plus difficile à réaliser avec un modèle de type CHARM. Dans ce contexte de formalisation, la reconnaissance peut être décrite comme une auto-association, ou auto-convolution : A*A. Dans le cas d'un apprentissage de paires A-B, une trace composite formée d'une hétéro-convolution et de deux auto-convolutions est constituée : T = (A*B) + (A*A) + (B*B). Si un indice de récupération est donné en reconnaissance, il est corrélé avec la trace. S'il se retrouve lui-même, il s'agit d'une reconnaissance correcte. Si une hétéro-association et une auto-association ont été formées, un rappel est également possible[5].

Le modèle CHARM a été utilisé pour simuler l'échec de la reconnaissance d'informations rappelables. La fonction de Tulving-Wiseman de quasi-indépendance entre le rappel et la reconnaissance est parfaitement prédite par le modèle (Eich-Metcalfe, J.M., 1985; Metcalfe, 1991). Ce résultat s'explique parce que c'est le même vecteur qui est récupéré en rappel et reconnaissance et en raison de la nature composite de la trace.

Le modèle CHARM a également été appliqué au problème de la distinction entre mémoire implicite et mémoire explicite. Dans une recherche classique, Hayman & Tulving (1989) ont comparé deux compléments de mots successifs à partir de fragments identiques ou différents d'une part (mémoire implicite), et deux rappels indicés successifs des mêmes mots à partir d'indices fragmentaires identiques ou différents d'autre part (mémoire explicite). Les résultats obtenus montrent une forte dépendance entre les deux tests successifs, quelle que soit leur nature, quand les fragments utilisés sont identiques. Quand les deux fragments sont différents le degré de dépendance entre les deux tests augmente en fonction directe du nombre de lettres communes aux deux fragments. Ces données peuvent être précisées par celles de Watkins et Todres (1978) puisqu'ils ont mis en évidence une relation de dépendance entre les deux tests, qu'ils soient implicite ou explicite, quand les deux fragments sont identiques. Quand le fragment est différent, on observe une relation de dépendance pour un test de mémoire explicite et une relation de quasi-indépendance pour un test de mémoire implicite. Metcalfe, Cottrell et Mencl (1992) ont simulé ces derniers résultats au moyen de CHARM (Figure 32). Ce type de réseau prédit une faible dépendance entre la probabilité de complément de mot au premier test et la probabilité conditionnelle de complément de mot au second test.

Le modèle CHARM appartient à la même famille que les modèles TODAM (« Theory of Distributed Associative Memory ») (Murdock, 1982, 1993). Ces derniers utilisent également le formalisme de convolution-corrélation pour simuler les phénomènes de stockage et de récupération dans les situations de mémoire associative. Dans TODAM, les informations sont stockées sous la forme d'un vecteur, centré sur 0, dont la dimension n'est pas limitée. Cette mémoire simulée stocke de façon additive l'information relative aux items associés et l'information relative à l'association inter-item (produit de convolution entre les items associés). Des poids spécifiques peuvent être éventuellement affectés à chaque item et un paramètre du modèle spécifie une fonction d'oubli. La récupération de l'information s'effectue également par corrélation entre un item-clé et le vecteur de mémoire composite. Le résultat de cette opération est de produire un vecteur résultant, plus ou moins similaire à l'item associé à l'item clé lors de l'acquisition. La probabilité du rappel indicé dépend évidemment de la similarité entre le vecteur résultant et le vecteur original initialement stocké (cette similarité est estimée par le produit scalaire du vecteur résultant de la récupération et du vecteur original). En reconnaissance, un mécanisme de décision, fondé sur la théorie de la détection du signal, doit être ajouté (distribution du bruit, critères de décision haut et bas). Lors de la simulation, on peut faire varier le nombre de traits de chaque vecteur, le paramètre d'oubli, les poids associés aux items et à leur association et les paramètres de la décision (bruit consécutif à la similarité inter-traces, critères de décision, vitesse de convergence des critères haut et bas) Le modèle prédit une indépendance complète entre le rappel et la reconnaissance et rend compte en partie des effets de position sérielle (Lewandowsky & Murdock, 1989).

3.5. Les modèles néo-connexionnistes à appariement global et avec unités cachées : modèles à traces multiples

Les modèles à appariement global avec unités cachées impliquent des représentations mnésiques localisées et non distribuées. La mémoire est ici décrite comme un ensemble de vecteurs, chaque vecteur représentant une unité cachée codant une représentation mnésique.

Le modèle MINERVA 2 est un exemple représentatif de cette classe de modèles. Hintzman tente de simuler le processus selon lequel une mémoire peut générer des représentations abstraites (schémas, concepts) à partir d'expériences singulières et contextualisées. Cette origine épisodique de la mémoire conduit Hintzman à postuler une mémoire qui stocke des traces épisodiques multiples, localisées dans un espace défini, à partir desquelles il sera possible de faire émerger, lors de la récupération, des représentations abstraites (Hintzman, 1984, 1986, 1987, 1990). Il s'agit donc d'une mémoire spatiale «non abstractive» dans la mesure où les représentations catégorielles ne sont pas stockées en mémoire mais produites lors du processus de récupération. Les mémoires abstractives stockent des représentations catégorielles à partir de l'encodage d'épisodes, ou d'exemplaires, singuliers. En réalité il serait plus précis, et théoriquement plus juste, de considérer que tous ces modèles sont «abstractifs» mais, pour certains, ce processus d'abstraction a lieu au moment du stockage tandis que, pour d'autres, il a lieu au moment de la récupération.

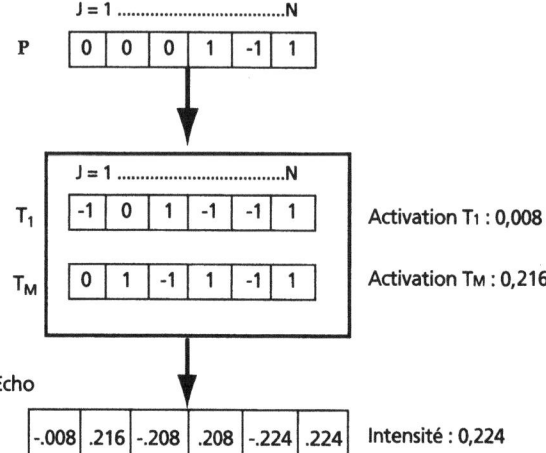

Figure 33. — Un modèle d'appariement global avec unités cachées : MINERVA 2. Le vecteur P code l'indice de récupération, les vecteurs T1 et T_M codent les traces en mémoire.

On notera également que MINERVA 2 se distingue fortement des théories dualistes qui opposent, structurellement, une mémoire sémantique à une mémoire épisodique. Dans la conception qui sous-tend MINERVA 2, le conceptuel et le sémantique émergent d'une mémoire de stockage totalement épisodique.

Dans MINERVA 2, les traces épisodiques en mémoire sont stockées sous la forme de vecteurs indépendants et localisés dont les valeurs sont fixées à -1, 0 ou +1. Un vecteur donné peut apparaître plusieurs fois dans la mémoire. Un indice de récupération est également codé sous la forme d'un vecteur qui activera en parallèle l'ensemble des traces contenues dans la mémoire. Ce processus de récupération permet d'envoyer en sortie un vecteur «écho» dont le contenu et l'intensité seront une fonction de la similarité entre l'indice de récupération et l'ensemble des traces de la mémoire (Figure 33).

La similarité S_i entre une trace de la mémoire T et un indice de récupération P est donnée par :

$$S_i = \sum_{j=1}^{N} P_j . T_{ij} / NR$$

avec

P_j : valeur du trait j de l'indice de récupération

T_{ij} : valeur du trait i de la trace correspondant au trait j de l'indice de récupération

NR : nombre de traits pertinents (nombre de traits j de l'indice de récupération pour lesquels $P_j \neq 0$ ou $T_{ij} \neq 0$)

En fait, S_i est une mesure équivalente à un coefficient de corrélation et peut varier de 0 (quand l'indice de récupération et la trace sont orthogonaux) à +1 (quand l'indice de récupération et la trace sont identiques) ou à -1 (quand l'indice et la trace sont inverses, ce qui est un cas théoriquement possible mais peu écologique et sans intérêt théorique).

Au terme de ce processus, chaque trace de la mémoire recevra une activation qui sera une fonction puissance (non linéaire) de sa similarité S_i à l'indice de récupération. Une fonction puissance a pour effet ici d'amplifier le poids des activations élevées et de diminuer le poids des activations les plus faibles. Dans le modèle de Hintzman, l'exposant de cette fonction a été fixé arbitrairement à 3, ce qui autorise des activations positives ou négatives. Soit :

$$A_i = (S_i)^3$$

En définitive, la mémoire renverra un écho en réponse à l'indice de récupération. Cet écho sera caractérisé par son intensité I et son contenu C_j :

$$I = \sum_{i=1}^{M} A_i$$

et

$$C_j = \sum_{i=1}^{M} A_i \cdot T_{ij}$$

L'intensité de l'écho résulte donc de la somme de l'activation de toutes les traces contenues en mémoire et elle peut être considérée comme un indicateur de la familiarité. Le contenu de l'écho peut être assimilé au contenu de l'épisode rappelé.

Le modèle MINERVA 2 peut simuler la reconnaissance épisodique dont l'indicateur est l'intensité de l'écho. Le rappel indicé peut également être simulé : l'indicateur est alors le contenu de l'écho. Ce modèle peut alors être utilisé pour la simulation de la fonction classique rendant compte de l'échec de la reconnaissance. Le modèle peut servir aussi à simuler l'abstraction de concepts. Il peut bien sûr être utilisé pour étudier

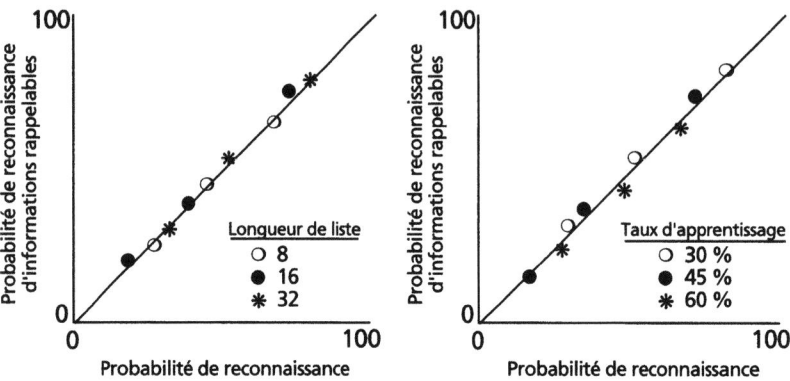

Figure 34. — Simulation de l'échec de la reconnaissance d'items rappelables par MINERVA 2 : rôle de la longueur de la liste et du taux d'apprentissage. On observe que le modèle prédit une indépendance complète entre le rappel et la reconnaissance alors que les données empiriques mettent en évidence une quasi-indépendance (Adapté de Hintzman, 1987).

les effets de divers facteurs expérimentaux dans les situations de rappel indicé et de reconnaissance : fréquence, similarité, spécificité, etc.[6]

Hintzman (1987) a présenté une simulation du rappel, de la reconnaissance et de l'échec de la reconnaissance d'items rappelables. La simulation du rappel indicé s'effectue selon la procédure précédemment décrite : un rappel est considéré comme correct si la corrélation entre l'écho et la cible est plus élevée que la corrélation entre cet écho et toutes les autres traces en mémoire. La distribution de l'intensité des échos corrects et incorrects est établie pour toutes les paires testées («anciennes» et «nouvelles») et pour l'ensemble des sujets «virtuels». La performance en reconnaissance est déterminée par rapport à un critère d'intensité arbitraire : si l'intensité de l'écho est supérieure à ce critère, on posera que l'item est reconnu (réponse «ancien»), dans le cas contraire qu'il n'est pas reconnu (réponse «nouveau»). Ces différentes données permettent de calculer la probabilité de reconnaissance d'un item rappelé : P(Rec/Ra). Les données simulées ont été obtenues à partir d'une liste de longueur variable (8, 16, ou 32 paires), une probabilité d'apprentissage variable (L = .30, L = .45 et L = .60), plusieurs positions du critère (non précisées) et 50 sujets virtuels (8000 données).

Les résultats simulés montrent une indépendance complète entre la performance au rappel et à la reconnaissance : P(Rec/Ra) = P(Rec) (Figure 34). Cette fonction n'est pas très éloignée, mais toutefois différente, de la fonction quadratique de quasi-indépendance, empiriquement mise en évidence par Tulving et Wiseman[7]. La fonction simulée par Hintzman n'est pas modifiée par la longueur de la liste et la probabilité d'apprentissage. Toutefois une variation de la similarité entre les items stockés peut modifier la relation d'indépendance entre le rappel et la reconnaissance (Hintzman, 1987).

Un concept ou un schéma est abstrait de la mémoire à partir d'un grand nombre de traces similaires. MINERVA 2 peut retrouver une telle abstraction bien qu'elle n'ait jamais été stockée en mémoire en tant que trace indépendante, ce qui a été expérimentalement observé : on reconnaît mieux un visage prototype, non mémorisé, que les visages dérivés de ce prototype et mémorisés (Solso & J.E. McCarthy, 1981). Dans la simulation de MINERVA 2 un indice de récupération peut coder, pour partie, un nom de catégorie et un nom d'exemplaire. Un ou plusieurs prototypes peuvent être définis et des exemplaires de la catégorie construits par altération des traits du prototype (haut ou bas niveau d'altération). Le nom de la catégorie est utilisé comme indice de récupération, la corrélation entre l'écho renvoyé et la trace cible est alors calculée. Une simulation réalisée avec une mémoire de 18 traces montre que la similarité entre l'écho et le prototype de la catégorie est toujours plus élevée qu'entre l'écho et toutes les autres traces[8].

3.6. Portée et limites

Les modèles connexionnistes ont exercé une influence considérable sur la recherche actuelle. Il ont tout d'abord replacé au centre des débats théoriques le concept de mémoire que les courants théoriques dominants du cognitivisme avaient tendance à sous-estimer, voire même à éliminer. Le connexionnisme a apporté des formalismes permettant non seulement de modéliser, mais aussi de simuler le fonctionnement de la mémoire sur des systèmes calculatoires. Ils sont à la fois flexibles, transparents et heuristiques (Hintzman, 1990). Ils ont permis de réduire partiellement le «gap» entre le niveau des lois du fonctionnement cérébral et le niveau des lois comportementales.

Nous sommes ici en présence d'une famille de modèles, d'une véritable galaxie connexionniste. De nombreuses taxonomies sont possibles car les différences entre ces modèles connexionnistes sont souvent aussi importantes que leurs similitudes. Une opposition claire apparaît cependant entre les systèmes connexionnistes constitués d'unités de traitement mutuellement associées et les systèmes néo-connexionnistes basés sur un appariement global entre vecteurs ou matrices. Les premiers calculent des fonctions (vecteurs propres de matrices auto-associatives ou solutions d'équations différentielles), tandis que les seconds sont basés sur des formalismes de convolution-corrélation (Murdock, 1993). Les modèles à appariement global ont de nombreux avantages pour la simulation cognitive de la mémoire humaine car ils sont économiques, résistent à l'oubli catastrophique qui altère l'efficience des réseaux multicouches (Ratcliff, 1990) et simulent de façon intégrée une grande variété de phénomènes de mémoire (rappel, reconnaissance, réintégration, effets de position sérielle, catégorisation, abstraction de prototypes).

Par ailleurs, le connexionnisme existe aujourd'hui sous deux formes différentes : représentationnelle (plus ou moins !) et radicale (plus ou moins !). Sous sa forme représentationnelle, le connexionnisme peut encore être considéré comme une variété de cognitivisme. S'il rompt avec le modularisme, il adhère encore à ses postulats essentiels et ne rejette pas l'éventualité de corrélats représentationnels au traitement de l'information réalisé par les réseaux. Cette représentation peut même, dans certains cas, être explicitement de nature symbolique et localisée. Toutefois, dans la plupart des réalisations connexionnistes, l'information stockée est distribuée (et/ou composite) et la question de la nature de cette représentation se pose de façon cruciale. De toute façon, elle résulte toujours d'une interprétation a priori dont l'origine doit être recherchée dans les théories cognitives elles-mêmes[9].

Un connexionnisme radical rompt complètement avec les postulats classiques du cognitivisme (ni représentation ni computation symboliques). Cette totale rupture épistémologique rapproche le connexionnisme radical du néo-behaviorisme du milieu du siècle et du behaviorisme radical contemporain. Le pari est d'abandonner toute métaphore cognitive et de décrire la mémoire et l'apprentissage de façon purement systémique dans un hyperespace d'états modelé par des attracteurs et des répulseurs. La perspective est séduisante mais encore souvent spéculative, partiellement validée et même parfois confuse. En tout état de cause elle reste encore largement à élaborer et à opérationnaliser afin de dépasser des modélisations locales et des simulations théoriquement ambitieuses, mais encore empiriquement modestes (Pour une discussion du radicalisme connexionniste : Tiberghien, 1996).

4. LES MODÈLES HYBRIDES

La comparaison systématique des modèles computo-symboliques (« rule-based processing ») aux modèles connexionnistes fait apparaître, au-delà des différences précédemment exposées, un relatif isomorphisme.

Par exemple, la simulation des modèles connexionnistes sur des ordinateurs digitaux montre une compatibilité entre les interactions causales impliquées dans les deux formalismes. De plus, de nombreuses activités modélisées par les réseaux connexionnistes peuvent l'être aussi par les modèles computo-symboliques.

Ces deux types de modèles ne sont donc pas complètement incompatibles. Les modèles connexionnistes semblent particulièrement appropriés pour décrire les (micro-) processus cognitifs « experts » (« associatifs »), très rapides, encapsulés et automatiques qui déterminent, par exemple, la reconnaissance d'objets ; les modèles computo-symboliques semblent plus appropriés pour la simulation des (macro-) processus cognitifs « novices » (« élaboratifs »), plus lents, et sous contrôle intentionnel qui déterminent, par exemple, la résolution de problème. Dans ces conditions, et compte tenu des niveaux structurels et fonctionnels présupposés dans la conception représentationnelle de la cognition, il est particulièrement séduisant de tenter d'intégrer ces deux types de formalismes dans une modélisation hybride. Les modèles hybrides ou « symbolico-connexionnistes » tentent donc de construire des architectures séquentielles qui intègrent différents composants souvent considérés comme incompatibles : représentation distribuée et localisée, représentation abstraite et contextualisée, traitement parallèle et séquentiel (J.A. Anderson, 1990; Feldman, 1989). Cette stratégie de recherche est stimulée par les résultats obtenus dans certains domaines de la psychologie cognitive. Plusieurs processus cognitifs sont en effet rapides, automatiques et « incoercibles » tandis que d'autres sont lents, délibérés et contrôlés.

4.1. Description générale

Le principe général d'association d'un module de traitement computo-symbolique à un module de traitement connexionniste peut impliquer différents types de couplage : simple transfert unidirectionnel de données, transfert bidirectionnel de données, intégration complète des structures de données et des systèmes de traitement. Cette intégration complète peut d'ailleurs prendre diverses formes : traitement séquentiel, hiérarchique ou coopératif. Sun et Bookman (1992) distinguent quatre classes de modèles hybrides : a) les systèmes basés sur l'interaction entre un module connexionniste et un module symbolique (Orsier, 1993); b) les systèmes principalement symboliques mais avec des composants locaux neuronaux (Touretzky, 1989); c) les systèmes entièrement connexionnistes permettant une émergence de symboles à partir des interactions neurales (Pollack, 1990; Rodet & Tiberghien, 1994); d) les réseaux

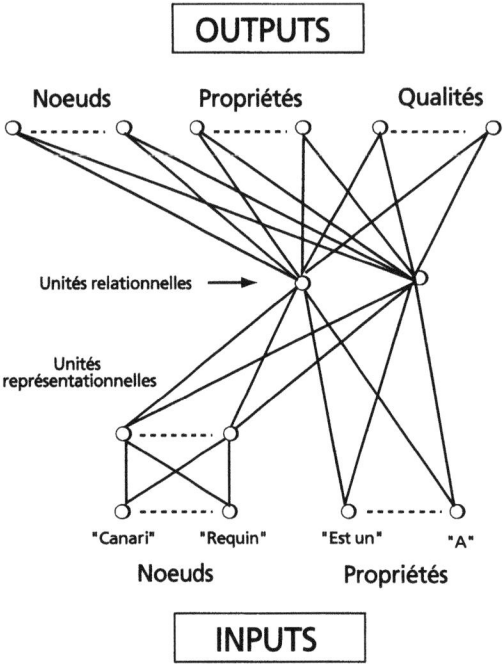

Figure 35. — Architecture d'un réseau connexionniste multicouches simulant l'apprentissage des représentations contenues dans un réseau sémantique. C'est un exemple de modèle connexionniste «représentationnaliste» (Adapté de Rumelhart & Todd, 1993).

connexionnistes localisés avec attribution arbitraire de symboles à certaines unités (Burton, Bruce & Johnston, 1990; Hinton, 1986; Rumelhart & Todd, 1993).

Les systèmes hybrides sont encore à l'heure actuelle en cours d'exploration. Ils sont surtout, pour le moment appliqués en Intelligence Artificielle à la représentation des connaissances et à l'aide au raisonnement. Il existe encore peu de tentatives systématiques de modéliser de façon hybride la mémoire humaine. Les perspectives sont cependant intéressantes sur le plan heuristique Il est ainsi possible de faire dépendre la partie «action» d'une règle de production symbolique de l'état d'un neuromime défini dans un réseau connexionniste (Orsier, 1993). On peut aussi, en principe, représenter des connaissances symboliques dans un formalisme connexionniste. Par exemple, un réseau sémantique (Collins & Quillian, 1970) peut être représenté dans un réseau connexionniste dans lequel chaque neuromime code, un fait, une propriété ou une catégorie de la taxonomie. Il s'agit alors d'un pseudo-modèle connexionniste (Figure 35).

Il en est de même pour les modèles d'interaction et d'activation compétitive (modèles IAC). Burton & al., 1990, par exemple, ont essayé de modéliser les processus d'identification des personnes et, en particulier les effets d'amorçage de répétition et d'amorçage sémantique. Les unités de reconnaissance faciale, l'identité et les informations sémantiques relatives à des personnes célèbres sont représentées dans trois ensembles spécifiques de nœuds interconnectés de façon bidirectionnelle (les connexions sont inhibitrices à l'intérieur d'un ensemble et excitatrices entre ces ensembles). En présence d'une amorce simulant un visage, ce «réseau» peut activer l'unité de reconnaissance faciale correspondante, le nœud d'identité de la personne et les nœuds sémantiques par un processus cyclique de compétition entre activation et inhibition. Bien qu'une telle modélisation soit capable de mimer l'amorçage sémantique et le priming d'identité, elle n'ajoute rien de fondamentalement nouveau à une représentation sémantique traditionnelle; il s'agit d'un modèle connexionniste avec représentations localisées (et symboliques!). Il est plus intéressant de profiter des propriétés de distribution des réseaux connexionnistes et d'entraîner un réseau à découvrir ces relations, comme l'a fait Hinton (1986), par exemple, pour représenter de façon connexionniste les connaissances relatives aux liens de parenté. Rumelhart et Todd (1993) ont montré qu'un réseau connexionniste multicouches pouvait émuler de façon efficiente le processus d'héritage des propriétés d'un réseau sémantique et créer de nouvelles représentations par abstraction des traits principaux d'un ensemble de relations input-output.

Dans un autre domaine, nous avons vu que de nombreux résultats expérimentaux montraient qu'une théorie à double processus est une des descriptions les plus pertinentes de la reconnaissance. Celle-ci résulte en effet, le plus souvent, d'un processus rapide et automatique d'émergence d'un état de familiarité («dextérité perceptive»). Toutefois, dans certaines situations de contexte et/ou de motivation, la reconnaissance peut résulter d'un processus mnésique inférentiel, lent et contrôlé (recherche de contrôle ou recherche conditionnelle). Les théories classiques de la recherche conditionnelle rendent compte de la complexité de ces phénomènes en postulant un processus rapide d'estimation de la familiarité («activation/intégration») associé de façon séquentielle, en cas d'échec, à un processus plus lent de recherche orientée en mémoire permanente («élaboration») (Mandler, 1980, 1991). La reconnaissance pourrait être décrite de façon très adéquate par l'association en parallèle de deux modules hautement interactifs supervisés par un mécanisme de décision : un module connexionniste générateur de la familiarité et un module symbolique simulant le processus de recherche en mémoire épisodique. Une telle architecture en cascade intégrerait la micro-dynamique des flux d'informations «bottom-up» et «top-down», celle des processus rapides d'activation et des processus lents d'élaboration et, enfin, les modes de fonctionnement connexionniste et symbolique.

4.2. Une illustration : le modèle de construction-intégration

Le modèle de construction-intégration est un modèle connexionniste hybride développé par Kintsch (1988) pour rendre compte de l'utilisation des connaissances dans la compréhension de textes (Denhière & Baudet, 1992; Tapiero, 1992). Le modèle associe un système de production symbolique, générant une base de connaissances sous la forme d'un réseau sémantique, à un processus connexionniste.

Dans la phase de construction, une base de texte est construite à partir du texte et de la base de connaissances du sujet. Cette base de connaissances est formalisée sous la forme d'un réseau associatif, dont les nœuds représentent des concepts et des propositions et les connexions sont valuées (+1, 0 et -1). Les étapes de cette construction sont les suivantes : 1) formation des propositions correspondant à l'input linguistique; 2) sélection des éléments pertinents; 3) production d'éventuelles inférences; 4) spécification de l'ensemble des connexions du réseau associatif qui peuvent être résumées sous la forme d'une matrice de connexités.

Le processus connexionniste d'intégration (réseau de Hopfield) est appliqué pour préciser le réseau associatif. L'intégration s'effectue par cycles, chaque cycle correspondant à un syntagme du texte. A un moment donné, un réseau associatif est conservé en mémoire à court terme, sa matrice de connexités est multipliée par le vecteur d'activation du cycle en cours. Le processus est répété de façon itérative jusqu'à stabilisation complète du système.

Une telle formalisation permet une analyse beaucoup plus flexible de la compréhension de texte que les modélisations entièrement symboliques. Ce modèle hybride a été validé dans des situations de reconnaissance de phrases appartenant à des scripts, sur des effets de position sérielle, sur des effets d'amorçage de textes, etc.

4.3. Portée et limites

La conception computo-symbolique et la conception connexionniste sont des théories représentationnelles, la première définissant la cognition comme un système de manipulation de symboles représentant les traits du monde, tandis que la seconde considère la cognition comme résultant de l'émergence d'une configuration des propriétés du monde dans un réseau de composants élémentaires en interconnexion. Ces deux formalismes ne sont donc pas radicalement différents de ce point de vue. Ce qui fait la force des premiers (caractère explicite des représentations et de leur référence, architecture structurée, traitement syntaxique) peut être considéré comme la faiblesse des seconds (représentation implicite, architecture faiblement structurée, traitement strictement calculatoire). Symétriquement, ce qui fait la force des modèles connexionnistes (adaptation, résistance au bruit, capacité de généralisation) est précisément le point faible des modèles computo-symboliques.

Cette complémentarité constitue déjà un solide argument en faveur d'une stratégie d'hybridation des deux formalismes. Les données expérimentales issues de la psychologie cognitive et de la neuropsychologie étayent l'hypothèse d'une hiérarchie de représentations et de computations, emboîtées ou en interaction, dont la disponibilité et l'accessibilité dépendent de conditions contextuelles et attentionnelles définies. De nombreuses oppositions conceptuelles, dans le domaine de la psychologie de la mémoire, illustrent à leur façon la nécessité d'une approche hybride : mémoire implicite vs mémoire explicite ; mémoire d'activation vs mémoire d'élaboration, mémoire épisodique vs mémoire sémantique ; mémoire procédurale vs mémoire déclarative. Le premier terme de chacune de ces oppositions renvoie à des données qui semblent mieux décrites et mieux interprétées par des modèles de type connexionniste et, inversement, les données associées au second terme semblent plus compatibles avec un mode d'explication computo-symbolique. Il est difficile d'y voir un simple effet du hasard.

5. CONCLUSION

Les conceptions théoriques dominantes ont très longtemps supposé que le système cognitif construit, à partir d'expériences singulières, des représentations abstraites, indépendantes et décomposables (sémantiques, conceptuelles) qui sont stockées dans une mémoire spatiale dont l'organisation serait de nature syntaxique et les règles de récupération de nature inférentielle ou fondées sur des processus d'activation et de diffusion d'activation automatiques (sur cette conception, son élaboration et sa discussion, voir : Anderson J.R., 1983 ; Fodor et Pylyshyn, 1988 ; Van Gelder, 1990).

Une conception antagoniste, d'origine plus récente, postule que ce sont les codages des épisodes vécus par le système qui sont stockés en mémoire et le processus d'accessibilité à la mémoire résulterait toujours d'une interaction entre un contexte de récupération et un état du système de mémoire récapitulant son historique ; ce processus engendrerait un nouvel état reflétant la synergie des composantes d'encodage et de récupération dans l'acte de remémoration (ecphorie synergique de Tulving, 1983). La mémoire est ici fondamentalement de nature épisodique : l'accès à un état de mémoire est toujours contextualisé, «l'abstraction» résulte de l'interaction entre l'historique du système à mémoire et les conditions instantanées de la récupération. En d'autres termes, les représentations sémantiques ne sont pas stockées dans la mémoire mais elles sont la résultante de cette interaction : le sens n'est pas stocké en mémoire, mais il «émerge» des règles de fonctionnement épisodique de la mémoire (McClelland & Rumelhart, 1985).

La modélisation connexionniste a incontestablement offert des possibilités nouvelles de simulation des processus d'encodage et de récupération contextualistes de mémoires localisées et de mémoires distribuées Son impact théorique, son apport méthodologique et sa valeur heuristique sont considérables. Toutefois où sont les faits empiriques inédits que les modèles connexionnistes ont mis en évidence? En quoi ont-ils modifié nos théories psychologiques? La réponse à ces questions fait l'objet de nombreux débats, mais il est clair que la «révolution» connexionniste doit être, de ce point de vue, ramenée à des proportions modestes. Le connexionnisme a surtout apporté une «boite à outils» de formalismes permettant de décrire plus objectivement les théories psychologiques en compétition. Le connexionnisme est avant tout un outil de développement théorique. Autrement dit, les théories psychologiques doivent être formalisées à un niveau plus abstrait que les modèles connexionnistes qui les implémentent. De nombreuses réalisations dans ce domaine sont de simples théories cognitives «computationnalisées». L'enjeu est donc le suivant : la simulation connexionniste pourra-t'elle nous donner à voir des phénomènes que nous ne pressentions pas au niveau des théories cognitives, ou se limitera-t-elle à reproduire, de façon purement mimétique et paramétrique, les données expérimentales recueillies dans des protocoles disparates (McCloskey, 1991).

Fodor et Pylyshyn (1988) ont soutenu que le connexionnisme n'était pas un cognitivisme. Le connexionnisme est bien évidemment une modélisation fonctionnaliste de la cognition en termes de traitement de l'information. Ce n'est donc pas à ce niveau général que l'on peut le distinguer du cognitivisme. Le cognitivisme adhère fondamentalement à une conception computationnelle de la cognition. Le connexionnisme classique est lui aussi une description computationnelle de l'esprit même si les computations en question ne sont pas décrites par la logique formelle mais par des algorithmes mathématiques. En effet les modèles connexionnistes classiques mettent en œuvre des fonctions spécifiques (vecteurs propres, équations différentielles). Ce n'est donc pas à ce niveau que l'on peut clairement distinguer le connexionnisme du cognitivisme.

Il n'est pas, non plus, évident que le concept de représentation puisse servir à opposer franchement le connexionnisme au cognitivisme. Plusieurs modèles classiques dans ces deux familles reposent sur l'hypothèse d'un niveau représentationnel entre les niveaux phénoménologique et neurophysiologique. Le fait que le cognitivisme postule des représentations symboliques et le connexionnisme des représentations sub-symboliques ne change rien à l'affaire. D'ailleurs certains formalismes connexionnistes peuvent délibérément introduire dans leur description de la mémoire des unités de représentation symboliques[10]. Par ailleurs, si la plupart des modèles cognitivistes de la mémoire supposent une localisation des traces, il existe aussi une forme de distribution de l'information dans les réseaux sémantiques classiques (J.R. Anderson, 1983). Enfin les valeurs d'activation et la matrice de connexions d'un réseau peuvent être considérées comme une forme de représentation, même si elle n'est pas nécessairement interprétable en termes sémantiques (Rumelhart & Todd, 1993).

Le connexionnisme ne devient irréductible au cognitivisme «représentationnaliste» que si l'on suppose que les symboles représentés sont manipulés par des règles de la logique formelle. Mais ce n'est pas tant le principe de la computation qui est en cause, ce sont plutôt ses modalités : inférence logique dans le cas du cognitivisme et généralisation statistique dans le cas du connexionnisme. On sait que Fodor et Pylyshyn en ont conclu qu'un réseau connexionniste est incapable de rendre compte du fait que toute représentation doit pouvoir être décomposée en ses constituants primitifs[11]. Toutefois rien ne s'oppose, sur le plan théorique, à ce que des réseaux connexionnistes possèdent une propriété de compositionnalité fonctionnelle et non concaténative (Smolensky, 1989; Van Gelder, 1990). D'ailleurs il n'y a pas de raison de principe pour qu'un réseau connexionniste ne puisse stocker, dans sa structure interne, les relations classiques des réseaux sémantiques de type «partie-tout» ou de «superordination», par exemple (Rodet & Tiberghien, 1994; Rumelhart & Todd, 1993). Cette condition est évidemment essentielle pour qu'un réseau connexionniste puisse posséder la propriété de compositionnalité qui caractérise les modèles logiques de représentation des connaissances.

Une autre objection porte sur le fait que la représentation interne d'un réseau connexionniste (pattern des valeurs d'activation des neuromimes et matrice de la force des connexions) n'est pas interprétable de façon directe en termes cognitifs. Peut-on contraindre un réseau connexionniste distribué à développer, dans ses couches cachées par exemple, une représentation interne qui ressemble à celle des sujets humains? Ce n'est pas impossible, en principe, puisque les vecteurs propres de mémoires auto-associatives appliqués à la reconnaissance de visages peuvent s'interpréter comme des macro-caractéristiques qui codent certaines des propriétés, globales ou locales, de ces visages : sexe, race ou identité (Valentin, Abdi, O'Toole, Cottrell, 1994). Ce dernier problème n'est pas alors formellement différent de l'interprétation cognitive des axes explicatifs d'une analyse en composantes principales (ACP) : les vecteurs propres sont ici la seule « représentation » du réseau. Rumelhart et Todd (1993) ont également proposé une architecture neuromimétique émulant un jugement humain de similarité avec des représentations internes de même structure que celle des inputs et sémantiquement interprétables. De ce point de vue on peut donc définir un modèle connexionniste comme un véritable système « matériel » d'analyse statistique multidimensionnelle.

Cependant, si le « représentationalisme » cognitiviste peut parfois préciser les structures et les processus d'instanciation de la signification, il s'avère incapable de rendre compte du rapport de signification lui-même et de la relation entre cerveau et cognition. De plus la nature de la relation entre le système de symboles et les structures neuronales est une inconnue majeure du cognitivisme. Le niveau sub-symbolique du connexionnisme pourrait jouer le rôle d'interface matérielle entre le niveau neurologique et le niveau cognitif. Mais le connexionnisme est aussi impuissant que le cognitivisme pour rendre compte du problème de la signification. En particulier, la question de la référence (rapport au monde) et celle de l'intentionnalité ne peuvent être traitées de façon parfaitement pertinente dans ce contexte théorique. Le connexionnisme classique est donc computationnel, comme le cognitivisme, et ces deux familles de théories achoppent sur la question de la signification (Shanon, 1992).

Un connexionnisme radical, sans computation ni représentation symbolique, est-il donc possible? Des réseaux de neurones biologiquement plausibles pourraient avoir cette propriété. Construire un modèle réaliste de la mémoire sémantique exigerait alors de prendre en compte l'aspect dynamique de l'activité cérébrale et la différenciation de groupes de neurones sur la base de la synchronisation de leur activité (Rodet & Tiberghien, 1994). Un tel réseau ne transformerait pas alors un input en output, par un processus représentationnel, mais serait un processus auto-organisateur, contraint par ses propres sorties et soumis à des modulations internes. La cognition se décrit, dans ces conditions, comme un processus holistique d'auto-adaptation, un système dynamique non linéaire évoluant dans un espace multidimensionnel. Le système nerveux n'est plus un système computationnel car il évolue dans un hyperespace d'états qui possède une dimension fractale (Freeman, 1990; Globus, 1992; Grossberg, 1987). C'est un tel connexionnisme radical que défend, par exemple, Varela (1993) quand il suggère de substituer le concept d'énaction au concept de cognition : « la cognition, loin d'être la représentation d'un monde préformé, est l'avènement conjoint d'un monde et d'un esprit à partir de l'histoire de diverses actions qu'accomplit un être dans le monde » (1993, p. 35). C'est une toute autre conception de la mémoire, encore largement spéculative, mais qui n'est pas incompatible avec de nombreuses propriétés du cerveau.

NOTES

[1] La machine de Church-Turing (1936) est une machine « abstraite » qui peut lire et écrire des symboles binaires et changer d'état. C'est un modèle général d'acceptation et de génération d'un langage.
[2] Ce modèle a été développé ultérieurement sous le nom de ACT-R (J.R. Anderson, 1993). Il est appliqué à l'acquisition et au transfert des capacités cognitives (calcul mental, navigation sur cartes, résolution de problèmes complexes). La structure générale et l'essentiel des postulats de ACT* ne sont pas fondamentalement modifiés dans ACT-R.
[3] Le concept de mémoire de travail ne doit pas être confondu ici avec la mémoire de travail proposée par Baddeley. Ses propriétés doivent être comprises dans le contexte de l'intelligence artificielle et des systèmes de production (Newell & Simon, 1972; Newell, 1992; J.R. Anderson, 1993). En particulier la mémoire de travail de ACT* n'est pas limitée, ce qui n'est évidemment pas compatible avec ce que nous savons de la mémoire humaine.
[4] La convolution est une opération mathématique qui consiste à combiner deux événements, codés de façon vectorielle. Les deux vecteurs ont une distribution spécifique et le vecteur résultant a une nouvelle distribution. Opérationnellement la convolution consiste à déterminer la matrice résultant du produit des deux vecteurs initiaux et à construire un troisième vecteur en sommant les valeurs de la matrice selon les diagonales de la matrice : $f(x) * g(x) = c(x)$. Ce vecteur a une dimension plus petite que celle des vecteurs initiaux. Une telle méthode permet de simuler, par exemple, l'association entre les deux éléments d'une paire d'items. La corrélation est l'opération inverse qui consiste à retrouver un des vecteurs initiaux à partir du produit vectoriel entre l'autre vecteur initial et le vecteur convolué : $f(x) \# c(x) = g(x)$ (pour une présentation technique de ces problèmes : Murdock, 1985; Pike, 1984; Schönemann, 1987). Il est possible de simuler ces opérations de

convolution et de corrélation à l'aide d'un réseau multicouches (G.D.A. Brown, Dalloz & Hulme, 1995).

[5] Dans CHARM, le mécanisme de récupération est identique en rappel et en reconnaissance, mais le processus de décision est différent. CHARM donne toujours une évocation (rappel), plus ou moins bruitée, à un indice de récupération. Dans la reconnaissance, une fois qu'un item a été retrouvé, la question est de savoir s'il est identique ou non à l'indice de récupération. Dans la version initiale de son modèle, J.M. Eich-Metcalfe proposait un mécanisme de comparaison trait par trait avec une compétition entre un accumulateur des comparaisons positives et un accumulateur des réponses négatives.

[6] Dans le cas d'un rappel indicé, pris ici comme illustration, la partie gauche du vecteur de récupération code les différentes valeurs du stimulus et la partie droite ne comporte que des 0 et code la réponse à retrouver en mémoire. L'écho fourni par la mémoire, en réponse à l'indice de récupération, peut être ré-injecté dans la mémoire comme un nouvel indice de récupération («bootstrap»). L'écho peut être éventuellement normalisé, avant ré-injection, en multipliant chaque valeur par une constante $g = 1 / Max\{Cj\}$. Ce processus itératif, plus ou moins coûteux en temps, est poursuivi jusqu'à la stabilisation éventuelle de la réponse de la mémoire — celle-ci n'est évidemment pas garantie (Hintzman, 1986). Une autre solution, plus rapide mais fonctionnellement moins réaliste, consiste à stocker par ailleurs une liste des vecteurs réponses et à calculer la corrélation (r de Bravais-Pearson) entre l'écho et chacune de ces réponses. La réponse sélectionnée sera la réponse dont le coefficient de corrélation est le plus élevé.

La technique de simulation de Minerva 2 est une procédure de Monte-Carlo : les vecteurs correspondant aux traces et aux indices de récupération sont, pour chaque sujet simulé, générés de façon aléatoire et les traits sont stockés en mémoire avec une probabilité définie. Les résultats sont moyennés sur un grand nombre de sujets (expérience «virtuelle») et sont confrontés à des données expérimentales observées.

[7] Il est intéressant de noter ici que les modèles de mémoire basés sur des traces multiples et séparées, simulent une indépendance complète entre le rappel et la reconnaissance, comme dans les tests de mémoire implicite (ex. : MINERVA 2). De même les modèles qui ne récupèrent pas un vecteur mais un simple nombre scalaire comme mesure de force ou de familiarité (ex. : TODAM) reproduisent également une relation d'indépendance entre le rappel et la reconnaissance. En revanche, les modèles distribués et interactifs prédisent des degrés divers de dépendance, comme dans les tests de mémoire explicite (ex. : CHARM, modèle auto-associatif à rétropropagation). Pour une comparaison entre MINERVA 2 et TODAM : McDowd & Murdock, 1986; M.S. Humphreys, Pike, Bain & Tehan, 1989.

[8] Cette corrélation entre l'écho et le prototype augmente en fonction de la taille de la catégorie : .62 (n=3), .73 (n=6) et .79 (n=9). D'autres simulations confirment des résultats classiques obtenus chez le sujet humain : a) la similarité intra-catégorielle abaisse la performance de Minerva 2; b) on observe une interaction entre des éléments contextuels associés et le taux de distorsion à l'égard du prototype (Hintzman, 1986).

Chaque présentation d'un même item générant une trace en mémoire, l'intensité de l'écho augmente en fonction du nombre de traces d'un même événement. MINERVA 2 permet donc, en principe, de modéliser les jugements absolus de fréquence et les jugements de certitude. Cette modélisation est compatible avec l'application de la théorie de la détection du signal (Hintzman, 1984).

[9] Par exemple, la simulation connexionniste, proposée par Seidenberg et McClelland (1989) n'ajoute rien de fondamentalement nouveau à notre savoir théorique sur l'identification et la dénomination des mots. Mimer, de façon connexionniste, une fonction cognitive ne peut en rien démontrer la validité de la théorie sous-jacente. En définitive le

connexionnisme regroupe donc des modèles réalisant, de façon computationnelle, des théories cognitives et/ou neurologiques (McCloskey, 1991).

[10] Les modèles connexionnistes d'activation interactive (Burton & *al.*, 1990; McClelland & Rumelhart, 1981) stockent des représentations symboliques complexes (visages, noms, etc.) à des adresses précises. Rumelhart et Todd (1993), montrent qu'un réseau sémantique classique peut être «réécrit» dans un formalisme connexionniste avec une couche cachée de représentation distribuée des concepts et de leurs propriétés. Le connexionnisme n'est donc pas fondamentalement incompatible avec une description de la mémoire en termes de représentations symboliques localisées. Il faut d'ailleurs remarquer ici que la relation entre le problème de la localisation des fonctions cérébrales et la question de la distribution de l'information et des traitements cognitifs ne peut être, elle non plus, résolue de façon schématique (Farah, 1994).

[11] Ce principe est dit de «compositionnalité». Une information componentielle peut être décomposée en éléments primitifs. La logique propositionnelle en est un bon exemple. Une composition est «concaténative» si elle préserve la structure séquentielle entre les constituants. Soit A et B, deux expressions différentes bien formées d'un langage formel, alors (A & B) est aussi une nouvelle expression bien formée du langage par concaténation spatiale.

Conclusion

La mémoire a été très longtemps considérée comme une simple forme de la cognition, spécialisée dans la représentation du passé. Pire, certains psychologues de la cognition ne reconnaissent pas l'utilité d'un tel concept et n'envisagent, à la rigueur, que de simples contraintes mnémoniques modulant des processus cognitifs de niveau supérieur (la perception, la résolution de problème, etc.). Le développement des Sciences cognitives, depuis deux décennies, a démontré que cette conception était erronée ou, à tout le moins, partielle. La mémoire, c'est probablement la forme même de la cognition. En effet, les processus mnésiques ne déterminent pas seulement les possibilités d'accès aux représentations des événements du passé, mais les propriétés des mémoires transitoires et permanentes déterminent aussi notre présent psychologique et ce qui sera perçu, encodé, représenté et stocké dans notre environnement immédiat. De plus, la mémoire oriente nos anticipations cognitives, influence la répartition de nos ressources «attentionnelles» et engendre ces surprises potentielles qui jouent un si grand rôle pour l'éveil de notre conscience et pour nos capacités d'apprentissage. La mémoire, ce n'est donc pas seulement le passé... c'est aussi le présent et le futur de la cognition.

Mais, dans une perspective plus essentielle encore, la façon dont la mémoire est théoriquement conçue et décrite détermine entièrement la nature des opérations cognitives qui seront rendues possibles. Dis-moi comment tu conçois la mémoire d'un système et je te dirai de quelles acquisitions ce système est capable et quelle est la nature exacte de son « intelligence ». Sans le concept de mémoire, comment expliquer, par exemple, la dialectique de l'intension et de l'extension, du spécifique et du général, du procédural et du déclaratif ou de l'épisodique et du sémantique ? Le concept de mémoire est peut-être encore plus fondamental que celui de cognition ou, si l'on préfère, un système cognitif ne peut émerger que du fonctionnement d'un système « à mémoire ».

De ce point de vue il est particulièrement regrettable que l'on n'ait pas consacré autant d'efforts à la « mesure » de la mémoire qu'à celle de l'intelligence. De nombreux psychologues (psychologues scolaires, ergonomes et neuropsychologues par exemple) ressentent pourtant, dans leur pratique, le besoin d'instruments psychotechniques d'étude des performances mnésiques. Les plaintes relatives au fonctionnement de la mémoire accompagnent fréquemment le vieillissement et plusieurs tableaux cliniques en neuropsychologie et en psychiatrie. Les contraintes mnémoniques peuvent s'avérer critiques dans le traitement d'informations complexes en situation de travail et dans les interfaces cognitives homme-machine. La mémoire joue également un rôle critique, chez le jeune enfant, pour l'acquisition de la lecture et la compréhension du langage (Lieury, 1992). Or il existe relativement peu de tests standardisés et étalonnés pour évaluer les performances mnésiques. Si l'on excepte le classique subtest d'empan numérique de l'échelle d'intelligence Wechsler (1974), plusieurs instruments utiles ont été mis au point lors de ces dernières années : le CNRep (« Children's Test of Nonword Repetition », Gathercole, Willis, Baddeley & Emslie, 1994) est un test de répétition de non-mots pour les jeunes enfants permettant l'étude de la mémoire phonologique ; le « Story Recall Test » (Beardsworth & Bishop, 1994) est un test de rappel d'histoires pour l'étude des déficits de la mémoire à long terme chez l'enfant ; le ERBMT (« Extended Rivermead Behavioural Memory Test », Wilson, 1991 ; De Wall, Wilson & Baddeley, 1994) permet l'étude de la mémoire de tous les jours chez l'adulte ; le RMT (« Recognition Memory Test », Warrington, 1984) est utile pour la comparaison entre mémoire visuelle des visages et mémoire verbale des mots ; le BORB (« Birmingham Object Recognition Battery », Riddoch & Humphreys, 1993) offre un outil d'évaluation du traitement de l'information visuelle et de la reconnaissance visuelle d'objets ; enfin, l'AMI (« Autobiographical Memory Interview », Kopelman, Wilson & Baddeley, 1989) est un instrument de diagnostic des déficits d'origine psychiatrique et neurologique de la mémoire autobiographique (pour une revue : Erickson & Scott, 1977 ; Gathercole & R.A. McCarthy, 1994 ; Parkin & Leng, 1993, p. 17-34)[1].

Notre connaissance des lois structurelles et fonctionnelles de la mémoire a connu une forte progression au cours de la période récente. Prolongeant les méthodes directes d'étude de la mémoire (rappel et reconnaissance), de nouvelles méthodologies sont apparues dans ce domaine : méthodes indirectes (priming de répétition, priming associatif, masquage) et simulation (psychomimétique ou neuromimétique). Données expérimentales, observations cliniques et modélisations ont profondément modifié nos conceptions théoriques de la mémoire humaine (par exemple, révision importante de la dichotomie mémoire à court terme / mémoire à long terme, remaniement profond de la «métaphore spatiale» de la mémoire permanente, importance de l'historique contextuel des traces mnésiques dans la détermination de leurs propriétés sémantiques et épisodiques, rôle de la «conscience» dans la mémoire).

Sur le plan expérimental, d'importantes dissociations ont été mises en évidence, en particulier dans le domaine neuropsychologique. Par exemple, les capacités de rappel sont très perturbées chez les patients amnésiques, mais ceux-ci ne diffèrent pas des sujets contrôles quand leur rappel a lieu en présence d'un indice sémantique ou quand leur mémoire est étudiée par des méthodes indirectes. La contribution fonctionnelle de certaines régions cérébrales (cortex frontal, diencéphale, hippocampe) aux processus mnésiques est explorée dans des protocoles de plus en plus rigoureux. Les propriétés dynamiques des mémoires transitoires à oubli rapide (mémoire iconique, mémoire échoïque, mémoire de travail) ont fait l'objet de recherches intensives visant, en particulier, à préciser la nature de leur articulation avec la mémoire permanente. Enfin, les recherches expérimentales, neurophysiologiques et cliniques ont fait émerger d'heuristiques distinctions fonctionnelles : mémoire sémantique vs mémoire épisodique, mémoire déclarative vs mémoire procédurale, mémoire explicite vs mémoire implicite.

La modélisation de la mémoire humaine a, sans aucun doute, bénéficié des recherches en Intelligence Artificielle. Des langages de description rigoureux de l'information symbolique et de son organisation (logique propositionnelle, réseaux sémantiques, systèmes de production, scripts, schémas, langages orienté-objet) ont permis un meilleur contrôle expérimental et le développement de modèles computo-symboliques de la mémoire permanente. Des modèles de simulation ont succédé aux classiques modèles d'estimation de fonction et de paramètres. Cette simulation s'est développée au niveau des représentations symboliques et de leur organisation syntaxique en mémoire permanente mais aussi au niveau sub-symbolique — réseaux connexionnistes, fonctionnels et non syntaxiques, de type neuro-mimétique ou psycho-mimétique.

Tableau 13. — L'évolution des recherches sur la mémoire humaine de 1885 à 1995.

	1880-1960	1960-1980	1980-1995
Méta-théories	Associationnisme	Fonctionnalisme	Structuralisme
Domaines	– Items – Listes	– Evénements – Episodes	– Connaissances – Procédures
Paradigmes	– Apprentissage & conditionnement	– Rappel – Reconnaissance	– Priming
Modèles	– Modèles stochastiques	– Systèmes de traitement de l'information (STI)	– Systèmes modulaires symboliques & sub-symboliques
Données empiriques	– Renforcement – Répétition – Fréquence – Généralisation	– Effets de contexte – Principe d'encodage spécifique – Organisation	– Localisations cérébrales – Développement – Dissociations neuropsychologiques
Avancées théoriques	– Lois de la généralisation – Lois de l'interférence – Effet de position sérielle – Mémoire verbale	– Mémoire à court terme vs Mémoire à long terme – Mémoire de travail – Mémoire épisodique vs Mémoire sémantique – Ecphorie	– Mémoire déclarative vs Mémoire procédurale – Mémoire implicite vs mémoire explicite

Pendant un peu moins d'un siècle (de la fin du XIXe siècle au milieu des années soixante), les théories dominantes de la mémoire décrivaient ses propriétés associatives de façon plutôt mécanique. C'était l'âge d'or de l'associationnisme et l'explication des phénomènes de mémoire était entièrement réduite à l'étude des procédures d'apprentissage verbal. De cette période doivent être incontestablement conservés les concepts théoriques d'association, d'habitude et de généralisation. Une description fonctionnaliste de la mémoire s'impose progressivement entre 1960 et 1980 et se substitue au mécanisme associationniste : des systèmes cognitifs hypothétiques sont proposés (mémoire à court terme, mémoire à long terme, par exemple), des processus de traitement sont explorés (encodage, consolidation, stockage, récupération) et, enfin, l'étude de la mémorisation d'événements est préférée à celle de la mémorisation d'items isolés ou de listes «intemporelles». Cette approche fonctionnaliste met en lumière l'importance, pour l'explication des phénomènes de mémoire, des interactions entre encodage et récupération (effets de contexte). La mise en évidence des effets de contexte et les tentatives d'explication de l'interaction dynamique entre les composantes épisodiques et sémantiques de la mémoire constituent, sans aucun doute possible, l'apport empirique et la contribution théorique essentiels de cette période. Enfin, la période actuelle (1980-1995) se traduit par le développement d'un puissant courant structuraliste proposant des systèmes de mémoire intégrés (procédurale, déclarative). Cette évolution est parallèle à l'augmentation sensible des interactions entre neurosciences et psychologie cognitive (neuroscience cognitive). La méthodologie de l'amorçage est représentative de cette évolution : le priming est une méthode d'étude opérationnelle des effets de contexte et son utilisation intensive a permis d'étudier les propriétés de la mémoire implicite et, au-delà, celles des mémoires procédurales. Les progrès de la neuro-imagerie et de la neuropsychologie devraient créer des conditions favorables à l'intégration théorique entre approche structurale et approche fonctionnelle (Tableau 13).

En définitive, la conception théorique de la mémoire humaine qui émerge aujourd'hui est beaucoup plus complexe que celle qui prévalait encore il y a moins d'une décennie. L'accord est général aujourd'hui pour reconnaître que le stockage de l'information est multidimensionnel et s'effectue dans un contexte cognitif défini qui implique à la fois des composantes conscientes et non conscientes, mais aussi des composantes représentationnelles et motivationnelles (Moscovitch, 1992; Squire, 1987; Tulving, 1995; Weiskrantz, 1987). L'ensemble de ces informations est analysé par des systèmes de mémoire possédant des propriétés suffisamment spécifiques pour être distingués : 1) un système de représentation perceptif qui traite, de façon implicite, la forme visuelle ou auditive des mots et des objets et qui est impliqué de façon critique dans les phénomènes d'amorçage de répétition; 2) un système implicite de représentation sémantique responsable de la formation de nos connaissances factuelles et génériques; 3) un système explicite de représentation épisodique qui est le seul à être associé à un éveil de conscience caractéristique de la mémoire («récollection») (Figure 36).

Ce sont des données neuropsychologiques et neuro-anatomiques qui ont renforcé cette conception théorique. Certaines lésions, entraînant des dissociations spectaculaires, ont été invoquées à l'appui de cette concep-

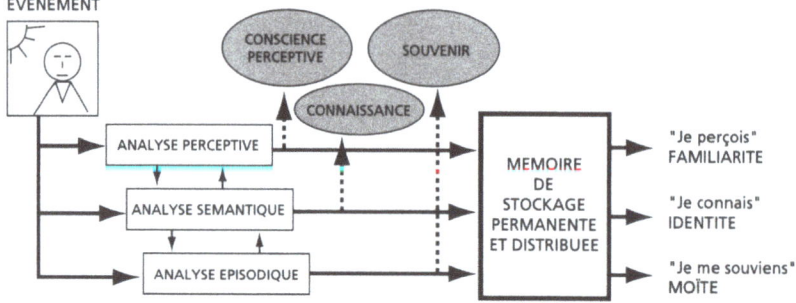

Figure 36. — Théorie générale des processus de stockage et de récupération de l'information dans la mémoire humaine. L'analyse perceptive, l'analyse sémantique et l'analyse épisodique sont des sous-systèmes fonctionnels hiérarchiques organisés en cascade avec des possibilités de rétroaction (un échec de l'analyse perceptive empêche l'analyse sémantique, un blocage de celle-ci rend impossible le traitement épisodique). Le degré de conscience augmente du niveau perceptif (automatique) au niveau sémantique (familiarité) et au niveau épisodique (souvenir conscient accompagné de « moïté »). Le produit de ces traitements peut être maintenu dans une mémoire de travail dynamique. Le stockage à long terme s'effectue de façon entièrement distribuée et l'information est retrouvée spécifiquement en fonction des indices perceptifs, sémantiques ou épisodiques présents dans l'environnement interne et externe. La conscience n'est pas opposée à l'absence de conscience mais il existe probablement des types de conscience qualitativement et quantitativement différents : conscience « perceptive » (« je perçois »), conscience « épistémique » (« je sais » ou « je connais ») et, enfin, conscience « mémonique » (« je me souviens »).

tion systémique. Les aires associatives pariétales et temporales ont une fonction critique dans le stockage à long terme et à court terme de l'information sémantique et épisodique. Le système limbique, et en particulier le circuit hippocampique, jouent un rôle évident dans la sélection contextuelle et son implication dans la mémoire épisodique est difficile à contester (syndrome d'amnésie globale). Les régions préfrontales sont aussi impliquées dans la mémoire autobiographique. Les régions frontales sont enfin associées au fonctionnement de la mémoire épisodique (conscience « récollective »), à la planification et à l'intentionnalité. Elles pourraient jouer un rôle de filtrage inhibiteur sur les régions corticales postérieures, dans de nombreuses activités (mémoire, attention, résolution de problème) (Shimamura, 1995).

La façon dont ces systèmes encodent et stockent l'information est encore largement controversée. L'opposition entre l'approche fonctionnelle et structurale doit être maniée avec prudence et le rôle fonctionnel complexe des régions préfrontales devrait prémunir contre une conception « localisationniste » trop rigide. On peut douter de l'hypothèse d'une organisation séquentielle stricte ou d'un parallélisme total. Un modèle en

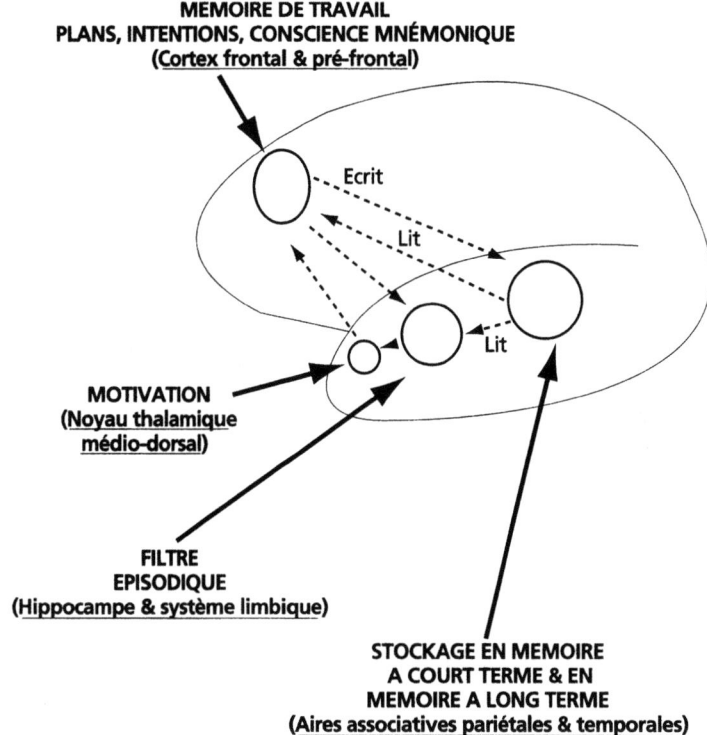

Figure 37. — Relation entre les systèmes de mémoire et les principales structures cérébrales : le système limbique et l'hippocampe jouent un rôle critique pour le stockage à long terme de l'information déclarative, en particulier pour l'information de nature épisodique et pour les nouvelles informations (ce système hippocampique est particulièrement sensible aux variations contextuelles); le cortex est déterminant pour la récupération de l'information sémantique et la récupération de l'information épisodique (cortex latéro-temporal, dans ce dernier cas); les régions pré-frontales ont une grande influence dans le traitement de l'information temporelle; les régions frontales (en particulier l'aire 10) semblent impliquées dans l'éveil de la conscience «mnésique» et dans la planification (mémoire de travail); enfin la motivation agit sur la mémoire par l'intermédiaire du noyau thalamique médio-dorsal.

cascade, à la fois séquentiel et parallèle, est beaucoup plus approprié ici. Il y aurait cependant une forte hiérarchie entre ces systèmes : un échec au niveau des processus perceptifs empêcherait l'encodage de l'information sémantique et un échec au niveau sémantique bloquerait le stockage de l'information épisodique; mais tous ces traitements pourraient cependant se chevaucher temporellement. Le stockage résultant de cette architecture de traitements en cascade serait distribué dans différentes régions cérébrales. Si l'encodage des informations mnésiques repose sur une forte interdépendance entre systèmes, l'accès à ces informations, de nature perceptive, sémantique et procédurale, se ferait de façon indépendante en fonction des conditions perceptives, sémantiques et contextuelles de la situation de récupération.

L'étude de la mémoire humaine a donc apporté une très riche contribution à la compréhension des phénomènes cognitifs : 1) l'articulation entre les processus descendants et les processus ascendants est sans doute une question critique de l'exploration des processus mnésiques (par exemple, jusqu'à quel niveau de traitement une représentation de niveau central, comme la familiarité, peut-elle exercer des effets rétroactifs sur les traitements perceptifs de bas niveau?); 2) la relation entre le niveau d'explication symbolique (modèles classiques de traitement de l'information) et le niveau d'explication sub-symbolique (modèles connexionnistes psychomimétiques) soulève des problèmes théoriques, méthodologiques et techniques dont les solutions sont encore en débat (modèles hybrides); il en est d'ailleurs de même pour la mise en relation des architectures neuronales du niveau neurophysiologique avec les formalismes de description sub-symboliques; 3) le progrès des connaissances dans ce domaine de recherche va également dépendre, en partie, de la capacité des chercheurs à préciser leurs analyses cognitives à l'aide de nouveaux indicateurs (fonction précision-rapidité, association de l'analyse chronométrique à l'enregistrement des potentiels évoqués et aux technologies d'imagerie cérébrale); 4) la simulation computationnelle des processus mnésiques est une pièce stratégique pour le progrès de nos connaissances, à condition toutefois qu'elle demeure toujours sous le contrôle de l'expérimentation; 5) pour toutes les raisons précédentes, la recherche cognitive sur la mémoire humaine ne pourra se développer, de façon optimale, sans une approche pluri-compétente et coordonnée impliquant l'informatique fondamentale, la linguistique, les neurosciences et la psychologie cognitive. C'est précisément l'objectif du programme scientifique des sciences de la cognition.

NOTE

[1] Deux instruments d'évaluation des performances mnésiques, en langue française, peuvent être recommandés ici. Il s'agit tout d'abord d'un test de reconnaissance des visages permettant un diagnostic précis de la nature des troubles de traitement de l'information faciale (Bruyer & Schweich, 1991). Il s'agit ensuite d'un instrument de diagnostic du fonctionnement cognitif dans la lecture et la compréhension de textes (DIAGNOS). Il permet une évaluation précise des capacités mnésiques à l'œuvre dans la lecture et la compréhension de textes : codage et récupération des signifiés, résolution des références, inférences, schématisation et rétention (Baudet & Denhière, 1989; Denhière & Baudet, 1992).

Bibliographie

Abdi, H. (1986). La mémoire sémantique : Une fille de l'intelligence artificielle et de la psychologie. In J.-M. Hoc, C. Bonnet & G. Tiberghien (Eds), *Psychologie et intelligence artificielle* (p. 139-151). Bruxelles : Mardaga.

Abdi, H. (1994). *Les réseaux de neurones*. Grenoble : Presses Universitaires de Grenoble.

Alba, J.W., Hasher, L. (1983). Is memory schematic? *Psychological Bulletin, 93,* 203-231.

Amy, B. & Tiberghien, G. (1993). Contexte, cognition et machines contextuelles. In M. Denis & G. Sabah (Eds), *Modèles et concepts pour la science cognitive : Hommage à J.-F. Le Ny* (p. 179-206). Grenoble : Presses Universitaires de Grenoble.

Anderson, J.A. (1990). Hybrid computation in cognitive science : Neural networks and symbols. *Applied Cognitive Psychology, 4,* 337-347.

Anderson, J.R. (1974). Retrieval of propositional information from long-term memory. *Cognitive Psychology, 6,* 451-474.

Anderson, J.R. (1976). *Language, memory and thought*. Hillsdale, NJ : Lawrence Erlbaum Associates.

Anderson, J.R. (1978). Arguments concerning representations for mental imagery. *Psychological Review, 85,* 249-277.

Anderson, J.R. (1980). *Cognitive psychology and its implications*. San Francisco : Freeman.

Anderson, J.R. (1983). *The architecture of cognition*. Cambridge, MA : Cambridge University Press.

Anderson, J.R. (1993). *Rules of the mind*. Hillsdale, NJ : Lawrence Erlbaum Associates.

Arbib, M.A. (1986). Schemas and perception : Perspectives from brain theory and artificial intelligence. In E.C. Schwab & H.C. Nusbaum (Eds), *Pattern recognition by humans and machines* (p. 121-157). San Diego : Academic Press.

Atkinson, R.C., Juola, J.F. (1974). Search and decision processes in recognition memory. In D.H. Krantz, R.C. Atkinson, R.D. Luce & P. Suppes (Eds), *Contemporary developments in mathematical psychology (Volume 1. Learning, memory and thinking)* (p. 243-293). San Francisco : Freeman.

Atkinson, R.C., Shiffrin, R.M. (1968). Human memory : A proposed system and its control processes. In K.W. Spence & J.T. Spence (Eds), *The psychology of learning and motivation : Advances in research and theory* (p. 89-195). New York : Academic Press.

Baddeley, A.D. (1966). Short-term memory for word sequences as a fuction of acoustic semantic and formal similarity. *Quarterly Journal of Experimental Psychology, 18*, 362-365.

Baddeley, A.D. (1976). *The psychology of memory*. London : Harper and Row.

Baddeley, A.D. (1982). Domains of recollection. *Psychological Review, 89*, 708-729.

Baddeley, A.D. (1983). Working memory. *Philosophical Transactions of the Royal Society, London, B302*, 311-324.

Baddeley, A. (1986). *Working memory*. Oxford : Oxford University Press.

Baddeley, A.D. (1990). *Human memory : Theory and practice*. Hillsdale, NJ : Lawrence Erlbaum Associates.

Baddeley, A. (1992). Is working memory working ? The fifteenth Bartlett lecture. *Quarterly Journal of Experimental Psychology, 44A*, 1-31.

Baddeley, A. (1995). Working memory. In M. Gazzaniga (Ed.), *The cognitive neurosciences* (p. 755-764). Cambridge, MA : The MIT Press.

Baddeley, A.D., Ecob, J.R. (1973). Reaction time and short-term memory : A trace strength alternative to the high-speed exhaustive scanning hypothesis. *Quarterly Journal of Experimental Psychology, 25*, 229-240.

Baddeley, A.D., Hitch, G. (1974). Working memory. In G.A. Bower (Ed.), *Recent advances in learning and motivation* (p. 47-89). New York : Academic Press.

Baddeley, A.D., Hitch, G. (1977). Recency re-examined. In S. Dornic (Ed.), *Attention and performance VI* (p. 647-667). Hillsdale, NJ : Lawrence Erlbaum Associates.

Baddeley, A.D. & Lieberman, K. (1980). Spatial working memory. In R. Nickerson (Ed.), *Attention and performance VIII* (p. 521-539). Hillsdale, NJ : Lawrence Erlbaum Associates.

Baddeley, A.D., Warrington, E.K. (1970). Amnesia and the distinction between long- and short-term memory. *Journal of Verbal Learning and Verbal Behavior, 9*, 176-189.

Baddeley, A.D., Woodhead, M. (1982). Depth of processing, context and face recognition. *Canadian Journal of Psychology, 36*, 148-164.

Baddeley, A.D., Eldridge, M., Lewis, V.J. (1981). The role of subvocalization in reading. *Quarterly Journal of Experimental Psychology, 33A*, 439-454.

Baddeley, A.D., Thomson, N., Buchanan, M. (1975). Word length and the structure of short-term memory. *Journal of Verbal Learning and Verbal Behavior, 14*, 575-589.

Baddeley, A.D., Grant, S., Wight, E., Thomson, N. (1975). Imagery and visual working memory. In P.M.A. Rabbitt & S. Dornic (Eds), *Attention and performance V* (p. 205-217). London : Academic Press.

Baddeley, A.D., Bressi, S., Della Sala, S., Logie, R.H., Spinnler, H. (1991). The decline of working memory in Alzheimer's disease. *Brain, 114*, 2521-2542.

Bain, J., Humphreys, M.S. (1988). Relational context : Independent cues, meanings or configurations ? In G.M. Davies & D.M. Thomson (Eds), *Memory in context : Context in memory* (p. 97-137). New york : John Wiley & Sons.

Bartlett, F.C. (1932). *Remembering : A study in experimental and social psychology*. Cambridge, MA : Cambridge University Press.

Baudet, S., Denhière, G. (Ed.) (1989). Le diagnostic du fonctionnement cognitif dans la compréhension et la production de textes [N° Spécial]. *Questions de Logopédie, 21*.

Beardsworth, E., Bishop, D. (1994). Assessement of long-term verbal memory in children. *Memory, 2*, 129-148.

Bergson H. (1926). *Matière et mémoire : Essai sur la relation du corps à l'esprit* (21e édition). Paris : Librairie Félix Alcan.

Berry, D.C. (1994). Implicit learning : Twenty-five years on. A tutorial. In C. Umiltà & M. Moscovitch (Eds), *Attention and Performance XV* (p. 755-782). Cambridge, MA : The MIT Press.

Bisiach, E. (1966). Perceptual factors in the pathogenesis of anomia. *Cortex*, 2, 90-95.

Bisseret, A. (1995). *Représentation et décision experte : Psychologie cognitive de la décision chez les aiguilleurs du ciel*. Toulouse : Octares Editions.

Bjork, R.A., Whitten, W.B. (1974). Recency-sensitive retrieval processes in long-term free recall. *Cognitive Psychology*, 6, 173-189.

Block, N. (1995). On a confusion about a function of consciousness. *Behavioral and Brain Sciences*, 18, 227-287.

Borges, M.A., Lewis, L.K., Lillich, J.W. (1977). Effects of verbal study-strategies on the free recall and recognition of concrete abstract nouns. *Psychological Reports*, 40, 147-156.

Bower, G.A. (1975). Cognitive psychology : An introduction. In W.K. Estes (Ed.), *Handbook of learning and cognitive processes*. Hillsdale, NJ : Lawrence Erlbaum Associates.

Brainerd, C.J., Kingma, J. (1985). On the independance of short-term memory and working memory in cognitive development. *Cognitive Psychology*, 17, 210-247.

Brown, G.D.A., Dalloz, P., Hulme, C. (1995). Mathematical and connectionist models of human memory : A comparison. *Memory*, 3, 113-145.

Brown, J. (1958). Some tests of the decay theory of immediate memory. *Quarterly Journal of Experimental Psychology*, 10, 12-21.

Brown, J. (1976). *Recall and recognition*. New York : Wiley.

Bruce, V., Green, P. (1985). *Visual perception : Physiology, psychology and ecology*. London : Lawrence Erlbaum Associates.

Brutsche, J., Cissé, A., Deléglise, D., Finnet, A., Sonnet, P., Tiberghien, G. (1981). Effets de contexte dans la reconnaissance de visages non familiers. *C P C : European Bulletin of Cognitive Psychology*, 1, 85-90.

Bruyer, R., Schweich, M. (1991). A clinical test battery of face processing. *International Journal of Neuroscience*, 61, 19-30.

Buchner, A., Erdfelder, E., Vaterrodt-Plünnecke, B. (1995). Toward unbiased measurement of conscious and unconscious memory processes within the process dissociation framework. *Journal of Experimental Psychology : General*, 124, 137-160.

Buckner, R.L. (1996). Beyond HERA : Contributions of specific prefrontals brain areas to long-term memory retrieval. *Psychonomic Bulletin & Review*, 3(2), 149-158.

Burke, D.M., Light, L. (1981). Memory and aging : The role of retrieval processes. *Psychological Bulletin*, 90, 513-546.

Burrows, D., Okada, R. (1973). Parallel scanning of semantic and formal information. *Journal of Experimental Psychology*, 97, 254-257.

Burton, A.M., Bruce, V., Johnston, R.A. (1990). Understanding face recognition with an interactive activation model. *British Journal of Psychology*, 81, 361-380.

Case, R. (1985). *Intellectual development : Birth to adulthood*. New York : Academic Press.

Caudill, M., Butler, C. (1992). *Understanding neural networks* (Vol. 1-2). Cambridge, MA : The MIT Press.

Chertkow, H., Bub, D. (1990). Semantic memory loss in dementia of the Alzheimer type. *Brain*, 113, 397-417.

Claparède (1911). Récognition et moïté. *Archives de Psychologie*, 11, 79-90.

Cohen, N.J., Squire, L.R. (1980). Preserved learning and retention of pattern analysing skill in amnesia : Dissociation of knowing how and knowing that. *Science*, 210, 207-209.

Cohen, R.L. (1970). Recency effects in long-term recall and recognition. *Journal of Verbal Learning and Verbal Behavior, 9*, 672-678.

Cohen, R.L., Granström, K. (1970). Reproduction and recognition of ST visual memory. *Quarterly Journal of Experimental Psychology, 22*, 450-457.

Coin, C., Tiberghien, G. (sous presse). Encoding activity and face recognition. *Memory*.

Collins, A.M., Quillian, M.R. (1969). Retrieval time from semantic memory. *Journal of Verbal Learning and Verbal Behavior, 8*, 240-247.

Collins, A.M., Quillian, M.R. (1970). Facilitating retrieval from semantic memory : The effect of repeating part of an inference. In A.F. Sanders (Ed.), *Attention and performance III*. Amsterdam : North Holland.

Coltheart, M. (1980). Iconic memory and visible persistence. *Perception and Psychophysics, 27*, 183-228.

Coltheart, M. (1983). The right hemisphere and disorders of reading. In A. Young (Ed.), *Functions of the right cerebral hemisphere*. London : Academic Press.

Coltheart, M. (1984). Sensory memory : A tutorial review. In H. Bouma & D.G. Bouwhuis (Eds), *Attention and performance : Control of language processes* (Vol. 10). Hillsdale, NJ. : Lawrence Erlbaum Associates.

Conrad, R. (1964). Acoustic confusion in immediate memory. *British Journal of Psychology, 55*, 75-84.

Cooper, L.A., Shepard, R.N. (1973). Chronometric studies of the rotation of mental images. In W.G. Chase (Ed.), *Visual information processing* (p. 75-176). New York : Academic Press.

Cowan, N. (1988). Evolving conceptions of memory storage, selective attention, and their mutual constraints within the human information-processing system. *Psychological Bulletin, 104*, 163-191.

Craik, F.I.M. (1970). The fate of primary memory items in free recall. *Journal of Verbal Learning and Verbal Behavior, 9*, 143-148.

Craik, F.I.M., Lockhart, R.S. (1972). Levels of processing : a framework for memory research. *Journal of Verbal Learning and Verbal Behavior, 11*, 671-684.

Craik, F.I.M., Tulving, E. (1975). Depth of processing and the retention of words in episodic memory. *Journal of Experimental Psychology : General, 104*, 268-294.

Craik, F.I.M., Watkins, M.J. (1973). The role of rehearsal in short-term memory. *Journal of Verbal Learning and Verbal Behavior, 12*, 599-607.

Crowder, R.G. (1989). Modularity and dissociations in memory systems. In H.L. Roediger & F.I.M. Craik (Eds), *Varieties in memory and consciousness : Essays in honour of Endel Tulving* (p. 271-294). Hillsdale, NJ : Lawrence Erlbaum Associates.

Daneman, M., Carpenter, P.A. (1980). Individual differences in working memory and reading. *Journal of Verbal Learning and Verbal Behavior, 19*, 450-466.

Darley, L.F., Murdock, B.B. (1971). Effects of prior free recall testing on final recall and recognition. *Journal of Experimental Psychology, 91*, 66-73.

Darwin, C.J., Turvey, M.T., Crowder, R.G. (1972). An auditory analogue of the Sperling partial report procedure. *Cognitive Psychology, 3*, 255-267.

Davies, G.M., Thomson, D.M. (1988). *Memory in context : Context in memory*. New York : Wiley.

de Haan, E.H.F., Young, A., Newcombe, F. (1987). Face recognition without awareness. *Cognitive Neuropsychology, 4*, 385-415.

Delacour, J. (1994). *Biologie de la conscience*. Paris : Presses Universitaires de France.

Denhière, G. (1984). *Il était une fois... Compréhension et souvenir de récits*. Lille : Presses Universitaires de Lille.

Denhière, G., Baudet, S. (1992). *Lecture, compréhension de texte et science cognitive*. Paris : Presses Universitaires de France.

Dennett, D.C. (1993). *La conscience expliquée*. Paris : Editions Odile Jacob.

de Schonen, S., Deruelle, C., Pascalis, O., Mancini, J. (1994). A propos de la notion de spécialisation cérébrale fonctionnelle : Le développement de la reconnaissance des visages. *Psychologie Française, 39*, 259-274.

de Wall, C., Wilson, B.A., Baddeley, A.D. (1994). The Extended Rivermead Behavioural memory test : A measure of everyday memory performance in normal adults. *Memory, 2*, 149-166.

Di Lollo, V., Clark, C.D., Hogden, J.H. (1988). Separating visible persistence from retinal afterimages. *Perception and Psychophysics, 44*, 363-368.

Donders (1865/1969). Over de snelheid van psuchische processen (On the speed of mental process) (W.G. Koster, Trans.). *Acta Psychologica, 30*, 412-431.

Ebbinghaus, H. (1885/1964). *Memory : A contribution to experimental psychology*. New York : Dover.

Edelman, G.M. (1992). *Biologie de la conscience*. Paris : Editions Odile Jacob.

Ehrlich, S., Philippe, M. (1976). Encoding specificity, retrieval specificity or structural specificity. *Journal of Verbal Learning and Verbal Behavior, 15*, 537-548.

Eich-Metcalfe, J.M. (1985). Levels of processing, encoding specificity, elaboration and CHARM. *Psychological Review, 92*, 1-38.

Ericsson, K.A., Kintsch, W. (1995). Long-term working memory. *Psychological Review, 102*, 211-245.

Ericksen, C.W. (1962). Figments, fantasies and folies : A search for the subconscious mind. In *Behavioral awareness : Symposium of research and interpretation*. Durham : Duke University Press.

Erickson, R.C., Scott, M.L. (1977). Clinical memory testing. *Psychological Bulletin, 84*, 1130-1149.

Estes, W.K. (1980). Is human memory obsolete? *American Scientist, 68*, 62-69.

Estes, W.K. (1991). Cognitive architecture from the standpoint of an experimental psychologist. *Annual Review of Psychology, 42*, 1-28.

Eysenck, M.W. (1978). Levels of processing : A critique. *British Journal of Psychology, 69*, 157-169.

Farah, M.J. (1984). The neurological basis of mental imagery : a componential analysis. *Cognition, 18*, 245-272.

Farah, M.J. (1989). The neural basis of mental imagery. *Trends in Neurosciences, 12*, 395-399.

Farah, M.J. (1994). Neuropsychological inference with an interactive brain : A critique of the «locality» assumption. *Behavioral and Brain Sciences, 17*, 43-104.

Farah, M.J., Levine, D.N., Calvanio, R. (1988). A case study of mental imagery deficit. *Brain and Cognition, 8*, 147-164.

Feldman, J.A. (1989). A connectionist model of visual memory. In G.E. Hinton & J.A. Anderson (Eds), *Parallel models of associative memory* (p. 65-97). Hillsdale, NJ : Lawrence Erlbaum Associates.

Finke, R.A. (1980). Levels of equivalence in imagery and perception. *Psychological Review, 87*, 113-132.

Fisher, R.P., Craik, F.I.M. (1977). Interaction between encoding and retrieval operations in cued recall. *Journal of Experimental Psychology : Human Learning and Memory, 3*, 701-711.

Flexser, A.J. (1991). The implications of items difference : Commentary on Hintzman and Hartry. *Journal of Experimental Psychology : Learning, Memory, and Cognition, 17*, 338-340.

Flexser, A.J., Tulving, E. (1978). Retrieval independance in recognition and recall. *Psychological Review, 85*, 153-171.

Flexser, A.J., Tulving, E. (1993). Recognition-failure constraints and the average maximum. *Psychological Review*, *100*, 149-153.

Florès, C. (1964). La mémoire. In P. Fraisse & J. Piaget (Eds), *Traité de psychologie expérimentale* (p. 179-300). Paris : Presses Universitaires de France.

Florès, C. (1970). Mémoire à court terme et mémoire à long terme. In D. Bovet, A. Fessard, C. Florès, N.H. Frijda, B. Inhelder, B. Milner, J. Piaget (Eds), *La mémoire* (p. 213-258). Presses Universitaires de France.

Florès, C. (1972). *La mémoire*. Paris : Presses Universitaires de France.

Fodor, J.A. (1986). *La modularité de l'esprit : Essai sur la psychologie des facultés*. Paris : Editions de Minuit.

Fodor, J.A., Pylyshyn, Z. (1988). Connectionism and cognitive architecture : A critical analysis. *Cognition*, *28*, 3-71.

Forrester, W.E. (1984). Publication trends in human learning and memory : 1962-1982. *Bulletin of the Psychonomic Society*, *22 (2)*, 92-94.

Forrin, B., Cunningham, K. (1973). Recognition time and serial position of probed item in short-term memory. *Journal of Experimental Psychology*, *99*, 272-279.

Foucault, M. (1928). Les inhibitions internes de fixation. *L'Année Psychologique*, *29*, 92-112.

Freeman, W. (1990). Model of biological pattern recognition with spatially chaotic dynamics. *Neural Networks*, *3*, 153-170.

Gardiner, J.M. (1988). Functional aspects of recollective experience. *Memory and Cognition*, *16*, 309-313.

Gardiner, J.M. (1991). Contingency relations in successive tests : Accidents do not happen. *Journal of Experimental Psychology : Learning, Memory, and Cognition*, *17*, 334-337.

Gardiner, J.M., Java, R.I. (1991). Forgetting in recognition memory with and without recollective experience. *Memory & Cognition*, *19 (6)*, 617-623.

Gardiner, J.M., Java, R.I. (1993). Recognition memory and awareness : An experiential approach. *European Journal of Cognitive psychology*, *5*, 337-346.

Gathercole, S.E., McCarthy, R.A. (1994). Memory tools for the researcher and clinician. *Memory*, *2*, 97-101.

Gathercole, S.E., Willis, C.S., Baddeley, A.D., Emslie, H. (1994). The children's test of nonword repetition : A test of phonological working memory. *Memory*, *2*, 103-128.

Glanzer, M. (1972). Storage mechanisms in recall. In G.A. Bower & J.T. Spence (Eds), *The psychology of learning and motivation* (p. 129-193). New York : Academic Press.

Glanzer, M., Cunitz, A.R. (1966). Two storage mechanisms in recall. *Journal of Verbal Learning and Verbal Behavior*, *5*, 351-360.

Glanzer, M., Razel, M. (1974). The size of the unit in short-term storage. *Journal of Verbal Learning and Verbal Behavior*, *13*, 114-131.

Globus, G.G. (1992). Toward a noncomputational cognitive neuroscience. *Journal of Cognitive Neuroscience*, *4*, 299-310.

Godden, D., Baddeley, A.D. (1980). When does context influence recognition memory? *British Journal of Psychology*, *71*, 99-104.

Goldman, S.R., Pellegrino, J.W. (1977). Processing domain, encoding elaborations and memory trace strength. *Journal of Verbal Learning and Verbal Behavior*, *16*, 29-43.

Gorfein, D.S., Hoffman, R.R. (1987). *Memory and learning : The Ebbinghaus centennial conference*. Hillsdale, NJ : Lawrence Erlbaum Associates.

Graf, P., Mandler, G. (1984). Activation makes words more accessible, but not necessarily more retrievable. *Journal of Verbal Learning and Verbal Behavior*, *23*, 553-568.

Graf, P., Schacter, D.L. (1985). Implicit and explicit memory for new associations in normal subjects and amnesic patients. *Journal of Experimental Psychology : Learning, Memory, and Cognition*, *11*, 501-516.

Greene, R.L. (1986). A common basis for recency effects in immediate and delayed recall. *Journal of Experimental Psychology : Learning, Memory, and Cognition, 12*, 413-418.

Greene, R.L. (1992). *Human memory : Paradigms and paradoxes.* Hillsdale, NJ : Lawrence Erlbaum Associates.

Grossberg, S. (1987). Competitive learning : From interactive activation to adaptative resonance. *Cognitive Science, 11*, 23-63.

Gruneberg, M.M., Sykes, R.N. (1969). Acoustic confusion in long-term memory. *Acta Psychologica, 29*, 293-296.

Haber, R.N. (1983). The impending demise of the icon : A critique of the concept of iconic storage in visual information processing. *Behavioral and Brain Sciences, 6*, 1-54.

Haber, R.N. (1985). An icon can have no worth in the real world : Comments on Loftus, Johnson, and Shimamura's «How much is an icon worth?». *Journal of Experimental Psychology : Human Perception and Performance, 11*, 374-378.

Hart, J.T. (1965). Memory and the feeling-of-knowing experience. *Journal of Educational Psychology, 56*, 208-216.

Hasher, L., Zacks, R.T. (1979). Automatic and effortful processes in memory. *Journal of Experimental Psychology : General, 108*, 356-388.

Hayman, C.A.G., Tulving, E. (1989). Contingent dissociation between recognition and fragment completion : The method of triangulation. *Journal of Experimental Psychology : Learning, Memory, and Cognition, 15*, 228-240.

Hebb, D.O. (1949). *The organization of behavior.* New York : Wiley.

Hinton, G.E. (1986). Learning distributed representations of concepts. In *Proceedings of the 8th Annual Conference of the Cognitive Science Society* (Amherst) (p. 1-12). Hillsdale, NJ : Lawrence Erlbaum Associates.

Hinton, G.E., Anderson, J.A. (1989). *Parallel models of associative memory.* Hillsdale, NJ : Lawrence Erlbaum Associates.

Hintzman, D.L. (1984). MINERVA 2 : A simulation model of human memory. *Behavior Research Methods, Instruments, & Computers, 16*, 96 -101.

Hintzman, D.L. (1986). Schema abstraction in a multiple-trace memory model. *Psychological Review, 93*, 411-428.

Hintzman, D.L. (1987). Recognition and recall in MINERVA 2 : Analysis of the recognition failure paradigm. In P. Morris (Ed.), *Modelling cognition* (p. 215-229). New york : John Wiley & Sons Ltd.

Hintzman, D.L. (1990). Human learning and memory : connections and dissociations. *Annual Review of Psychology, 41*, 109-139.

Hintzman, D.L. (1991). Contingency analyses, hypotheses and artefacts : Reply to Flexser and to Gardiner. *Journal of Experimental Psychology : Learning, Memory, and Cognition, 17*, 341-345.

Hintzman, D.L. (1992). Mathematical constraints and the Tulving-Wiseman law. *Psychological Review, 99*, 536-542.

Hintzman, D.L. (1993a). On variability, Simpson's paradox, and the relation between recognition and recall : Reply to Tulving and Flexser. *Psychological Review, 100*, 143-148.

Hintzman, D.L. (1993b). Twenty-five years of learning and memory : Was the cognitive revolution a mistake? In D.E. Meyer & S. Kornblum (Eds), *Attention and performance XIV : Synergies in experimental psychology, artificial intelligence, and cognitive neuroscience* (p. 359-391). Cambridge, MA : The MIT Press.

Holender, D. (1986). Semantic activation without conscious identification on dichotic listening, parafoveol vision, and visual masking : A survey and appraisal. *Behavioral and Brain Sciences, 9*, 1-66.

Humphreys, G.W., Bruce, V. (1989). *Visual cognition.* London : Lawrence Erlbaum Associates.

Humphreys, G.W., Riddoch, M.J. (1987). *To see or not to see : A case study of visual agnosia*. Hillsdale, NJ : Lawrence Erlbaum Associates.

Humphreys, M.S. (1978). Item and relational information : A case for context independent retrieval. *Journal of Verbal Learning and Verbal Behavior, 17*, 175-187.

Humphreys, M.S., Wiles, J., Dennis, S. (1994). Toward a theory of human memory : data structures and access processes. *Behavioral and Brain Sciences, 17*, 655-692.

Humphreys, M.S., Pike, R., Bain, J.D., Tehan, G. (1989). Global Matching : A comparison of SAM, Minerva 2, Matrix and TODAM models. *Journal of Mathematical Psychology, 33*, 36-67.

Irwin, D.E., Yeomans, J.M. (1986). Sensory registration and informational persistence. *Journal of Experimental Psychology : Human Perception and Performance, 12*, 343-360.

Izaute, M., Larochelle, S., Morency, J., Tiberghien, G. (1996). La validité du sentiment de savoir au rappel et à la reconnaissance. *Canadian Journal of Experimental Psychology, 50*, 163-180.

Jacob, P. (1980). *L'empirisme logique*. Paris : Editions de Minuit.

Jacoby, L.L. (1983). Remembering the data : analyzing interactive processes in reading. *Journal of Verbal Learning and Verbal Behavior, 22*, 485-508.

Jacoby, L.L. (1991). A process dissociation framework : Separating automatic from intentional uses of memory. *Journal of Memory and Language, 30*, 513-541.

Jacoby, L.L. (1994). Measuring recollection : Strategic versus automatic influences of associative context. In C. Umiltà & M. Moscovitch (Eds), *Attention and performance XV : Conscious and nonconscious information processing* (p. 661-680). Cambridge, MA : The MIT Press.

Jacoby, J.J., Dallas, M. (1981). On the relationship between autobiographical memory and perceptual learning. *Journal of Experimental Psychology : General, 110*, 306-340.

Jacoby, L.L., Kelley, C.M., Dywan, J. (1989). Memory attributions. In H.L. Roediger & F.I.M. Craik (Eds), *Varieties of memory and consciousness : Essays in honour of Endel Tulving* (p. 391-422). Hillsdale, NJ : Lawrence Erlbaum Associates.

Jacoby, L.L., Toth, J.P., Yonelinas, A.P. (1993). Separating conscious and unconscious influences of memory : Measuring recollection. *Journal of Experimental Psychology : General, 122*, 139-154.

James, W. (1890). *The Principles of Psychology, Vol. 2*. New York : Dover (1950; reprint of original edition published by Henry Holt & Co.).

Jeannerod, M. (1994). The representing brain : Neural correlates of motor intention and imagery. *Behavioral and Brain Sciences, 17*, 187-245.

Jenkins, J.J. (1974). Remember that old theory of memory? Well, forget it! *American Psychologist, 29*, 785-795.

Johnson, M.K. (1990). Functional forms of human memory. In J.L. McGaugh, N.M. Weinberger & G. Lynch (Eds), *Brain organization and memory : Cells, systems and circuits* (p. 106-133). New york : Oxford University Press.

Johnson-Laird, P.N. (1983). *Mental models*. Cambridge : Cambridge University Press.

Jonides, J., Smith, E.E., Koeppe, R.A., Awh, E., Minoshima, S., Mintun, M.A. (1993). Spatial working memory in humans as revealed by PET. *Nature, 363*, 623-625.

Jones, G.V. (1978). Recognition failure and dual mechanisms in recall. *Psychological Review, 85*, 464-469.

Jones, G.V. (1987). Independence and exclusivity among psychological processes : Implications for a structure of recall. *Psychological Review, 94*, 229-235.

Joordens, S., Merikle, P.M. (1993). Independence or redundance? Two models of conscious or unconscious influences. *Journal of Experimental Psychology : General, 122*, 462-467.

Katzaroff, D. (1911). Contribution à l'étude de la récognition. *Archives de Psychologie, 11*, 1-78.

Kemper, S. (1992). Adults' sentence fragments — who, what, when, where, and why. *Communication Research, 19*, 444-458.

Kintsch, W. (1970). *Learning, memory and conceptual processes.* New York : Wiley.

Kintsch, W. (1974). *The representation of meaning in memory.* Hillsdale, NJ : Lawrence Erlbaum Associates.

Kintsch, W. (1988). The use of knowledge in discourse processing : A construction-integration model. *Psychological Review, 95*, 163-182.

Kintsch, W., van Dijk, T.A. (1978). Towards a model of text comprehension and production. *Psychological Review, 85*, 363-394.

Kintsch, W., Vipond, D. (1979). Reading comprehension and readability in educational practice and psychological theory. In L.G. Nilsson (Ed.), *Perspectives on memory research.* Hillsdale, NJ : Lawrence Erlbaum Associates.

Klapp, S.T., Marshburn, E.A., Lester, P.T. (1983). Short-term memory does not involve the « working memory» of intellectual processing : The demise of a common assumption. *Journal of Experimental Psychology : General, 112*, 240-264.

Kohonen, T. (1988). *Self-organization and associative memory.* Heidelberg : Springer-Verlag.

Kopelman, M.D., Wilson, B.A., Baddeley, A.D. (1989). The autobiographical memory interview : A new assessment of autobiographical and personal semantic memory in amnesic patients. *Journal of Clinical and Experimental Neuropsychology, 11*, 724-744.

Koriat, A. (1993). How do we know that we know? The accessibility account of the feeling of knowing. *Psychological Review, 100*, 609-639.

Koriat, A. (1995). Dissociating knowing and the feeling of knowing : Further evidence for the accessibility model. *Psychological Bulletin, 124*, 311-333.

Kosslyn, S.M. (1975). Information representation in visual images. *Cognitive Psychology, 7*, 341-370.

Kosslyn, S.M. (1980). *Image and mind.* Cambridge, MA : Harvard University Press.

Kosslyn, S.M., Intriligator, J.M. (1992). Is cognitive neuropsychology plausible? The perils of sitting on one-legged stool. *Journal of Cognitive Neuroscience, 4*, 96-106.

Kosslyn, S.M., Flynn, R.A., Amsterdam, J.B., Wang, G. (1990). Components of high-level vision : A cognitive neuroscience analysis and accounts of neurological syndromes. *Cognition, 34*, 203-277.

Kyllonen, P.C., Christal, R.E. (1990). Reasoning ability is (little more than) working-memory capacity. *Intelligence, 14*, 389-433.

Landauer, T.K. (1975). Memory without organization : Properties of a model with random storage and undirected retrieval. *Cognitive Psychology, 7*, 495-531.

Larsen, S.F. (1985). Specific background knowledge and knowledge updating. In J. Alwood & E. Hjelmkvist (Eds), *Foregrounding background.* Stockholm : Doxa.

Lecocq, P., Tiberghien, G. (1981). *Mémoire et décision.* Lille : Presses Universitaires de Lille.

Lecoutre, M.-P. (1982). Comportement des chercheurs dans des situations conflictuelles d'analyse de données expérimentales. *Psychologie Française, 27*, 1-8.

Le Cun, Y. (1985). Une procédure d'apprentissage pour réseau à seuil asymétrique. In *Cognitiva 85 : De l'intelligence artificielle aux biosciences* (Paris). Paris : CESTA.

Le Cun, Y., Fogelman-Soulié, F. (1987). Modèles connexionnistes de l'apprentissage. *Intellectica, 1*, 114-143.

Le Ny, J.-F. (1969). La consolidation mentale et l'influence de la reconnaissance sur le rappel. *L'Année Psychologique, 69*, 67-80.

Levine, D.N., Warach, J., Farah, M.J. (1985). Two visual systems in mental imagery : Dissociation of «what» and «where» in imagery disorders due to bilateral posterior cerebral lesions. *Neurology, 35*, 1010-1018.

Lewandowsky, S., Murdock, B.B. (1989). Memory for serial order. *Psychological Review, 96*, 25-57.

Lewis-Smith, M.Q. (1975). Short-term memory as a processing deficit. *American Journal of Psychology, 88*, 605-626.

Lieury, A. (1992). *Des méthodes pour la mémoire*. Paris : Dunod.

Lockhart, R.S., Craik, F.I.M. (1990). Levels of processing : A retrospective commentary on a framework for memory research. *Canadian Journal of Psychology, 44*, 87-112.

Loftus, G.R., Hanna, A., Lester, L. (1988). Conceptual masking : How one picture captures attention from another picture? *Cognitive Psychology, 20*, 237-282.

Logan, G.D. (1990). Repetition priming and automaticity : Common underlying mechanisms? *Cognitive Psychology, 22*, 1-35.

Logie, R.H. (1995). *Visuo-spatial working memory*. Hillsdale, NJ : Lawrence Erlbaum Associates.

Luce, R.D. (1986). *Response times : Their role in inferring elementary mental organization*. New York : Oxford University Press.

Lucchelli, F., De Renzi, E. (1992). Proper name anomia. *Cortex, 28*, 221-230.

MacLeod, C.M., Nelson, T.O. (1984). Response latency and response accuracy. *Acta Psychologica, 57*, 215-235.

Maine de Biran, F. (1929). *Œuvres de Maine de Biran*. Paris : Félix Alcan.

Maisto, S.A., DeWaard, A.J., Miller, M.E. (1977). Encoding processes for recall and recognition : The effect of instructions and auxilliary task performance. *Bulletin of the Psychonomic Society, 9*, 127-130.

Mandler, G. (1979). Organization and repetition : Organizational principles with special reference to rote learning. In L.G. Nilsson (Ed.), *Perpectives on memory research* (p. 293-327). Hillsdale, NJ : Lawrence Erlbaum Associates.

Mandler, G. (1980). Recognizing : The judgment of previous occurrence. *Psychological Review, 87*, 252-271.

Mandler, G. (1989). Memory : Conscious and unconscious. In P.R. Solomon, G.R. Goethals, C.M. Kelley & B.R. Stephens (Eds), *Memory : Interdisciplinary approaches* (p. 84-106). New York : Springer Verlag.

Mandler, G. (1991). Your face looks familiar but I can't remember your name : a review of dual-process theory. In W.E. Hockley & S. Lewandowsky (Eds), *Relating theory and data : Essays on Human Memory in honor of Bennet B. Murdock* (p. 207-225). Hillsdale, NJ : Lawrence Erlbaum Associates.

Mandler, G., Richtey, G.H. (1977). Long-term memory for pictures. *Journal of Experimental Psychology : Human Learning and Memory, 3*, 386-387.

Mandler, G., Graf, P., Kraft, D. (1986). Activation and elaboration effects in recognition and word priming. *Quarterly Journal of Experimental Psychology, 38A*, 645-662.

Marcel, A.J. (1976). Negative set effects in character classification : A response-retrieval view of reaction time. *Quarterly Journal of Experimental Psychology, 29*, 31-48.

Marteniuk, R.G., MacKenzie C.L., Jeannerod, M., Athenes, S., Dugas, C. (1987). Constraints on human arm movement trajectories. *Canadian Journal of Psychology, 41*, 365-378.

Massaro, D.W. (1972). Perceptual images, processing time, and perceptual units in auditory perception. *Psychological Review, 79*, 124-145.

Massaro, D.W. (1976). Preperceptual processing in dichotic listening. *Journal of Experimental Psychology : Human Learning and Memory, 2*, 331-339.

Massaro, D.W. (1986). The computer as a metaphor for psychological inquiry : Considerations and recommendations. *Behavior Research Methods, Instruments, & Computers, 18*, 73-92.

Mayer, L.E. (1981). *The promise of cognitive psychology*. San Francisco : Freeman.

Mayes, A.R., Meudell, P.R., Pickering, A. (1985). Is organic amnesia caused by selective deficit in remembering contextual information? *Cortex, 21*, 167-202.

Mazoyer, B.M., Dehaene, S., Tzourio, N., Frak, V., Murayama, N., Cohen, L., Levrier, O., Salamon, G., Syrota, A., Mehler, J. (1993). The cortical representation of speech. *Journal of Cognitive Neuroscience, 5*, 467-479.

McClelland, J.L. (1979). On the time relations of mental processes : an examination of systems of processes in cascade. *Psychological Review, 86*, 287-330.

McClelland, J.L., Rumelhart, D.E. (1985). Distributed memory and the representation of general and specific information. *Journal of Experimental Psychology : General, 114*, 159-188.

McClelland, J.L., Rumelhart, D.E. and the PDP research group (1986). *Parallel distributed processing : Explorations in the microstructure of cognition. Vol. 2 : Psychological and biological models*. Cambridge, MA : The MIT Press.

McCloskey, M. (1991). Networks and theories : The place of connectionism in cognitive science. *Psychological Science, 2*, 385-387.

McDougall, R. (1923). *An outline of psychology*. London : Methuen.

McDowd, J.M., Murdock, B.B. (1986). Mathematical models of memory and the problem of stimulus variation : A comparison of MINERVA 2 and TODAM. *Acta Psychologica, 62*, 177-188.

McGeoch, J.A., Irion, A.L. (1952). *The psychology of human learning*. New York : Longmans Green and Co.

McGurk, H. (1981). Listening with ear and eye. In T. Myers, J. Laver & J. Anderson (Eds), *The cognitive representation of speech* (p. 394-397). Amsterdam : North Holland Publishers.

McKoon, G., Ratcliff, R. (1979). Priming in episodic and semantic memory. *Journal of Verbal Learning and Verbal Behavior, 18*, 463-480.

Merikle, P.M. (1980). Selection from visual persistence by perceptual groups and category membership. *Journal of Experimental Psychology : General, 109*, 279-295.

Metcalfe, J.M. (1991). Recognition failure and the composite memory trace in CHARM. *Psychological Review, 98*, 529-553.

Metcalfe-Eich, J.M. (1985). Levels of processing, encoding specificity, elaborationn, and CHARM. *Psychological Review, 92*, 1-37.

Metcalfe, J.M., Cotrell, J.W., Mencl, W.E. (1992). Cognitive binding : A computational modeling analysis of a distinction between implicit and explicit memory. *Journal of Cognitive Neuroscience, 4*, 289-298.

Metzler, J., Shepard, R.N. (1974). Transformational studies of the internal representations of three dimensional objects. In R.L. Solso (Ed.), *Theories of cognitive psychology : The Loyola Symposium*. Hillsdale, NJ : Lawrence Erlbaum Associates.

Meudell, P.R., Mayes, A.R. (1982). Normal and abnormal forgetting : Some comments on the human amnesic syndrome. In A.W. Ellis (Ed.), *Normality and pathology in cognitive function*. London : Academic Press.

Mewhort, D.J.K., Leppman, K.P. (1985). Information persistence : Testing spatial and identity information with a voice probe. *Psychological Research, 47*, 51-58.

Mewhort, D.J.K., Marchetti, F.M., Gurnsey, R., Campbell, A.J. (1984). Information persistence : A dual buffer model for initial visual processing. In H. Bouma & D.G. Bouwhuis (Eds), *Attention and performance : Control of language processes (Vol. 10)* (p. 287-298). Hillsdale, NJ : Lawrence Erlbaum Associates.

Meyer, D.E., Irwin, D.E., Osman, A.M., Kounios, J. (1988). The dynamics of cognition and action : mental processes inferred from speed-accuracy decomposition. *Psychological Review*, 95, 183-237.

Miller, G.A. (1956). *Langage et communication* (Language and communication. New York : McGraw Hill, 1951). Paris : Presses Universitaires de France.

Miller, G.A. (1981). Trends and debates in cognitive psychology. *Cognition*, 10, 215-225.

Miller, R.R., Schachtman, T.R. (1985). The several roles of context at the time of retrieval. In P.D. Balsam & A. Tomie (Eds), *Context and learning* (p. 167-294). Hillsdale, NJ : Lawrence Erlbaum.

Milner, B. (1966). Amnesia following operations on the temporal lobes. In C.W.M. Whitty & O.L. Zangwill (Eds), *Amnesia*. London : Butterworth.

Mishkin, M., Appenzeller, T. (1987). The anatomy of memory. *Scientific American*, 256, 80-89.

Morton, J. (1979). Facilitation in word recognition : Experiments causing change in the logogen model. In P.A. Kolers, M. Wrolstad & H. Bouma (Eds), *Processing of visible language*, 1 (p. 259-268). New York : Plenum.

Morton, J. (1981). Will cognition survive? *Cognition*, 10, 227-234.

Moscovitch, M. (1992). Memory and working-with-memory : A component process model based on modules and central systems. *Journal of Cognitive Neuroscience*, 4, 257-267.

Moscovitch, M. (1994). Memory and working with memory : Evaluation of a component process model and comparison with other models. In D.L. Schacter & E. Tulving (Eds), *Memory systems 1994* (p. 269-310). Cambridge, MA : The MIT Press.

Moscovitch, M., Winocur, G., McLachlan, D. (1986). Memory as assessed by recognition and reading time in normal and impaired people with Alzheimer's disease and other neurological disorders. *Journal of Experimental Psychology : General*, 115, 331-347.

Murdock, B.B. (1962). The serial position effect of free recall. *Journal of Experimental Psychology*, 64, 482-488.

Murdock, B.B. (1974). *Human memory : Theory and data*. Potomac, MD : Lawrence Erlbaum Associates.

Murdock, B.B. (1982). A theory for the storage and retrieval of item and associative information. *Psychological Review*, 89, 609-626.

Murdock, B.B. (1985). Convolution and matrix systems : A reply to Pike. *Psychological Review*, 92, 130-132.

Murdock, B.B. (1993). TODAM2 : A model for the storage and retrieval of item, associative and serial-order information. *Psychological Review*, 100, 183-203.

Muter, P. (1978). Recognition failure of recallable words. *Memory & Cognition*, 6 (1), 9-12.

Muter, P. (1984). Recognition and recall of words with a single meaning. *Journal of Experimental Psychology*, 10 (2), 198-202.

Neisser, U. (1967). *Cognitive Psychology*. New York : Appleton-Century-Crofts.

Nelson, D.L., Schreiber, T.A., McEvoy, C.L. (1992). Processing implicit and explicit representations. *Psychological Review*, 99, 322-348.

Nelson, K. (1994). Long-term retention of memory for preverbal experience : Evidence and implications. *Memory*, 2, 467-475.

Nelson, T.O. (1978). Detecting small amounts of information in memory : Savings for non recognized items. *Journal of Experimental Psychology : Learning, Memory, and Cognition*, 4, 453-468.

Newell, A. (1992). SOAR as a unified theory of cognition : Issues and explanations. *Behavioral and Brain Sciences*, 15, 464-492.

Newell, A., Simon, H.A. (1972). *Human problem solving*. Englewood Cliffs, NJ : Prentice-Hall.

Nilsson, L.G., Gardiner, J.M. (1991). Memory theory and the boundary conditions of the Tulving-Wiseman law. In W.E. Hockley & S. Lewandowsky (Eds), *Relating theory and data : Essays in honor of Bennet B. Murdock* (p. 57-74). Hillsdale, NJ : Lawrence Erlbaum Associates.

Norman, D.A. (1970). *Models for human memory.* New York : Academic Press.

Norman, D.A., Shallice, T. (1980). *Attention in action : Willed and automatic control of behavior* (Report No. 99). University of California, San Diego.

Nyberg, L., Cabeza, R., Tulving, E. (1996). Pet studies of encoding and retrieval : The HERA model. *Psychonomic Bulletin & Review, 3*, 135-148.

Olton, D.S. (1989). Inferring psychological dissociations from experimental dissociations : The temporal context of episodic memory. In H.L. Roediger & F.I.M. Craik (Eds), *Varieties of memory and consciousness : Essays in honour of Endel Tulving* (p. 161-177). Hillsdale, NJ : Lawrence Erlbaum.

Olton, D.S., Becker, J.T., Handelmann (1980). Hippocampal function : Working memory or cognitive mapping. *Physiological Psychology, 8*, 239-246.

Orsier, B. (1993). L'ancrage des symboles, un second soufle pour les systèmes hybrides ? In *Formation des symboles dans les modèles de la cognition, Journées ENST-LIFIA.* Grenoble.

O'Toole, A.J., Deffenbacher, K.A., Abdi, H., Bartlett, J.C. (1991). Simulating the other race effect as a problem in perceptual learning. *Connection Science, 3*, 163-178.

Paivio, A. (1971). *Imagery and verbal processes.* New York : Holt, Rinehart & Winston.

Paivio, A. (1976). Imagery in recall and recognition. In J. Brown (Ed.), *Recall and recognition* (p. 103-129). New York : Wiley.

Parkin, A.J., Leng, N.R.C. (1993). *Neuropsychology of the amnesic syndrome.* Hillsdale, NJ : Lawrence Erlbaum Associates.

Paulignan, Y., Jeannerod, M., MacKenzie, C.L., Marteniuk, R.G. (1991). Selective perturbation of visual input during prehension movements. II. The effects of changing object size. *Experimental Brain Research, 87*, 407-420.

Péris, J.-L., Tiberghien, G. (1984). Effets de contexte et recherche conditionnelle dans la reconnaissance de visages non familiers. *C P C : European Bulletin of Cognitive Psychology, 4*, 323-334.

Peterson, L.R., Peterson, M.J. (1959). Short-term retention of individual verbal items. *Journal of Experimental Psychology, 58*, 193-198.

Piaget, J., Inhelder, B. (1968). *Mémoire et intelligence.* Paris : Presses Universitaires de France.

Piaget, J. (1970). La mémoire. In D. Bovet, A. Fessard, C. Florès, N.H. Frijda, B. Inhelder, B. Milner & J. Piaget (Eds), *Mémoire et intelligence* (p. 169-178). Paris : Presses Universitaires de France.

Pike, R. (1984). Comparison of convolution and matrix distributed memory systems for associative recall and recognition. *Psychological Review, 91*, 281-294.

Pirandello, L. (1950). *Six personnages en quête d'auteur.* Paris : Gallimard.

Pollack, J.B. (1990). Recursive distributed representations. *Artificial Intelligence, 46*, 77-105.

Posner, M.I., Boies, S.J., Eichelman, W.H., Taylor, R.L. (1969). Retention of visual and name codes of single letters. *Journal of Experimental Psychology Monograph, 79, 1,* part 2.

Postman, L. (1975). Verbal learning and memory. *Annual Review of Psychology, 26*, 291-335.

Postman, L., Phillips, L.W. (1965). Short-term temporal changes in free recall. *Quarterly Journal of Experimental Psychology, 17*, 132-138.

Pylyshyn, Z. (1973). What the mind's eye tells to the mind's brain : A critique of the mental imagery. *Psychological Bulletin, 80*, 1-24.

Pylyshyn, Z. (1984). *Computation and cognition*. Cambridge, MA : The MIT Press.

Rabinowitz, J.C. (1984). Aging and recognition failure. *Journal of Gerontology, 39*, 65-71.

Rabinowitz, J.C., Mandler, G., Barsalou, L.W. (1977). Recognition failure : another case of retrieval failure. *Journal of Verbal Learning and Verbal Behavior, 16*, 639-663.

Ratcliff, R. (1978). A theory of memory retrieval. *Psychological Review, 85*, 59-108.

Ratcliff, R. (1990). Connectionist models of recognition memory : Constraints imposed by learning and forgetting functions. *Psychological Review, 97*, 285-308.

Ratcliff, R., Van Zandt, T., McKoon, G. (1995). Process dissociation, single-process theory, and recognition memory. *Journal of Experimental Psychology : General, 124*, 352-374.

Raymond, B. (1969). Short-term storage and long-term storage in free recall. *Journal of Verbal Learning and Verbal Behavior, 8*, 567-574.

Reber, A.S. (1967). Implicit learning of artificial grammars. *Journal of Verbal Learning and Verbal Behavior, 6*, 855-863.

Reder, L.M., Anderson, J.R., Bjork, R.A. (1974). A semantic interpretation of encoding specificity. *Journal of Experimental Psychology, 102*, 648-656.

Renault, B., Macar, F. (Eds) (1992). Imagerie cérébrale en psychologie cognitive. *Psychologie Française*, N° Spécial, *37*, 105-188.

Renault, B., Signoret, J.L., Debruille, B., Breton, F., Bolgert, F. (1989). Brain potentials reveal covert facial recognition in prosopagnosia. *Neuropsychologia, 27*, 905-912.

Richardson-Klavehn, A., Bjork, R.A. (1988). Measures of memory. *Annual Review of Psychology, 39*, 475-544.

Riddoch, M.J., Humphreys, G.W. (1993). *BORB : Birmingham object recognition battery*. Hillsdale, NJ : Lawrence Erlbaum Associates.

Riefer, D.M., Batchelder, W.H. (1988). Multinomial modeling and the measurement of cognitive processes. *Psychological Review, 95*, 318-339.

Rodet, L., Tiberghien, G. (1994). Towards a dynamic model of associative semantic memory. *Journal of Biological Systems, 2*, 401-411.

Roediger, H.L. (1980). Memory metaphors in cognitive psychology. *Memory & Cognition, 8*, 231-246.

Roediger, H.L., Blaxton, T.A. (1987). Effects of varying modality, surface features, and retention interval on priming in word fragment completion. *Memory and Cognition, 15*, 379-388.

Roediger, H.L., Craik, F.I.M. (Ed.) (1989). *Varieties of memory and consciousness : Essays in honour of Endel Tulving*. Hillsdale, NJ : Lawrence Erlbaum.

Roediger, H.L., Weldon, M.S., Challis, B.H. (1989). Explaining dissociations between implicit and explicit measures of retention : a processing account. In H.L. Roediger & F.I.M. Craik (Eds), *Varieties of memory and consciousness : Essays in honour of Endel Tulving* (p. 3-41). Hillsdale, NJ : Lawrence Erlbaum.

Roland, P.E., Kawashima, R., Gulyás R., O'Sullivan, B. (1995). Positron Emission Tomography in cognitive neuroscience : Methodological constraints, strategies, and examples from learning and memory. In M. Gazzaniga (Ed.), *The cognitive neurosciences* (p. 781-788). Cambridge, MA : The MIT Press.

Rouanet, H. (1967). *Les modèles stochastiques d'apprentissage*. Paris : Gauthier-Villars.

Rugg, M.D. (1995). Event-related potential studies of human memory. In M. Gazzaniga (Eds), *The cognitive neurosciences* (p. 789-801). Cambridge, MA : The MIT Press.

Rugg, M.D., Doyle, M.C. (1992). Event-related potentials and recognition memory for low-frequency and high-frequency words. *Journal of Cognitive Neuroscience, 4*, 69-79.

Rumelhart, D.E., Todd, P.M. (1993). Learning and connectionist representations. In D.E. Meyer & S. Kornblum (Eds), *Attention and performance XIV : Synergies in experimental psychology, artificial intelligence, and cognitive neuroscience* (p. 3-30). Cambridge, MA : The MIT Press.

Rumelhart, D.E., Hinton, G.E., Williams, R.J. (1986). Learning internal representations by error propagation. In D.E. Rumelhart, J.L. McClelland and the PDP Research Group (Eds), *Parallel distributed processing : Explorations in the microstructures of cognition. Vol. 1 : Foundations* (p. 318-362). Cambridge, MA : The MIT Press.

Rumelhart, D.E., McClelland, J.L., and the PDP Research Group (1986). *Parallel distributed processing : Explorations in the microstructures of cognition. Vol. 1 : Foundations.* Cambridge, MA : The MIT Press.

Rundus, D. (1971). Analysis of rehearsal processes in free recall. *Journal of Experimental Psychology*, 89, 63-77.

Sakitt, B. (1975). Locus of short-term visual storage. *Science*, 190, 1318-1319.

Sansone, S., Tiberghien, G. (1994). Traitement de l'expression faciale et reconnaissance des visages : Indépendance ou interaction? *Psychologie Française*, 39, 327-344.

Santa, J.L. (1977). Spatial transformations of words and pictures. *Journal of Experimental Psychology : Human Learning and Memory*, 3, 418-427.

Santa, J.L., Lamwers, L.L. (1976). Where does the confusion lie? Comments on the Wiseman-Tulving paper. *Journal of Verbal Learning and Verbal Behavior*, 15, 53-57.

Schacter, D.L. (1987). Implicit memory : History and current status. *Journal of Experimental Psychology : Learning, Memory, and Cognition*, 13, 501-518.

Schacter, D.L., Eich, J.E., Tulving, E. (1978). Richard Semon's theory of memory. *Journal of Verbal Learning and Verbal Behavior*, 17, 721-743.

Schank, R.C. (1982). *Dynamic memory : A theory of learning in computers and people.* Cambridge : Cambridge University Press.

Schank, R.C., Abelson, R.P. (1977). *Scripts, plans, goals and understanding.* Hillsdale, NJ : Lawrence Erlbaum Associates.

Schönemann, P.H. (1987). Some algebraic relations between involutions, convolutions, and correlations witn applications to holographic memories. *Biological Cybernetics*, 56, 367-374.

Schreiber, A.-C., Rousset, S., Tiberghien, G. (1991). Facenet : A connectionist model of face identification in context. *The European Journal of Cognitive Psychology*, 3, 177-198.

Seamon, J.G. (1972). Imagery, codes, and human information retrieval. *Journal of Experimental Psychology*, 96, 468-470.

Seidenberg, M.S., McClelland, J.L. (1989). A distributed developmental model of word recognition and naming. *Psychological Review*, 96, 523-568.

Shallice, T. (1987). Impairments of semantic processing : Multiple dissociations. In M. Coltheart, G. Sartori & R. Job (Eds), *The cognitive neuropsychology of language* (p. 111-127). London : Lawrence Erlbaum Associates.

Shallice, T (1988). *From neuropsychology to mental structure.* Cambridge : Cambridge University Press.

Shanon, B. (1992). Are connectionist models cognitive? *Philosophical Psychology*, 5, 235-255.

Shepard, R.N. (1967). Recognition memory for words, sentences and pictures. *Journal of Verbal Learning and Verbal Behavior*, 6, 156-163.

Shepard, R.N., Cooper, L.A. (1982). *Mental images and their transformations.* Cambridge, MA : The MIT Press.

Shepard, R.N., Metzler, J. (1971). Mental rotation of three-dimensional objects. *Science*, 171, 701-703.

Shepherd, J.W., Deregowski, J.B. (1974). A cross-cultural study of recognition memory for faces. *International Journal of Psychology*, 9 (3), 205-211.

Shepherd, J.W., Deregowski, J.B. (1981). Races and faces : A comparison of the responses of Africans and Europeans to faces of the same and different races. *British Journal of Social Psychology*, 20, 125-135.

Shiffrin, R.M. (1975). The locus and role of attention in memory systems. In P.M.A. Rabbitt & S. Dornic (Eds), *Attention and performance V* (p. 168-193). New York : Academic Press.

Shimamura, A.P. (1985). Problems with the finding of stochastic independence as evidence for multiple memory system. *Bulletin of the Psychonomic Society, 23*, 506-508.

Shimamura, A.P. (1995). Memory and frontal lobe function. In M. Gazzaniga (Ed.), *The cognitive neurosciences* (p. 803-813). Cambridge, MA : The MIT Press.

Simpson, E.H. (1951). The interpretation of interaction in contingency tables. *Journal of Royal Statistical Society, 13b*, 238-241.

Skinner, B.F. (1968). *La révolution scientifique de l'enseignement*. Bruxelles : Dessart.

Smith, M.E. (1993). Neurophysiological manifestations of recollective experience during recognition memory judgments. *Journal of Cognitive Neuroscience, 5*, 1-13.

Smolensky, P. (1989). Connectionist modeling : Neural computation / Mental connections. In L. Nadel, L.A. Cooper, P. Culicover & R. Harnish (Eds), *Neural connections, mental computations* (p. 49-68). Cambridge, MA : The MIT Press.

Solso, R.L., McCarthy, J.E. (1981). Prototype formation of faces : A case of pseudo-memory. *British Journal of Psychology, 72*, 499-503.

Spear, N.E. (1980). *L'évolution des souvenirs : Oubli et mémoire*. Paris : Médecine et Sciences Internationales.

Sperling, G. (1960). The information available in brief visual presentations. *Psychological Monographs, 74*.

Sperling, G. (1963). A model for visual memory tasks. *Human Factors, 5*, 19-31.

Sperling, G. (1967). Successive approximations to a model for short-term memory. *Acta Psychologica, 27*, 285-292.

Squire, L.R. (1982). The neuropsychology of human memory. *Annual Review of Neuroscience, 5*, 241-273.

Squire, L.R. (1987). *Memory and brain*. 1987 : Oxford University Press.

Squire, L.R. (1992a). Declarative and nondeclarative memory : Multiple brain systems supporting learning and memory. *Journal of Cognitive Neuroscience, 99*, 195-231.

Squire, L.R. (1992b). Memory and the hippocampus : A synthesis from findings with rats, monkeys, and humans. *Psychological Review, 99*, 195-231.

Squire, L.R., Cohen, N.J. (1984). Human memory and amnesia. In G. Lynch, J.L. McGaugh & N.M. Weinberger (Eds), *Neurobiology of learning and memory* (p. 3-64). New York : Guilford Press.

Stern, L.D. (1981). A review of theories of human amnesia. *Memory & Cognition, 9*, 247-262.

Sternberg, S. (1966). High-speed scanning in human memory. *Science, 153*, 652-654.

Sternberg, S. (1969a). Memory scanning : mental processes revealed by reaction time experiments. *American Scientist, 57*, 421-457.

Sternberg, S. (1969b). The discovery of processing stages : Extensions of Donders' methods. *Acta Psychologica*, 276-315.

Sternberg, S. (1975). Memory scanning : new findings and current controversies. *Quarterly Journal of Experimental Psychology, 27*, 1-32.

Sun, R., Bookman, L.A (1992). Integrating neural and symbolic processes : The cognitive dimension. In *AAAI 92*, San Jose, CA.

Tapiero, I. (1992). *Traitement cognitif du texte narratif et expositif et connexionnisme : Expérimentations et simulations*. Thèse de Doctorat, Université de Paris 8.

Theios, J., Smith, P.G., Haviland, S., Traupmann, J., Moy, M. (1973). Memory scanning as a serial self-terminating process. *Journal of Experimental Psychology, 97*, 323-326.

Tiberghien, G. (1976). Reconnaissance à long terme : Pourquoi ne pas chercher ? *Bulletin de Psychologie*, N° Spécial : S. Ehrlich & E. Tulving (Eds). *La Mémoire Sémantique*, 188-197.

Tiberghien, G. (1981). Etude expérimentale de l'activité de recherche mnésique dans la reconnaissance à long-terme. *L'Année Psychologique, 81*, 385-408.

Tiberghien, G. (1984). Just how does ecphory work? *Behavioral and Brain Sciences, 7*, 255-256.

Tiberghien, G. (1986). Context and cognition : Introduction. *CPC : European Bulletin of Cognitive Psychology, 6*, 105-121.

Tiberghien, G. (1988). Modèles de l'activité cognitive : Introduction. In J.-P. Caverni, C. Bastien, P. Mendelsohn & G. Tiberghien (Eds), *Psychologie cognitive : Modèles et méthodes*. Grenoble : Presses Universitaires de Grenoble.

Tiberghien, G. (1989). Face processing and face semantics. In A.W. Young & H.D. Ellis (Eds), *Handbook of research on face processing* (p. 275-288). Amsterdam : North Holland Publishing Company.

Tiberghien, G. (1991). La simulation cognitive de la mémoire humaine. In J. Montangero & A. Tryphon (Eds), *Psychologie génétique et sciences cognitives* (p. 113-123). Cahiers de la Fondation Archives Jean Piaget, n° 11. Genève : Fondation Archives Jean Piaget.

Tiberghien, G. (1993). Questions de modélisation et de simulation cognitives. In J.-F. Le Ny (Ed.), *Intelligence naturelle et intelligence artificielle* (p. 43-69). Paris : Presses Universitaires de France.

Tiberghien, G. (1994a). Can we really dissociate the computational and algorithm-level theories of human memory? *Behavioral and Brain Sciences, 17*, 680-681.

Tiberghien, G. (1994b). Psychologie cognitive de la mémoire humaine. In X. Seron & M. Jeannerod (Eds), *Neuropsychologie humaine*, 256-281. Liège : Mardaga.

Tiberghien, G. (1996). Le connexionnisme : Stade suprême du behaviorisme? In V. Rialle & D. Fisette (Eds). *Penser l'esprit* (p. 27-41). Grenoble : Presses Universitaires de Grenoble.

Tiberghien, G., Jeannerod, M. (1995). Pour la science cognitive : La métaphore cognitive est-elle scientifiquement fondée? *Revue Internationale de Psychopathologie, 18*, 173-203.

Tiberghien, G., Lecocq, P. (1983). *Rappel et reconnaissance*. Lille : Presses Universitaires de Lille.

Tiberghien, G., Cauzinille, E., Mathieu, J. (1979). Pre-decision and conditional search in long-term recognition memory. *Acta Psychologica, 43*, 329-343.

Tiberghien, G., Mendelsohn, P., Ans, B. & George, C. (1990). Contraintes structurales et fonctionnelles des systèmes de traitement. In J.-F. Richard, C. Bonnet & R. Ghiglione (Eds), *Traîté de psychologie cognitive : le traitement de l'information symbolique*, vol. 2, 1-32. Paris : Dunod.

Titchener, E.B. (1899). *A primer of psychology*. London : McMillan.

Touretzky, D.S. (1989). *BoltzCONS : Dynamic symbol structures in a connectionist network* (Technical Report No. CMU-CS-89-172). Carnegie Mellon University.

Townsend, J.T. (1971). A note on the identifiability of parallel and serial processes. *Perception & Psychophysics, 10*, 161-163.

Tulving, E. (1976). Ecphoric processes in recall and recognition. In J. Brown (Eds), *Recall and recognition*. London : Wiley.

Tulving, E. (1983). *Elements of episodic memory*. Oxford : Oxford University Press.

Tulving, E. (1984). Precis of elements of episodic memory. *Behavioral and Brain Sciences, 7*, 223-268.

Tulving, E. (1985a). Ebbinghaus's memory : What did he learn and remember? *Journal of Experimental Psychology : Learning, Memory, and Cognition, 11*, 485-490.

Tulving, E. (1985b). How many systems memory are there? *American Psychologist, 40*, 385-398.

Tulving, E. (1989). Memory : Performance, knowledge, and experience. *The European Journal of Cognitive Psychology, 1*, 3-26.

Tulving, E. (1995). Organization of memory : Quo vadis? In M. Gazzaniga (Ed.), *The cognitive neurosciences* (p. 839-847). Cambridge, MA : The MIT Press.

Tulving, E., Flexser, A. (1992). On the nature of the Tulving-Wiseman function. *Psychological Review, 99*, 543-546.

Tulving, E., Madigan, A. (1970). Memory and verbal learning. *Annual Review of Psychology, 21*, 437-484.

Tulving, E., Schacter, D.L. (1990). Priming and human memory systems. *Science, 247*, 301-306.

Tulving, E., Thomson, D.M. (1971). Retrieval processes in recognition memory : Effects of associative context. *Journal of Experimental Psychology, 87*, 116-124.

Tulving, E., Thomson, D.M. (1973). Encoding specificity and retrieval processes in episodic memory. *Psychological Review, 80*, 352-373.

Tulving, E., Schacter, D.L., Stark, H.A. (1982). Priming effects in word-fragment completion are independent of recognition memory. *Journal of Experimental Psychology : Learning, Memory, and Cognition, 8*, 336-342.

Turvey, M.T. (1973). On peripheral and central processes in vision : Inferences from an information-processing analysis of masking with patterned stimuli. *Psychological Review, 80*, 1-52.

Tversky, B. (1973). Encoding processes in recognition and recall. *Cognitive Psychology, 5*, 275-287.

Ungerleider, L.G., Mishkin, M. (1982). Two cortical visual systems. In D.J. Ingle, M.A. Goodale & R.J.W. Mansfield (Eds), *Analysis of visual behavior*. Cambridge, MA : The MIT Press.

Valentin, D., Abdi, H., O'Toole, A.J., Cottrell, G.W. (1994). Connectionist models of face processing : A survey. *Pattern Recognition, 27*, 1209-1230.

Vallar, G., Papagno, C. (1986). Phonological short-term store and the nature of the recency effect : Evidence from neuropsychology. *Brain and Cognition, 5*, 428-442.

Van der Linden, M. (1994). Neuropsychologie de la mémoire. In X. Seron & M. Jeannerod (Eds), *Neuropsychologie humaine* (p. 282-316). Liège : Mardaga.

Van der Linden, M., Bruyer, R. (Eds) (1991). *Neuropsychologie de la mémoire humaine*. Grenoble : Presses Universitaires de Grenoble.

Van Essen, D.C. (1985). Functional organization of primate visual cortex. In A. Peters & G. Jones (Eds), *Cerebral cortex*. New York : Plenum Press.

Van Gelder, T. (1990). Compositionality : a connectionist variation on a clasical theme. *Cognitive Science, 14*, 355-384.

Van Dijk, T.A., Kintsch, W. (1983). *Strategies of discourse comprehension*. New York : Academic Press.

Varela, F.J. (1993). *L'inscription corporelle de l'esprit : Sciences cognitives et expérience humaine*. Paris : Seuil.

Warrington, E.K. (1981). Concrete word dyslexia. *British Journal of Psychology, 72*, 175-196.

Warrington, E.K. (1984). *Recognition memory test*. Windsor : NFER-Nelson.

Warrington, E.K., Shallice, T. (1969). The selective impairment of auditory verbal short-term memory. *Brain, 92*, 885-896.

Warrington, E.K., Shallice, T. (1984). Category specific semantic impairments. *Brain, 107*, 829-854.

Warrington, E.K., Weiskrantz, L. (1968). New method for testing long-term retention with special reference to amnesic patients. *Nature, 217,* 972-974.

Warrington, E.K., Weiskrantz, L. (1974). The effect of prior learning on subsequent retention in amnesic patients. *Neuropsychologia, 12,* 419-428.

Warrington, E.K., Weiskrantz, L. (1982). Amnesia : A disconection syndrome. *Neuropsychologia, 20,* 233-249.

Watkins, M.J. (1974). The concept and measurement of primary memory. *Psychological Bulletin, 81,* 685-711.

Watkins, M.J. (1975). Inhibition in recall with extralist cues. *Journal of Verbal Learning and Verbal Behavior, 14,* 294-303.

Watkins, M.J., Todres, A.K. (1978). On the relation between recall and recognition. *Journal of Verbal Learning and Verbal Behavior, 17,* 621-633.

Watkins, M.J., Tulving, E. (1975). Episodic memory : when recogniton fails. *Journal of Experimental Psychology : General, 104,* 5-29.

Watson, J. (1972). *Le behaviorisme (1925).* Paris : CEPL.

Waugh, N.C., Norman, D.A. (1965). Primary memory. *Psychological Review, 72,* 89-104.

Wechsler, D. (1974). WPPSI-R : Echelle d'intelligence pour la période pré-scolaire et scolaire (forme révisée). Paris : ECPA.

Weiskrantz, L. (1987). Neuroanatomy of memory and amnesia : A case for multiple memory systems. *Human Neurobiology,* 93-105.

Wickelgren, W.A. (1979). Chunking and consolidation : A theoretical synthesis of semantic networks, configuring in conditioning, S-R versus cognitive learning, normal forgetting, the amnesic syndrome, and the hippocampal arousal system. *Psychological Review, 86,* 44-60.

Wickens, D.D. (1972). Characteristics of word encoding. In A.W. Melton & E. Martin (Eds), *Coding processes in human memory* (p. 191-215). Washington, DC : Winston.

Wilson, B.A. (1991). Long-term prognosis of patients with severe memory disorders. *Neuropsychological Rehabilitation, 1,* 117-134.

Winocur, G. (1982). Learning and memory deficits in institutionalized and non institutionalized old people : An analysis of interference effects. In F.I.M. Craik & S. Trehub (Eds), *Aging and cognitive processes* (p. 155-171). New York : Plenum Press.

Winocur, G., Kinsbourne, M. (1978). Contextual cueing as a aid to Korsakoff amnesics. *Neuropsychologia, 16,* 671-682.

Wiseman, S., Tulving, E. (1975). A test of confusion theory of encoding specificity. *Journal of Verbal Learning and Verbal Behavior, 14,* 370-381.

Wiseman, S., Tulving, E. (1976). Encoding specificity : Relation between recall superiority and recognition failure. *Journal of Experimental Psychology : Human Learning and Memory, 2,* 349-361.

Index thématique

abstraction, 120 (7), 153
  de concept, 145, 147, 149
  de prototype, 149, 150, 160 (8)
accessibilité, 47, 66 (4), 69, 91-121
ACP (analyse en composantes principales), 139, 158
ACT («Adaptative Control of Thought»), 66 (5), 93, 130-132, 159 (2), 159(3)
activation
  automatique, 104, 107, 120 (5)
  cérébrale, 29
  dans MINERVA 2, 147
  diffusion de l'—, 135
  en mémoire à court terme, 65
  en mémoire à long terme, 91, 92-93, 112, 114, 118, 155
  et intégration, 115
  interactive, 153, 154, 161 (10)
  neuromimétique, 138, 157
  ré—, 17
agnosie, 104, 111
  prosop—, 89 (2), 134
  topographique, 89 (2)
alexie, 111
Alzheimer (maladie d'—), 61, 79
amnésie, 89 (4), 98, 108, 110, 111
  du cas HM, 44
  globale, 168
  infantile, 22
  rappel dans l'—, 165
  reconnaissance dans l'—, 19, 20

amorçage (priming), 23-25, 77, 115, 121 (10), 165, 167
  d'identité, 153
  de répétition (*ou* — perceptif), 23, 24, 110-111, 116, 153, 165
  de texte, 154
  sémantique (*ou* — associatif *ou* — conceptuel), 23, 24, 93, 103, 153, 165
analyse propositionnelle (*ou* prédicative), 82, 83, 86-88
anarthrie, 61-62
anomie, 79
apprentissage, 11, 12, 80, 82, 85-86, 148, 149, 152, 159 (2), 163
  à allure libre, 66 (4)
  associatif, 22, 135
  compétitif, 143
  économie au ré- —, 15-16, 21-23, 124
  intégratif, 22
  linguistique, 22
  par habituation, 22
  par rétropropagation, 140-141
  subliminal, 22-23
  sur—, 55
  verbal, 166
architecture cognitive, 28-29, 106, 119, 140
association, 166
  antérograde, 104
  auto—, 135, 143, 144
  conditionnelle, 97

contextuelle, 106
hétéro—, 135, 141, 143, 144
horizontale, 104
rétrograde, 104
sémantique, 29, 96, 97, 108
stimulus-réponse (S-R), 83
verticale, 104
associationnisme, 115, 166
attention, 62-63, 163, 168
   au contexte, 106, 108
   focus de l'—, 65
   orientation de l'—, 38, 98
   partagée, 109
   variabilité de l'—, 57, 88
   visuelle, 33 (3)

base
   de connaissances, 86, 154
   de texte, 86, 88, 154
behaviorisme, 11, 89 (1), 115
   néo—, 150
   radical, 150
bloc-notes visuo-spatial («visuo-spatial sketch-pad», «visuo-spatial scratch-pad», VSSP), 58-61
boucle phonologique, 58-62
Brown-Peterson (paradigme de —), 46, 49
buffer, 37, 39, 40, 41, 66 (5), 130

capacité cognitive, 159 (2)
catégorisation, 149, 150, 152, 160 (8)
certitude subjective, 27
CHARM («Composite Holographic Associative Recall Model»), 141-145, 160 (5), 160 (7)
codage, 40, 48
   double —, 70-72
cognition, 13, 163
   sociale, 83
   spatiale, 89 (2)
cognitivisme, 150, 156, 157
complément (— de mots), 21, 24, 80, 143, 144
compréhension, 57, 76
   de texte, 60, 64, 66 (5), 82-88, 154, 170 (1)
compositionnalité, 157, 161 (11)
computation, 127-129, 150, 156, 158
concept, *voir* abstraction
conditionnement, 22, 97
connaissance, 12, 17, 91
   base de —, 86, 154
   de soi, 117
   déclarative, 21, 80-86, 89 (4), 164
   épisodique, 29, 30, 76-80, 164
   explicite, 89 (4), 117
   implicite, 117

   procédurale, 21, 80-86, 89 (4), 164
   sémantique, 29, 30, 76-80, 164
connexionnisme, 88, 97, 109, 135-150, 156, 160 (9), 161 (10)
   classique, 149-150
   néo- —, 149
   neuromimétique, 26
   pseudo- —, 152
   psychomimétique, 26
   radical, 150, 158-159
conscience, 16, 19, 21, 22, 32, 80, 91, 95, 114-118, 165
   champ de la —, 65. *Voir aussi* focus attentionnel
   de type A, 104, 117
   de type P, 104, 117
   du «déjà éprouvé», 121 (11)
   épistémique, 91, 168
   et computation, 129
   éveil de —, 23, 121 (9), 163, 167, 168
   mnémonique, 91, 167, 168. *Voir aussi* — récollective
   perceptive, 91, 168
   récollective, 95, 108, 109, 121 (12), 169
consolidation, 98
contexte, 78, 119 (1), 120 (4), 120 (5), 168
   dans FACENET, 140-141
   de liste, 113
   de récupération, 29, 96, 140
   effet de —, 77, 82, 93-98, 106, 107, 113, 126, 167, 169
   et mémoire de travail, 67 (7)
   extrinsèque, 97, 104, 120 (5)
   historique du —, 33 (2), 89, 97, 156, 165
   indépendant, 97, 107, 120 (5)
   interactif, 97, 107, 120 (5)
   intrinsèque, 97, 104, 120 (5)
   motivationnel, 97, 153
   perceptif, 121 (5)
   représentationnel, 97, 121 (8)
   sémantique, 96, 97
   situationnel, 97, 124
   spatio-temporel, 19, 104, 169
contrôle, 63, 65, 130, 132, 135
   articulatoire, 46, 58, 59, 60, 124
   du mouvement, 60, 73, 134
   intentionnel, 65, 80
convolution, 142-145, 150, 159 (4), 160 (4)
corrélation, 124, 136, 139, 141-145, 147, 150, 159 -160 (4, 6, 8)
cortex
   frontal, 30, 61, 67 (6), 98, 165, 168
   occipital, 30, 66 (6), 89 (3)
   pariétal, 30, 45, 67 (6), 89 (3), 168
   préfrontal, 29, 30, 161 (13), 168

INDEX THÉMATIQUE

temporal, 30, 44, 45, 79, 89 (3), 168, 169
croyance, 17

décision, 55, 99, 117, 145, 153, 160 (5)
  critère de —, 22, 27, 145
  lexicale, 23, 76, 77
  règle de —, 132
  seuil de —, 57
  temps de —, 55
dénomination, 21, 79, 160 (9)
détection, 61, 89 (3)
  théorie de la — du signal, 145, 160 (8)
développement, 22, 110, 132
dextérité perceptive (*ou* fluence perceptive), *voir* mémoire perceptive présémantique
DIAGNOS, 170 (1)
diencéphale, 98, 165
discriminabilité, 142
disponibilité, 47, 69
dissociation, 19, 77, 130, 167-169
  de processus, 108-109
  fonctionnelle, 113, 120 (7)
  stochastique, 102, 113
dyslexie, 61
dyspraxie, 61

ecphorie, 16, 20, 95, 96, 103, 108, 114, 156
élaboration, 104, 115, 118, 120 (5), 151, 153, 154, 155
électro-encéphalographie (EEG), 28, 30-32, 116, 134. *Voir aussi* potentiel évoqué, imagerie cérébrale, magnétoencéphalographie
empirisme logique, 124
empan («span»), 44, 45-46, 47, 48, 61, 124
énaction, 159
encodage, 17, 31, 55, 61, 69-75, 116, 161 (13), 169
  principe d'— spécifique, 93-96, 103, 118, 120 (4)
engramme, 16
épisode, *voir* mémoire épisodique
ergonomie cognitive, 89 (2), 164
évocation, *voir* rappel
expectation, 17, 74
expertise, 66 (5), 89 (2), 151

FACENET, 140, 141
familiarité, 31, 32, 37, 108, 109, 147,
  et conscience, 114 -115
  et échec de la reconnaissance, 102, 103
  et modularité, 134, 170
  et reconnaissance, 120(4), 126, 127, 131
  perceptive, 25, 91, 97, 104, 153. *Voir aussi* fluence perceptive

fluence perceptive (*ou* dextérité perceptive), *voir* mémoire perceptive présémantique
focus attentionnel, 62-64, 65
fonction
  d'oubli, 26, 124
  de Tulving-Wiseman, 100-103, 124, 144, 149
  précision-rapidité, 28, 170
fonctionnalisme, 110, 111-114, 118-119, 123, 166, 167
fréquence, 31, 32, 43, 44, 48

généralisation, 13, 132, 157, 166
grammaire artificielle, 22

habituation, 22, 33 (3)
habitude, 12, 166
hippocampe, 44, 89 (4), 165, 168, 169
historique, 22, 89, 97, 134, 156, 159

icone, 37
identification, 21, 24, 153, 160 (9)
identité, 141, 158
image mentale, 60, 73, 89 (1)
imagerie
  cérébrale (*ou* neuro- —), 27, 28-32, 161 (13), 167, 170
  mentale, 48-49, 70-73
  visuelle, 72, 73
indépendance
  quasi- —, 102, 103-109, 113, 144, 148
  fonctionnelle, 111, 119-120 (2)
  stochastique, 100, 103-109, 111, 119-120 (2), 144, 148, 149, 160 (7)
indicateurs (de mémoire), 26-32
inférence, 154, 157
informatique, 11, 17, 26, 33 (4), 123, 130, 151
intégration, 115, 153. *Voir aussi* activation
intelligence, 11, 60, 164
  artificielle, 11, 152, 159 (3), 165
intension, 164
intentionnalité, 117, 158, 168
interférence, 46, 49, 66 (5), 98, 120 (7)
intervalle de rétention, 15, 24, 110, 113

langage, 22, 164
  de description, 80, 81, 165
latence, 26-28
lecture, 61, 64, 66 (5), 164, 170 (1)
logique, 157
logogène, 112
longueur de liste (effet de —), 148, 149
longueur de mot (effet de —), 60, 61
limbique (système —), 98, 168, 169

machine de Church-Turing, 128, 159 (1)

macrostructure (de texte), 88
magnéto-encéphalographie (MEG), 28. *Voir aussi* électro-encéphalographie, imagerie cérébrale
masquage, 37, 38, 40, 66 (1), 165
mémoire
à court terme (MCT), 40-57, 62-64, 67 (7), 130, 154, 166
à long terme (MLT), 66 (5), 67 (7), 69-121, 130, 165, 167
abstractive, 13, 112, 145, 155, 156
animale, 22, 33 (3), 66 (5), 97
anoétique, 117
artificielle, 123
associative, 137, 144
au sens du biologiste. *Voir* — phylogénétique
au sens large (*ou* — de l'acquis), 12, 13, 77
au sens strict, 12, 13, 77
auto-associative, 136-139, 143, 158, 160 (7)
autobiographique, 22, 30, 79, 164, 168
autonoétique, 117
de maintenance. *Voir* buffer
de phrase, 70, 71, 154
de production, 154, 159 (3)
de schème, 77
de texte, 16-17, 66 (5), 73-74, 75, 82 86-88, 154
de travail (MT working memory), 51, 57- 64, 66 (5), 67 (7), 131, 132, 159 (3), 165, 169
de travail à long terme (MTLT), 64, 66 (5), 87
déclarative, 80-86, 89 (4), 111, 131, 132, 155, 164, 165, 169
des visages, 33 (3), 73, 108, 139, 140, 141, 149, 153, 158, 164, 170 (1)
du nouveau-né, 22, 33 (3)
phylogénétique (*ou* — de l'espèce *ou* — au sens du biologiste), 12, 77
échoïque, 66 (2), 165
épisodique, 16, 17, 18, 29, 76-80, 93-97, 111, 114, 115, 117, 118, 146, 153 155, 156, 161 (13), 164-165, 167-169
explicite, 16, 22, 89 (4), 109-114, 115, 117, 118, 120 (8), 144, 155, 160 (7), 165
iconique, 35-40, 165
imagée, 70-73
implicite, 16, 109-114, 115, 117, 118, 120 (8), 144, 155, 160 (7), 165
incidente, 74
intentionnelle, 74, 115
motrice, 61
noétique, 117
objet, *voir* — explicite
outil, *voir* — implicite

perceptive présémantique (PRS), 111, 114, 115, 117, 118, 167
permanente, *voir* — à long terme phonologique, 164
précatégorielle, *voir* buffer
primaire, 41
procédurale, 80-86, 89 (4), 111, 117, 118, 131, 155, 164, 165
quotidienne, 164
secondaire, 41
sémantique, 15, 18, 29, 76-80, 93, 94, 96-97, 111, 115, 117, 118, 146, 155, 156, 165, 167, 168, 169
sensorielle, 35-40, 66 (2). *Voir aussi* — iconique, — échoïque
sérielle, 32, 67 (7), 145
spatiale, 145
tampon, *voir* buffer
transitoire, 35-67
verbale, 70-73, 164
métaphore spatiale (— de la mémoire), 13, 129, 165
méthode
d'étude de la mémoire, 15-33
des facteurs additifs, 27-28, 52, 55
soustractive, 29, 30
microstructure (de texte), 88
MINERVA 2, 143, 145-149, 160 (7, 8)
modèle (de mémoire), 123-161
à appariement global, 136, 141-149, 150
à deux processus, 98-99, 116, 126, 153
à traces multiples, 145-149
abstractif, *voir* mémoire abstractive
computo-symbolique, 123, 129-135, 150, 155, 165
connexionniste, 26, 78, 97, 123, 135-150, 151, 154, 155, 156, 160 (9), 161 (9,10)
d'estimation, 25-26, 124-126
d'interaction et d'activation compétitive (IAC), 153, 161 (10)
de construction-intégration, 64, 154
de diffusion, 56-57
de reconnaissance conditionnelle, 104, 120 (4), 126
de simulation, 26, 126-129, 165
dualiste (*ou* modal), 46-51, 57, 62
en cascade, 40, 104, 134, 169
hybride (symbolico-connexionniste), 150-155, 170
modal (voir modèle dualiste)
multinomial (*ou* polynomial), *voir* — stochastique
néo-connexionniste, 135, 136, 141-150. *Voir aussi* — à appariement global
neuromimétique, 26, 135
psychomimétique, 26, 135
stochastique, 57, 109, 120 (4), 126, 127

sub-symbolique, 26, 158
symbolique, 26, 154, 158
modélisation, 25-26, 124-128
modularité, 133-134
moïté, 114, 168
motivation, 88, 153, 167, 169
motricité, 61, 134
mot-sur-le-bout-de-la-langue, 118

neuropsychologie (de la mémoire), 44-45, 50-51, 61-62, 66 (6), 72-73, 79, 89 (3,4), 98, 108, 111, 130, 161 (10), 164, 165, 167-170
neuroscience cognitive, 167

ontogenèse, *voir* développement
ordinateur, *voir* informatique
organisation
  en mémoire à court terme, 48, 49
  en mémoire à long terme, 75- 88, 92, 120 (7), 134
oubli, 16, 26, 124, 144, 150
  à long terme, 96, 97-98
  à court terme, 39, 43, 45, 46, 49-50

parallélisme, 28, 58
perception, 12, 70, 167
phylogenèse, 22
planification, 168
position sérielle (effet de —), 41-44, 50, 66 (4), 145, 150, 154
postulat chronométrique, 27-28, 33 (5), 51, 170
potentiels évoqués (ERP), 27, 30-32, 170. *Voir aussi* électro-encéphalographie, imagerie cérébrale
primauté (effet de), 41-44, 55
production
  règle de —, 85
  système de —, 84, 85, 154, 159 (3)
prototype, 82, 83, 142, 149, 160 (8). *Voir aussi* abstraction
psychiatrie, 164
psychologie cognitive (voir cognitivisme)
psychologie du comportement, *voir* behaviorisme
psychométrie (de la mémoire), 164, 170 (1)

race (effet de —), 139, 158
raisonnement, 152
rappel (*ou* évocation), 13, 33 (2), 77, 91 98-109, 113, 114, 120 (7,8), 144, 145, 160 (5), 165
  antérograde, 106, 108, 120 (6)
  d'histoire, 164
  de lettre, 36
  de paire, 18, 159 (4)

différé, 88
indicé, 18, 19, 29, 80, 142, 144, 145, 147, 148, 160 (6)
libre, 18
par sondage, 18, 49-50
rétrograde, 106, 108, 120 (6)
sémantique, 61
sériel, 18, 43, 67 (7)
verbatim, 61
réaction électrodermale (RED), 27
récence, 41-44, 50, 55, 66 (4), 87
pré- —, *voir* primauté
recherche (— mnésique), 104
  aléatoire, 54-55
  antérograde, 104
  auto-terminante, 53-56
  conditionnelle, 104, 126-127, 153
  de contrôle, 153
  en mémoire à court terme, 51-57, 62
  en mémoire à long terme, 62, 120 (4)
  exhaustive, 54-55
  mentale, 13, 51
  parallèle, 56-57. *Voir aussi* parallélisme
  rétrograde, 104
  sérielle, 54-56
récognition, 121 (11). *Voir aussi* reconnaissance
récollection, 29, 95, 108, 109, 111, 114-116, 121 (12), 167
reconnaissance, 13, 32, 33 (2), 77, 91, 98-109, 113, 114, 115, 120 (3,4,7,8), 143, 145, 150, 153, 160 (5,7), 165
  à choix (forcé, multiple), 20
  à court terme, 48, 51-57
  à long terme, 26
  catégorielle, 19, 21, 160 (8)
  conditionnelle, 104
  d'identité, 20, 21, 158
  d'image, 70
  d'item rappelable, 99-103, 108, 124, 144, 147, 148, 149
  d'objet, 151, 164
  d'occurrence, 18-20, 24
  de mot, 31, 70, 73, 116, 164
  de périodicité, 66 (2)
  de phrase, 154
  de type oui-non, 19, 20
  de visage, 21, 32, 73, 108, 133, 134, 139, 140, 141, 149, 153, 158, 164, 170(1)
  épisodique, 76, 77, 94, 147
  explicite, 116, 121 (9,11)
  fausse —, 20
  implicite, 116, 121 (9,11), 134
  latence de la —, 55, 56
récupération, 29, 31, 161 (13), 168-169, 170
  indice de —, 16, 18, 20, 95, 96, 103

rédintégration, 18, 150
réductionnisme, 128
référence (rapport au monde), 158
registre sensoriel (RS), 35
renforcement, 119 (1)
représentation, 17, 134, 135, 150, 157-159
  analogue visuelle, 40
  catégorielle, 40, 152
  d'identité non visuelle, 40
  de bas niveau (de haut niveau), 115, 118, 121 (8), 134, 154, 170
  des connaissances, 82, 152
  distribuée, 119, 150
  du passé, 163
  propositionnelle, 83
  prototypique, 149
  sub-symbolique, 157-158, 170
  symbolique, 150, 157-158, 170
réseau
  associatif, 136
  auto-associateur, 136, 141, 143
  connexionniste à unités cachées, 136
  connexionniste sans unités cachées, 136
  de Hopfield, 136, 154
  multicouches, 136, 139-141, 152, 153, 160 (4)
  propositionnel, 71, 82
  sémantique, 84, 92-93, 152, 153, 154, 157, 161 (10)
résolution de problème, 58, 66 (5), 86, 131, 151, 159 (2), 168
résonance, 104
  magnétique (IRM), 28. *Voir aussi* imagerie cérébrale
rétention, 15, 16, 17
rétroaction, 28
rétro-propagation du gradient d'erreur, 160 (7)
révision mentale (— subvocale), 42, 45, 48, 58, 61, 66 (4), 98
rotation mentale, 70

savoir, 114-118
scène, 49
schéma, 12, 17, 82, 145, 149
  narratif, *voir* script
S-R, 82, 85
schème, 12
sciences cognitives (ou sciences de la cognition), 11, 163, 170
script, 17, 83, 85, 154
sentiment de savoir, 27, 118
signification, 119 (1), 158
similarité, 146, 147, 158
  acoustique, 48
  inter-traces, 149

  intra-catégorielle, 160 (8)
  phonologique, 60
  visuelle, 60
Simpson (paradoxe de —), 102, 177
simulation, 17, 25-26, 165
  cognitive, 126-129
  computationnelle, 26, 127-128, 170
  computo-symbolique, 129-135
  connexionniste, 135-150
  neuromimétique, 26, 135, 165
  psychomimétique, 26, 135, 165
souvenir, 13, 17, 22
  autobiographique, 22, 79
  conscient («remembering»), 95, 114-118, 168
spécificité, 164
  contextuelle, 78, 141
  personnelle, 79
  sémantique, 96-97
  situationnelle, 79
stéréotype, 83
stockage, 17, 62, 69-89, 168
stratégie
  d'encodage, 32, 49, 88
  d'exploration, 55
structuralisme, 110, 111-114, 118, 167
superviseur («central executive»), 58, 60, 61, 65
suppression articulatoire (effet de —), 60, 61
système-expert (*voir* production), 86

taxonomie, 152
temps de réaction, *voir* latence
test (de rétention), 17-25,120 (7)
  d'exclusion, 108-109
  d'inclusion, 108-109
  de répétition de non-mots, 164
  direct, 17-20, 24, 109, 121 (8), 165
  indirect, 16, 17, 20, 21-25, 32, 109, 121 (8), 165
thalamique médio-dorsal (noyau), 169
TODAM («Theory of Distributed Associative Memory»), 144-145, 160 (7)
tomographie, *voir aussi* imagerie cérébrale
  par émission de positons (TEP), 28-30, 67 (7), 161 (13)
  par émission photonique (TEM), 28
trace mnésique, 13, 143, 144, 145, 160 (7)
traitement
  domaine de —, 73-75, 110
  profondeur de —, 73-75, 110
  théorie du —, 111-113, 114

vieillissement, 107-108, 110, 164
vision, 38, 73

Index des auteurs

Abdi H., 82, 135, 139, 158, 171, 183, 188
Abelson R.P., 17, 83, 185
Alba J.W., 82, 171
Alwood J., 179
Alzheimer A., 172, 182
Amsterdam J.B., 89 (3), 179
Amy B., 97, 119 (1), 121 (8), 171
Anderson J., 181
Anderson J.A., 135, 151, 171, 175, 177
Anderson J.R., 66 (5), 71, 78, 85, 92, 93, 96, 97, 104, 130, 131, 155, 157, 159 (2), 171, 184
Ans B., 187
Appenzeller T., 89 (3), 182
Aragon L., 74
Arbib M.A., 134, 171
Athenes S., 134, 180
Atkinson R.C., 26, 46, 47, 50, 130, 171, 172
Awh S., 178

Baddeley A.D., 44, 45, 48, 50, 56, 57, 58, 59, 60, 61, 62, 63, 66 (5), 67 (6), 97, 120 (5), 124, 159 (3), 164, 172, 175, 176, 179
Bain J.D., 104, 160 (7), 172, 178
Balsam P.D., 182
Barsalou L.W., 104, 184
Bartlett F.C., 16, 17, 75, 83, 172
Bartlett J.C., 139, 183
Bastien C., 187

Batchelder W.H., 126, 184
Baudet S., 88, 154, 170 (1), 172, 174
Beardsworth E., 164, 172
Becker J.T., 66 (5), 183
Bergson H., 111, 172
Berry D.C., 173
Bianco M., 85
Bishop D., 164, 172
Bisiach E., 79., 173
Bisseret A., 89 (2), 173
Bjork R.A., 21, 50, 96, 110, 173, 184
Blaxton T.A., 110, 184
Block N., 104, 117, 173
Boies S.J., 183
Bolgert F., 32, 184
Bonnet C., 171, 187
Bookman L.A., 151, 186
Borges M.A., 120 (7), 173
Bouma H., 174, 181, 182
Bouwhuis D.G., 174, 181
Bovet D., 176, 183
Bower G.A., 67 (7), 172, 173, 176
Brainerd C.J., 67 (7), 173
Bressi S., 61, 172
Breton F., 32, 184
Broadmann K., 30
Brown G.D.A., 160 (4), 173
Brown J., 18, 20, 46, 173, 183, 187
Bruce V., 35, 89 (2), 152, 173, 177
Brutsche J., 120 (5), 173
Bruyer R., 25, 130, 170 (1), 173, 188

Bub D., 79, 173
Buchanan M., 46, 172
Buchner A., 109, 173
Buckner R.L., 29
Burke D.M., 108, 173
Burrows D., 55, 173
Burton A.M., 132, 133, 161 (10), 173
Butler C., 135, 173

Cabeza R., 161 (13), 183
Calvanio R., 67 (6), 175
Campbell A.J., 39, 181
Carpenter P.A., 60, 174
Case R., 67 (7), 173
Caudill M., 135, 173
Cauzinille E., 104, 120 (4), 126, 127, 187
Caverni J-P., 187
Challis B.H., 110, 113, 184
Chase W.G., 174
Chertkow H., 79, 173
Christal R.E., 60, 179
Church A., 128, 159 (1)
Cissé A., 120 (5), 173
Claparède E., 114, 121 (9), 173
Clark C.D., 38, 175
Cohen L., 181
Cohen N.J., 89 (4), 111, 173, 186
Cohen R.L., 66 (4), 120 (7), 174
Coin, C., 73, 174
Collins A.M., 82, 152, 174
Coltheart M., 39, 174, 185
Conrad R., 60, 174
Cooper L.A., 70, 71, 174, 185, 186
Cottrell G.W., 143, 144, 158, 181, 188
Cowan N., 62, 63, 64, 174
Craik F.I.M., 25, 43, 48, 73, 75, 174, 175, 178, 180, 183, 184, 189
Crowder R.G., 66 (2), 130, 174
Culicover P., 186
Cunitz A.R., 43, 176
Cunningham K., 55, 176

Dallas M., 104, 110, 178
Dalloz P., 160 (4), 173
Daneman M., 60, 174
Darley L.F., 66 (4), 174
Darwin C.J., 66 (2), 174
Davies G.M., 97, 172, 174
De Haan E.H.F., 134, 174
De Renzi E., 79, 180
De Schonen S., 33 (3), 175
De Wall C., 164, 175
Debruille B., 32, 184
Deffenbacher K.A., 139, 183
Dehaene S., 181
Delacour J., 117, 174
Deléglise D., 120 (5), 173
Della Sala S., 61, 172

Denhière G., 17, 86, 88, 154, 170 (1), 172, 174
Denis, M., 171
Dennett D.C., 117, 175
Dennis S., 104, 129, 178
Deregowski, J.B., 139, 185
Deruelle C., 173
DeWaard A.J., 120 (7), 180
Di Lollo V., 38, 175
Donders F.C., 27, 52, 55, 175
Dornic S., 172, 186
Doyle M.C., 31, 32, 184
Dugas C., 134, 180
Dywan J., 111, 178

Ebbinghaus H., 15, 16, 21, 26, 33 (1), 124, 175, 176, 187
Ecob J.R., 56, 172
Edelman G.M., 117, 175
Ehrlich S., 96, 175, 187
Eich J.E., 16, 185
Eich J.M., *voir* Metcalfe J.M.
Eichelman W.H., 183
Eldridge M., 61, 172
Ellis A.W., 181
Ellis H.D., 187
Emslie H., 164, 176
Erdfelder E., 109, 173
Ericksen C.W., 22, 111, 175
Erickson R.C., 164, 175
Ericsson K.A., 64, 66 (5), 87, 175
Estes W.K., 129, 173,175
Eysenck M.W., 74, 175

Farah M.J., 67 (6), 72, 161 (10), 175, 180
Feldman J.A., 151, 175
Fessard A., 176, 183
Finke R.A., 72, 175
Finnet A., 120 (5), 173
Fisette D., 187
Fisher R.P., 75, 175
Flexser A.J., 102, 103, 104, 120 (3), 176, 177, 188
Florès C., 18, 35, 42, 176, 183
Flynn R.A., 89 (3), 179
Fodor J.A., 133, 155, 156, 157, 176
Fogelman-Soulié F., 139, 179
Forrester W.E., 11, 12, 176
Forrin B., 55, 176
Foucault M., 42, 176
Fraisse P., 176
Frak V., 181
Freeman W., 159, 176
Frijda N.H., 176, 183

Gardiner J.M., 103, 115, 116, 176, 177 183
Gathercole S.E., 164, 176
Gazzaniga M., 172, 184, 186, 188

George C., 187
Ghiglione, R., 187
Glanzer M., 43, 63, 176
Globus G.G., 159, 176
Godden D.D., 97, 120 (5), 176
Goethals G.R., 180
Goldman S.R., 73, 176
Goodale M.A., 188
Gorfein D.S., 33 (1), 176
Graf P., 111, 113, 176, 180
Granström K., 120 (7), 174
Grant, S., 61, 172
Green P., 35, 173
Greene R.L., 43, 55, 177
Grossberg S., 159, 177
Gruneberg M.M., 48, 177
Gulyás R., 30, 184
Gurnsey R., 39, 181

Haber R.N., 66 (3), 177
Handelmann G.E., 66, 183
Hanna A., 38, 180
Harnish R., 186
Hart J.T., 118, 177
Hartry A.L., 175
Hasher L., 82, 108, 171, 177
Haviland S., 55, 186
Hayman C.A.G., 144, 177
Hebb D.O., 35, 139, 177
Hewitt K., 120 (5)
Hinton G.E., 135, 139, 152, 153, 175, 177, 185
Hintzman D.L., 78, 102, 103, 115, 120 (3), 135, 141, 145, 148, 149, 160 (6,8), 175, 177
Hitch G., 50, 57, 62, 172
Hitchcock A., 94
Hjelmkvist E., 179
Hoc J-M., 171
Hockley W.E., 180, 183
Hoffman R.R., 33 (1), 176
Hogden J.H., 38, 175
Holender D., 22, 177
Hopfield J.J., 136, 154
Hulme C., 160 (4), 173
Humphreys G.W., 35, 89 (2), 129, 164, 177, 178, 184
Humphreys M.S., 104, 160 (7), 172, 178

Ingle D.J., 188
Inhelder B., 12, 77, 176, 183
Intriligator J.M., 130, 179
Irion A.L., 42, 181
Irwin D.E., 28, 40, 178, 182
Izaute M., 118, 178

Jacob P., 124, 178

Jacoby L.L., 104, 108, 109, 110, 113, 115, 126, 178
James W., 35, 178
Java R.I., 115, 116, 176
Jeannerod M., 73, 118, 128, 134, 178, 180, 183, 187, 188
Jenkins J.J., 97, 178
Job R., 185
Johnson M.K., 98, 178
Johnson-Laird P.N., 88, 178
Johnston R.A., 152, 173
Jones G.V., 104, 109, 178
Jones, G., 188
Jonides J., 67 (6), 178
Joordens S., 109, 178
Juola J.F., 26, 50, 130, 171

Katzaroff D., 121 (11), 179
Kawashima R., 30, 184
Kelley C.M., 111, 178, 180
Kemper S., 61, 179
Kingma J., 67 (7), 173
Kinsbourne M., 98, 189
Kintsch W., 64, 66 (5), 82, 86, 87, 88, 98, 99, 120 (7), 154, 175, 179, 188
Klapp S.T., 67 (7), 179
Koeppe R.A., 178
Kohonen T., 135, 139, 179
Kolers P.A., 182
Kopelman M.D., 164, 179
Koriat A., 118, 179
Kornblum S., 177, 184
Korsakoff S., 189
Kosslyn S.M., 71, 72, 89 (3), 130, 179
Koster W.G., 175
Kounios J., 28, 182
Kraft D., 80, 180
Krantz D.H., 171
Kyllonen P.C., 60, 179

Lamwers L.L., 102, 185
Landauer T.K., 75, 179
Larochelle S., 118, 178
Larsen S.F., 80, 179
Laver J., 181
Le Cun Y., 139, 179
Le Ny JF., 66 (4), 171, 179, 187
Lecocq P., 11, 18, 20, 55, 73, 98, 120 (7), 179, 187
Lecoutre MP., 103, 179
Leng N.R.C., 164, 183
Leppman K.P., 39, 181
Lester L., 38, 180
Lester P.T., 67 (7), 179
Levine D.N., 67 (6), 89 (3), 175, 180
Levrier O., 181
Lewandowsky S., 145, 180, 183
Lewis L.K., 173

Lewis V.J., 61, 172
Lewis-Smith M.Q., 43, 180
Lieberman K., 67 (6), 172
Lieury A., 164, 180
Light L., 108, 173
Lillich J.W., 173
Lockhart R.S., 73, 75, 174, 180
Loftus G.R., 38, 177, 180
Logan G.D., 80, 180
Logie R.H., 60, 61, 172, 180
Lucchelli F., 79, 180
Luce R.D., 27, 171 180
Lynch G., 178, 186

Macar F., 30, 184
MacKenzie C.L, 134, 180, 183
MacLeod C.M., 27, 180
Madigan A., 119 (1), 188
Maine de Biran F., 111, 180
Maisto S.A., 120 (7), 180
Mancini J., 175
Mandler G., 71, 104, 113, 115, 126, 153, 176, 180, 184
Mansfield R.J.W., 188
Marcel A.J., 56, 180
Marchetti F.M., 39, 181
Marshburn E.A., 67 (7), 179
Marteniuk R.G., 134, 180, 183
Martin E., 189
Massaro D.W., 26, 38, 66 (2), 133, 180, 181
Mathieu J., 104, 120 (4), 126, 127, 187
Mayer L.E., 67 (7), 181
Mayes A.R., 98, 130, 181
Mazoyer B.M., 30, 181
McCarthy R.A., 164, 176
McCarthy J.E., 149, 186
McClelland J.L., 26, 28, 56, 79, 97, 135, 141, 156, 160 (9), 181, 185
McCloskey M., 128, 156, 161 (9), 181
McDougall R., 111, 181
McDowd J.M., 160 (7), 181
McEvoy C.L., 80, 96, 182
McGaugh J.L., 178, 186
McGeoch J.A., 42, 181
McGurk H., 133, 181
McKoon G., 76, 77, 109, 181, 184
McLachlan D., 113, 182
Mehler J., 181
Melton A.W., 189
Mencl W.E., 143, 144, 181
Mendelsohn P., 187
Merikle P.M., 39, 109, 178, 181
Metcalfe J.M., 141, 142, 143, 144, 160 (5), 175, 181
Metzler J., 70, 181, 185
Meudell P.R., 98, 130, 181
Mewhort D.J.K., 39, 181
Meyer D.E., 28, 177, 182, 184

Miller G.A., 45, 117, 181, 182
Miller M.E., 120 (7), 180
Miller R.R., 97, 182
Milner B., 44, 176, 182, 183
Minoshima S., 178
Mintun M.A., 178
Mishkin M., 89 (3), 182, 188
Montangero J., 187
Morency J., 118, 178
Morris P., 177
Morton J., 113, 128, 182
Moscovitch M., 112, 113, 167, 173, 178, 182
Moy J., 55
Murayama N., 181
Murdock B.B., 42, 43, 62, 66 (4), 136, 144, 145, 150, 159 (4), 160 (7), 174, 180, 181, 182
Muter P., 96, 102, 182
Myers T., 181

Nadel L., 186
Neisser U., 36, 66 (2), 182
Nelson D.L., 80, 96, 182
Nelson K., 22, 182
Nelson T.O., 21, 27, 180, 182
Newcombe F., 134, 174
Newell A., 83, 131, 159 (3), 182
Nickerson R., 172
Nilsson L.G., 103, 179, 180, 183
Norman D.A., 42, 44, 45, 49, 60, 62, 132, 183, 189
Nusbaum H.C., 171
Nyberg L., 161 (13) 183

O'Sullivan B., 30, 184
O'Toole A.J., 139, 158, 183, 188
Okada R., 55, 173
Olton D.S., 66 (5), 113, 130, 183
Orsier B., 151, 152, 183
Osman A.M., 28, 182

Paivio A., 70, 72, 183
Papagno C., 44, 188
Parkin A.J., 164, 183
Pascalis C., 175
Paulignan Y., 134, 183
Pellegrino J.W., 73, 176
Péris JL., 107, 108, 124, 183
Peters A., 188
Peterson L.R., 46, 49, 183
Peterson M.J., 46, 49, 183
Philippe M., 96, 175
Philips L.W., 42, 43, 183
Piaget J., 12, 77, 176, 183, 187
Pickering A., 98, 181
Pike R., 159 (4), 160 (7), 178, 182, 183
Pirandello, L., 8, 183

Pollack J.B., 151, 183
Posner M.I., 40, 41, 183
Postman L., 42, 43, 47, 183
Proust M., 94
Pylyshyn Z., 71, 133, 155, 156, 157, 176, 183, 184

Quillian M.R., 82, 152, 174

Rabbitt P.M.A., 172, 186
Rabinowitz J.C., 104, 108, 184
Ratcliff R., 56, 57, 76, 77, 109, 150, 181, 184
Raymond B., 43, 184
Razel M., 63, 176
Reber A.S., 111, 184
Reder L.M., 96, 184
Renault B., 30, 32, 134, 184
Rialle V., 187
Richard, J.-F., 187
Richardson-Klavehn A., 21, 110, 184
Richtey G.H., 71, 180
Riddoch M.J., 89 (2), 164, 178, 184
Riefer D.M., 126, 184
Rodet L., 151, 157, 158, 184
Roediger H.L., 13, 25, 110, 113, 129, 174, 178, 183, 184
Roland P.E., 30, 184
Rouanet H., 126, 184
Rousset S., 140, 141, 185
Rugg M.D., 30, 31, 32, 184
Rumelhart D.E., 26, 28, 79, 97, 135, 139, 141, 152, 153, 156, 157, 158, 161 (10), 181, 184, 185
Rundus D., 43, 44, 185

Sabah G., 171
Sakitt B., 38, 185
Salamon G., 181
Sanders A.F., 174
Sansone S., 141, 185
Santa J.L., 71, 72, 102, 185
Sartori G., 185
Schachtman T.R., 97, 182
Schacter D.L., 16, 21, 24, 25, 110, 111, 113, 176, 182, 185, 188
Schank R.C., 17, 83, 185
Schönemann P.H., 159 (4), 185
Schreiber A-C., 140, 141, 185
Schreiber T.A., 80, 96, 182
Schwab E.C., 171
Schweich M., 170 (1), 173
Scott M.L., 164, 175
Seamon J.G., 48, 55, 185
Seidenberg M.S., 160 (9), 185
Semon R., 16, 185
Seron X., 187, 188

Shallice T., 44, 45, 60, 61, 79, 132, 183, 185, 188
Shanon B., 158, 185
Shepard R.N., 70, 71, 174, 181, 185
Shepherd J.W., 139, 185
Shiffrin R.M., 46, 47, 50, 130, 172, 186
Shimamura A.P., 102, 168, 177, 186
Signoret J.-L., 32, 184
Simon H.A., 83, 131, 159 (3), 182
Simpson E.H., 102, 186
Skinner B.F., 11, 186
Smith E.E., 178
Smith M.E., 116, 186
Smith P. G., 55, 186
Smolensky P., 157, 186
Solomon P.R., 180
Solso R.L., 149, 181, 186
Sonnet P., 120 (5), 173
Spear N.E., 98, 186
Spence J.T., 172, 176
Spence K.W., 172
Sperling G., 35, 36, 37, 38, 39, 66 (2), 174, 186
Spinnler H., 61, 172
Squire L.R., 89 (4), 111, 130, 167, 173, 186
Stark H.A., 24, 25, 110, 111, 188
Stephens B.R., 180
Stern L.D., 98, 186
Sternberg S., 27, 51, 53, 55, 56, 57, 186
Sun R., 151, 186
Suppes P., 171
Sykes R.N., 48, 177
Syrota A., 181

Tapiero I., 154, 186
Taylor R.L., 183
Tehan G., 160 (7), 178
Theios J., 55, 186
Thomson D.M., 93, 94, 97, 99, 100, 120 (4), 126, 172, 174, 188
Thomson N., 46, 61, 172
Tiberghien G., 11, 18, 20, 25, 35, 55, 73, 91, 97, 98, 104, 106, 107, 108, 115, 118, 119(1), 120 (5,7), 121 (8), 124, 126, 127, 128, 129, 132, 138, 140, 141, 150, 151, 157, 158, 171, 173, 174, 178, 179, 183, 184, 185, 187
Titchener E.B., 11, 187
Todd P.M., 152, 153, 157, 158, 161 (10), 184
Todres A.K., 144, 189
Tomie A., 182
Toth J.P., 109, 178
Touretzky D.S., 151, 187
Townsend J.T., 56, 187
Traupmann J., 55, 186
Trehub S., 189

Tryphon, 187
Tulving E., 16, 20, 22, 24, 25, 30, 33 (1), 73, 75, 76, 78, 80, 93, 94, 95, 96, 97, 98, 99, 100, 101, 102, 103, 104, 108, 110, 111, 114, 115, 117, 118, 119 (1), 120 (3,4,7), 124, 126, 144, 149, 156, 161 (13), 167, 174, 176, 177, 178, 182, 183, 184, 185, 187, 188, 189
Turing A.M., 128, 159 (1)
Turvey M.T., 38, 66 (2), 174, 188
Tversky B., 120 (7), 188
Tzourio N., 181

Umiltà C., 173, 178
Ungerleider L.G., 89 (3), 188

Valentin D., 139, 158, 188
Vallar G., 44, 188
Van der Linden M., 25, 45, 130, 188
Van Dijk T.A., 66 (5), 82, 86, 88, 179, 188
Van Essen D.C., 89 (3), 188
Van Gelder T., 155, 157, 188
Van Zandt T., 109, 184
Varela F.J., 159, 188
Vaterrodt-Plünnecke B., 109, 173
Vipond D., 88, 179
Von Neumann J., 123, 130

Wang G., 89 (3), 179
Warach J., 180
Warrington E.K., 19, 20, 44, 79, 108, 110, 164, 172, 188

Watkins M.J., 45, 48, 63, 99, 144, 174, 189
Watson J., 11, 189
Waugh N.C., 41, 42, 44, 45, 49, 189
Wechsler D., 164, 189
Weinberger N.M., 178, 186
Weiskrantz L., 19, 20, 108, 110, 167, 189
Weldon M.S., 110, 113, 184
Whitten W.B., 50., 173
Whitty C.W.M., 182
Wickelgren W.A., 98, 104, 189
Wickens D.D., 49, 189
Wight E., 61, 172
Wiles J., 104, 129, 178
Williams R.J., 139, 185
Willis C.S., 164, 176
Wilson B.A., 164, 175, 179, 189
Winocur G., 98, 108, 113, 182, 189
Wiseman S., 102, 124, 144, 149, 177, 187, 189
Woodhead M., 172
Wrolstad M., 182

Yeomans J.M., 40, 178
Yonelinas A.P., 109, 178
Young A., 134, 174, 187

Zacks R.T., 108, 177
Zangwill O.L., 182

Table des matières

Préface 7

Introduction 11

Chapitre 1
LES MÉTHODES D'ÉTUDE DE LA MÉMOIRE

1. Les origines de la psychologie scientifique de la mémoire 15

2. Le paradigme d'étude de la mémoire 17

3. Les méthodes directes d'étude de la mémoire 17
3.1. Le rappel indicé 18
3.2. La reconnaissance d'occurrence 18

4. Les méthodes indirectes d'étude de la mémoire 21
4.1. Apprentissage et économie au réapprentissage 21
4.2. Les effets d'amorçage 23

5. La modélisation et la simulation de la mémoire 25
5.1. Les modèles d'estimation 25
5.2. Les modèles de simulation 26

6. Les indicateurs de la mémoire 26
6.1. Le postulat chronométrique 27
6.2. Mémoire et imagerie cérébrale : la tomographie par émission de positons 28
6.3. Mémoire et imagerie cérébrale : l'électroencéphalographie et les potentiels évoqués liés à des événements 30

7. Conclusion 32

Chapitre 2
LES MÉMOIRES TRANSITOIRES

1. La mémoire sensorielle 35
  1.1. Mise en évidence expérimentale 35
  1.2. La théorie de la mémoire sensorielle visuelle 36
  1.3. Mémoire iconique et persistance rétinienne 38
  1.4. Critique expérimentale du concept de mémoire iconique 39
  1.5. La théorie «new look» de la mémoire sensorielle 39

2. La mémoire à court terme et la mémoire à long terme 40
  2.1. De la mémoire iconique à la mémoire à court terme 40
  2.2. Les effets de primauté et de récence 41
  2.3. Les bases neuropsychologiques de la mémoire à court terme 44
  2.4. Les lois fonctionnelles de la mémoire à court terme 45
  2.5. L'apogée de la conception dualiste de la mémoire 46
  2.6. Le déclin du modèle modal de la mémoire 47
  2.7. Les processus d'accès à la mémoire à court terme 51

3. La mémoire de travail 57
  3.1. L'hypothèse de la mémoire de travail 58
  3.2. Bases expérimentales et neuropsychologiques de la mémoire de travail .. 60
  3.3. Mémoire à court terme, mémoire de travail et focus attentionnel 62

Conclusion 64

Chapitre 3
L'ENCODAGE ET LE STOCKAGE DE L'INFORMATION EN MÉMOIRE PERMANENTE

1. Les processus d'encodage et de stockage 69
  1.1. Mémoire verbale et mémoire imagée 70
  1.2. Profondeur de traitement et domaines d'élaboration 73

2. L'organisation en mémoire permanente 75
  2.1. Mémoire sémantique et mémoire épisodique 76
  2.2. Mémoire déclarative et mémoire procédurale 80
  2.3. Mémoire des textes et analyse propositionnelle 86

3. Conclusion 88

Chapitre 4
L'ACCÈS À L'INFORMATION EN MÉMOIRE PERMANENTE

1. Activation et diffusion de l'activation 92

2. Effets de contexte et principe de la spécificité de l'encodage 93
  2.1. Le principe de spécificité de l'encodage 93
  2.2. Mémoire sémantique, mémoire épisodique et effets de contexte 96
  2.3. Effets de contexte et oubli dans la mémoire humaine 97

3. Rappel, reconnaissance et échec de la reconnaissance 98
3.1. L'opposition dualiste entre le rappel et la reconnaissance 98
3.2. L'échec de la reconnaissance d'informations rappelables 99
3.3. Signification théorique de la quasi-indépendance stochastique entre le rappel et la reconnaissance 103

4. Mémoire implicite et mémoire explicite 109
4.1. L'amorçage de répétition : un bilan expérimental 110
4.2. Le débat entre structuralistes et fonctionnalistes 111

5. Mémoire et conscience : connaître et se souvenir 114

8. Conclusion 118

Chapitre 5
LES MODÈLES DE LA MÉMOIRE HUMAINE

1. Principes de modélisation cognitive 124
1.1. Les modèles d'estimation de fonction 124
1.2. Les modèles d'estimation de paramètres 126
1.3. Les modèles de simulation cognitive 126

2. La simulation computo-symbolique 129
2.1. Description générale 129
2.2. Une illustration : la classe des modèles ACT 130
2.3. Portée et limites 132

3. Les modèles connexionnistes 135
3.1. Description générale 135
3.2. Les modèles connexionnistes sans unités cachées : les mémoires auto-associatives distribuées 136
3.3. Les modèles connexionnistes avec unités cachées : les réseaux multicouches à rétropropagation du gradient d'erreur 139
3.4. Les modèles néo-connexionnistes à appariement global et sans unités cachées : modèles à convolution et corrélation 141
3.5. Les modèles néo-connexionnistes à appariement global et avec unités cachées : modèles à traces multiples 145
3.6. Portée et limites 149

4. Les modèles hybrides 150
4.1. Description générale 151
4.2. Une illustration : le modèle de construction-intégration 154
4.3. Portée et limites 154

5. Conclusion 155

Conclusion 163
Bibliographie 171
Index thématique 191
Index des auteurs 197